# 教育管理学原理

王世忠　著

科学出版社

北京

# 内 容 简 介

本书以当代教育管理学理论体系哲学基础的认知为视角，旨在阐释教育管理学原理的基本范畴，即人本与和谐原理、系统与统筹原理、动态与均衡原理、效益与共享原理四对基本范畴，较好地实现了新时代关于中国教育管理学学科的一般性问题与特殊性问题的有效整合，提出了立足中国国情的教育管理学理论、研究与实践三者的互动是构建中国特色社会主义教育管理学学术话语体系的有效路径。本书的研究阐释体现了鲜明的问题和前沿意识、探索和创新意识，以及"中国道路"的学术视野。

本书可以作为高等院校公共事业管理专业和教育学相关专业研究生基础课教材，以及中小学校长、教育行政干部培训教材，也可供相关管理者和科研人员阅读参考。

**图书在版编目（CIP）数据**

教育管理学原理/王世忠著. —北京：科学出版社，2024.6
ISBN 978-7-03-077301-2

Ⅰ.①教… Ⅱ.①王… Ⅲ.①教育管理学 Ⅳ.①G40-058

中国国家版本馆 CIP 数据核字（2023）第 238625 号

责任编辑：王京苏 贾雪玲 / 责任校对：姜丽策
责任印制：张 伟 / 封面设计：有道设计

科学出版社 出版
北京东黄城根北街 16 号
邮政编码：100717
http://www.sciencep.com

北京中石油彩色印刷有限责任公司印刷
科学出版社发行 各地新华书店经销
*
2024 年 6 月第 一 版 开本：787×1092 1/16
2024 年 6 月第 一 次印刷 印张：13 3/4
字数：332 000
**定价：68.00 元**
（如有印装质量问题，我社负责调换）

# 前　言

　　党的二十大报告指出："我们要坚持教育优先发展、科技自立自强、人才引领驱动，加快建设教育强国、科技强国、人才强国，坚持为党育人、为国育才，全面提高人才自主培养质量，着力造就拔尖创新人才，聚天下英才而用之。"[①]在新时代和新发展阶段，如何坚持新发展理念，重点解决教育高质量发展中的动力机制、发展机制、投入机制、评价机制等问题，是当代教育管理学研究的题中之义。

　　本书力图展示中国式教育管理现代化领域的"新理论"，其中包括一些教育管理实践过程中能引发"再思考"的问题。进入21世纪以来，我国的教育管理学学者对教育管理的一般性原理问题进行了理论探索，对教育管理的基本概念及一系列本体性的问题，如教育管理的起源、本质、规律、功能、主体等进行了专题性探讨。在新时代，建设教育强国是全面建成社会主义现代化强国的战略先导，是以中国式现代化全面推进中华民族伟大复兴的基础工程。大力弘扬教育家精神，为教育强国建设注入强大精神动力，培养高素质教育管理实际工作者和理论工作者，努力造就更多未来卓越教育管理者和教育家，构建中国自主的教育管理学学科知识体系越来越成为每个教育管理研究者关注的热点和焦点。因为构建中国自主的教育管理学学科知识体系是推动教育高质量发展的内在诉求，是为实现中国式现代化提供教育支撑的必备条件，也是推动教育管理学理论与实践持续发展和创新的迫切要求。历史上各个国家的文化背景不同，教育传统迥异，面临的教育管理学问题不同，采用的教育管理学的研究方法不同，随之形成了风格各异的"教育管理学"知识形态。总结和提炼"教育管理学"知识形态的共性概念，形成一般的、普适性的教育管理学知识体系，是"教育管理学原理"研究的必经之路。就学科建设和发展而言，对教育管理学基本范畴和原理性问题的探讨达到一定程度之后，就需要从整体上进行系统的抽象、概括和提炼，以建构更高层次的教育管理理论知识体系，进一步

　　① 《习近平：高举中国特色社会主义伟大旗帜　为全面建设社会主义现代化国家而团结奋斗——在中国共产党第二十次全国代表大会上的报告》，https://www.gov.cn/xinwen/2022-10/25/content_5721685.htm，2022年10月25日。

完善教育管理学科自身的学科内容体系。因此,本书旨在提出主体性教育管理学的观念,并初步勾勒教育管理学原理知识体系框架的基本面貌,致力于寻找一条把握当代中国式教育管理学知识体系整体结构特性与科学逻辑发展的有效路径。

本书从教育与社会的发展和教育与人的发展两大主线出发,紧扣教育管理学自身的学科结构及其原发性理论予以科学定位。本书以当代教育管理学理论体系哲学基础的认知为研究原点,通过对人本与和谐原理、系统与统筹原理、动态与均衡原理、效益与共享原理四大教育管理学理论"元问题"的深入阐述,在有效整合新时代中国教育管理学学科的一般性与特殊性问题的基础上,尝试性地提出了构建中国特色社会主义教育管理学学术话语体系的有效路径是实现立足中国国情的教育管理理论、研究与实践的三者互动。可谓主干清晰,旁枝有序,本书凸显了教育管理学原理这一知识形态在理论上的丰富性和体系上的兼容性。

教育管理学理论体系的系统构建固然很重要,但唯有达到形式与内容的有机统一,才能称得上是"神形兼备"。因此,本书追求教育管理学知识结构体系的完整性与具体的理论内容上创新的辩证统一。这种创新体现在四个方面:一是充分吸收了新时代国内学术界的新成果,并辅之以合理的梳理和概括;二是在理论思考和探究上的创新,力求在一些基本概念范畴和原理的阐述上,尽可能地吸取当代哲学、教育学、管理学、心理学、社会学、经济学诸方面研究的积极的、有价值的成果,这丰富和完善了笔者对教育管理学的一些基本概念范畴和关键性原理的理解,也极大地拓宽了本书的学术视野。三是对教育管理学的某些基本概念与一般性原理的独特思辨和富有创意的问题解答同样不难捕捉。例如对教育管理学原理的内涵阐释,笔者提炼了教育管理学理论的四大范畴,对教育管理的理论结构的把握以及对未来教育管理的展望等,无不体现出笔者在理论观点上的求新意识。四是在研究过程中,坚持历史唯物主义原则,从历史发展的角度对教育管理学的一般性理论问题进行深入的探索和分析,这使得对教育管理学学科范畴和一般性原理的理解更为全面深入。同时,本书除了较好地保持了教育管理学原理作为一门学科的相对独立性之外,也确保了教育管理学一般性原理在理论探索上的高层次和表达方式上的精练,使内容体系在形式上被赋予一种科学知识的高度凝练的特征。

通览全书,本书是国内外学界近年来教育管理基本理论与教育管理学基本知识形态研究的一个新收获,对有关教育管理实践和教育管理理论的新思考,将会引起更多的教育管理实际工作者和理论研究者对建构中国特色社会主义的教育管理学学科理论体系、学术体系和话语体系的极大关注。

本书结构清晰、内容丰富,融入了新时代教育管理学研究的最新研究成果。在本书的撰写过程中,笔者得到了许多人的帮助,笔者指导的博士研究生王明露、赵宇琦、左宗玮，硕士研究生李筱柯、吴玲参与了部分资料的收集和整理工作，博士生王文钰（第五章、第六章）、高楠（第一章、第四章、第七章）、雪奇慧（第二章、第三章）参与了相关章节资料的收集、整理和校对工作，同时参阅并借鉴了国内外有关文献资料，在此谨向原著作者表示诚挚的感谢。

　　本书从写作到出版得到了科学出版社王京苏和贾雪玲编辑的关心、支持和帮助，为本书的文字润色、编辑成书付出了辛勤的劳动，在此深表谢意。限于笔者的理论水平，书中不足之处在所难免，期待着专家和读者提出宝贵的批评意见。

王世忠

2023 年 10 月

# 目 录

# 第一章

# 绪　　论

　　教育管理学原理是研究和探讨教育管理学理论知识体系的基本原理和规律的学科。对教育管理学的基本问题、原理知识体系的深度分析，对其基本范畴进行界定，结合历史与未来的视角，对教育管理思想进行全面的研究，对于我们有效开展教育管理工作、建立适合中国情境和具有独创性的教育管理学原理知识体系具有深远影响。

## 第一节　教育管理学基本问题

　　教育管理学基本问题主要涉及教育管理学学科的一些最基本的理论知识，包括教育管理的基本含义、教育管理学及其学科性质以及教育管理学研究的问题域等。

### 一、教育管理学的相关概念

　　关于"什么是教育管理学"的问题，历来是仁者见仁、智者见智的，教育管理学这一简短定义包含着丰富的内涵。

#### （一）管理的含义

　　首先，管理是为实现组织目标服务的。随着社会的发展，组织中的个体正逐步向自由劳动者的方向转变，人们越来越关心个人发展的前景，个人兴趣、个人爱好、个人感情及个人自我实现程度都会成为他们是否愿意在组织中工作和是否愿意积极工作的原因。所以，管理不再单纯是为了实现组织目标，而是实现组织中每个人的发展和实现组织的社会责任。

　　其次，管理要有效利用各种资源，以达到提高效率的目的。管理不仅要有较高的效率，同时还要有较好的效果。

再次，管理要创设良好的环境，使组织与个人达到协调。一是组织内部各种有形和无形资源（如人、财、物、信息、技术、专利、社会关系、品牌、声誉等）之间的协调；二是组织与外部环境之间的协调，环境包括生态环境、自然环境、社会制度、生活方式、社会大众、法律道德、意识形态、风俗习惯、规章制度，甚至某种潜规则等。只有环境友好型的组织才会有可持续发展的生命力。

最后，管理是一个过程，在这个过程中要通过行使管理职能，实现管理目标，其中，计划、组织、领导、控制等是重要的职能。①

（二）教育管理的含义

"从教育管理哲学的角度看，教育管理是由'教师'、'学生'、'教育管理主客体关系'和'校园文化'等几方面的基本构成要素相互作用所形成的一个有机整体。在对教育进行科学研究的科学体系中，大多数社会学科（如教育经济学、教育政策学等）都是分别针对人们所从事的某种特定活动（如教育经济活动、教育政治活动等）以及在这种活动中结成的特定教育关系（如教育经济关系、教育政治关系等）进行研究，即这些具体教育管理科学是在分别考察'特定的活动者'、'特定的教育管理活动'和'特定的教育管理主客体关系'。不过，它们主要是考察'特定的活动者'在'特定的教育管理活动'中的'特定的教育管理主客体关系'存在和运动变化的规律。"②不同的视角对教育管理有不同的定义。本书认为，教育管理是指教育管理主体对教育机构、教育资源和教育过程进行规划、组织、协调、监督和评估的一系列管理活动，范围十分广泛。它涉及教育领域中的各个层面，包括学校、教育行政部门等。教育管理的主要目标是优化教育资源配置，提高教育质量，促进学生全面发展，实现教育的公平与效益。教育管理的含义可以从以下几个方面来理解。

（1）教育规划：教育管理通过制定教育规划，确定教育目标和任务，合理配置教育资源，确保教育的持续稳定发展。

（2）教育组织：教育管理负责组织各类教育机构的建设和管理，包括学校布局、编制课程计划、调配教师队伍等，以优化教育资源配置，并提供良好的学习环境和条件。

（3）教育协调：教育管理要对教育系统内外的各方利益相关者进行协调和沟通，包括与政府部门、社会组织、家长和学生之间的协调，以促进教育的协同发展。

（4）教育监督：教育管理对教育过程进行监督和评估，确保教育的质量和效果。它要监督学校的教学管理、师生行为、课程设置等方面，对教育质量进行评估和改进。

---

① 参见哈罗德·孔茨，海因茨·韦里克. 管理学（第十版）[M]. 张晓君，陶新权，马继华，等译. 北京：经济科学出版社，1998.

② 王世忠. 教育管理学[M]. 2版. 北京：科学出版社，2014：3.

（三）教育管理学的含义

教育管理学是从"管理活动者之间的相互作用"如何使"一定的教育管理主客体关系"得以产生并稳定为活动者下一步发生行为的行为方式的角度进行考察，以及从"教育共同体"如何约束和整合其中各种活动者个体的教育管理行为的角度进行考察。可见，教育管理学对于教育管理生活的考察，是要力图回答"'活动者个体之间的相互作用'与'教育共同体的存在与作用'究竟如何相互制约"的问题。这是教育管理学与其他教育科学的本质区别。①

对于教育管理学，《中国大百科全书·教育》的解释：教育管理学（educational administration）是教育科学的一个分支学科。中华人民共和国成立以前称为教育行政学，该百科的解释给中华人民共和国成立以前的教育管理学下了基本论调，许多学者均沿用这一观点。②黄崴在《教育管理学：概念与原理》中对20世纪80、90年代国内学者的见解进行了梳理与归纳，认为教育管理学主要分为两类。一是把教育管理学看作是研究教育管理过程和规律的科学，并把教育管理学分为教育行政学和教育管理学。③具有代表性的是陈孝彬所指的："教育管理学是研究教育管理过程及其规律的科学。"他从研究对象上把教育管理学划分为广义和狭义，广义的教育管理学以国家教育系统的管理为研究对象，而狭义的教育管理学则以一定类型的学校组织为研究对象。④萧宗六⑤、刘文修⑥等学者均提出了相似的观点。二是把教育管理学看作是研究教育管理现象和本质、揭示教育管理规律的科学。具有代表性的是孙绵涛所提出的："教育管理学是研究教育管理的现象，揭示教育管理规律的科学。"⑦安文铸⑧、杨天平⑨等学者提出过类似的观点。张新平基于实在性、理解性和批判性于一体的教育管理现象观提出："教育管理学是一门认识和理解教育管理现象，谋求教育管理改进之道的社会科学。"⑩

对于教育管理学的概念来说，从最初将教育管理学划分为教育学与管理学两个部分，到如今强调其整体性，可以看出学者对这门学科的理解在不断发展和深化。同时，研究对象也从最初关注现象到如今关注如何改进教育管理方法，进一步凸显了教育管理学的实践性特点。

---

① 王世忠. 教育管理学[M]. 2版. 北京：科学出版社，2014：3.

② 中国大百科全书总编辑委员会《教育》编辑委员会，中国大百科全书出版社编辑部. 中国大百科全书·教育[M]. 北京：中国大百科全书出版社，1985：160.

③ 黄崴. 教育管理学：概念与原理[M]. 广州：广东高等教育出版社，2002：6-8.

④ 陈孝彬. 教育管理学[M]. 3版. 北京：北京师范大学出版社，2008：2.

⑤ 萧宗六. 学校管理学[M]. 北京：人民教育出版社，2008：2-3.

⑥ 刘文修. 教育管理学[M]. 石家庄：河北教育出版社，1996：1.

⑦ 孙绵涛. 教育管理原理[M]. 沈阳：辽宁大学出版社，2007：10.

⑧ 安文铸. 现代教育管理学引论[M]. 北京：北京师范大学出版社，1995：29.

⑨ 杨天平. 教育管理学学科建设的辩证思考[J]. 课程·教材·教法，2002，（5）：64-68.

⑩ 张新平. 教育管理学导论[M]. 上海：上海教育出版社，2006：1-2.

## 二、教育管理学及其学科性质

每一门科学都是分析某一个别运动形式或一系列互相关联和互相转化的运动形式的，因此，科学分类就是这些运动形式本身依据其内容所固有的次序的分类和排列。一门学科的性质到底如何，主要不是由它的应然特征或者人们的宣称来决定的，而是由它的实然属性，即现状规定的。关于教育管理学的学科性质问题至今仍然是一个争论不休的话题，有学者认为它是教育学的分支学科，有学者认为它是管理学的分支学科，还有学者认为它是交叉学科。

（一）教育管理学是一门社会科学

教育是一种社会现象，它存在于一定的社会环境之中，社会环境中各个因素对教育的存在与发展有着激励与约束的双重作用。教育管理学就是研究在什么社会条件下，采用何种方法能够激活教育中的激励因素，改变约束因素。

目前国际科学界有一种偏见，他们只承认自然科学是科学，怀疑社会科学的科学性。这种偏见除有其意识形态和政治信仰的原因外，主要是受西方流行的"科学主义"文化的影响。他们认为科学必须是精确的、严密的、规范的、逻辑的，采用的方法是实证的、可分析的、可控制的。他们对社会科学、人文科学也提出了同样的要求，这一要求成为评价学科科学性的主要标准。这种用自然科学的标准和方法来研究社会问题也就成为一种时尚。如果从学科交叉的角度来看，它是有意义的，它会促进社会科学研究方法和手段的科学化、现代化。但是，社会现象有其自身的特点，如果我们只是用自然科学的观点来要求它，这是不符合对社会现象研究的真实情况的。理由如下。

（1）社会是一个开放系统。教育作为其中的一部分，常常受到两类因素的影响。第一类是确定性因素，这些因素是可预见、稳定且长期存在的。第二类是不确定性因素，这些因素是偶发的、不稳定的，对教育产生短期影响。因此，社会科学的研究对象具有不稳定、不规则、不清晰的非线性、复杂性运动现象的特点。[①]人只有在控制住环境、条件中的各种变量的情况下，才能得出比较精确的结论。现在，教育管理学发展的水平只能对确定性因素做出回答，还不能控制住不确定性因素；只能回答教育事业发展的各种可能性，而不能说一定如何。

（2）社会科学研究人的行为、人际关系和人与环境的社会现象和问题。在研究过程中，社会科学工作者通常会受到自身态度、情感、欲望和需求的影响。由于社会是由人组成的，人是社会的主体之一，他们可以根据个人的利益划分为不同的群体。于是人们对社会科学的研究成果质疑："这个结论可靠吗？可信吗？"实践是检验真理的唯一标准。这个实践是指历史的实践、群众的实践。事实上，人们在研究社会实践问题时，面对着两类世界：现实世界和价值世界。科学体系中也存在着两种体系：一是学科的知识

---

① 余长根. 管理的灵魂[M]. 上海：复旦大学出版社，1993：10.

体系，二是学科的价值体系。从某种意义上讲，社会科学就是研究客观世界对人的需要满足的程度，人与社会存在着价值关系，社会科学也就是价值的科学。

（3）社会科学研究社会组织系统的整体性。社会是一个有机的整体，它是由若干个相互区别、相互联系、相互作用的要素所组成的。其中任何一个要素发生变化时，必然影响到其他要素的变化。社会的整体性又是以某种结构形态表现出来的。社会的发展或变革是和社会结构的调整或变革联系在一起的。

因此，从研究对象来看，教育管理学研究的是教育组织和教育活动，这些都是社会现象。具体来说，它关注的是如何有效地组织和管理教育活动，以便更有效地实现教育目标，这是一个典型的社会科学研究主题。从研究方法来看，教育管理学采用的是社会科学的研究方法，包括观察、调查、比较、统计、实验等。这些方法也都是社会科学研究中常用的。从知识背景来看，教育管理学的理论基础主要来自社会学、心理学、经济学、管理学等社会科学，这些知识背景为教育管理问题的研究提供了理论支持。所以，教育管理学符合社会科学的特征。

### （二）教育管理学既是教育科学的组成部分，又是管理科学的一个分支

教育管理学是管理科学的一个分支，因为管理是人类社会特有的一种现象，它存在于社会生活的各个领域。教育管理学以管理理论和方法为基础，结合教育领域的特点和需求，研究教育系统和教育机构的组织、运行和管理。教育管理学通过研究教育管理的原理、方法和技巧，提供理论指导和实践支持，帮助教育机构有效实现其教育目标并提高教育质量和效益。同时，教育管理学也探讨教育政策制定、资源配置、人力资源管理、领导与决策等方面的问题，以促进教育改革与发展。

（1）教育管理学聚焦教育领域：教育管理学关注的是教育领域中的组织和管理问题，研究如何有效地组织和管理教育机构，实现教育目标。它研究教育系统的运行和管理，包括对教育政策、教学设计、课程开发、师资培养、学生管理等方面进行研究，以提升教育质量和效益。

（2）教育管理学借鉴管理科学的理论与方法：教育管理学吸收了管理科学的理论和方法，如系统论、决策论、控制论与系统分析方法、运筹学方法、企业战略规划方法、质量管理方法等，将其应用于教育领域。通过运用管理科学的知识和技巧，教育管理学能够为教育机构提供科学的管理指导，帮助其解决教育领域中的管理难题。

（3）教育管理学推动教育改革与发展：教育管理学致力于研究教育管理的原理、方法和技巧，通过对教育机构的组织和管理进行科学分析和优化，以推动教育改革与发展。通过制定合理的教育政策、优化资源配置、提升师资素质和领导能力，教育管理学为教育行业的可持续发展作出了重要贡献。

因此，从学科发展的角度来看，教育管理学既作为教育科学的组成部分，关注教育领域的专业问题，又作为管理科学的一个分支，借鉴管理科学的理论和方法，形成了独立而系统的学科知识体系。

### （三）教育管理学的文化性

教育管理学的文化性是指在教育管理领域中，文化对于管理行为和管理机制的影响。教育管理涉及教育组织和教育机构的规划、组织、指导和评估等方面，而文化对于这些方面都具有很大的影响。

首先，文化对于教育管理的理念和价值观产生重要影响。不同文化背景下的人们对于教育的目标、内容、方式和评价标准可能存在差异。例如，有些学校文化注重学生的终身发展和个体价值的培养，而有些学校文化可能更注重考试成绩和传授学科知识。这些不同的价值观会直接影响教育管理者的决策和管理实践。

其次，文化对于组织结构和行为模式的塑造也具有重要作用。不同文化下的教育组织可能采取不同的管理方式和组织结构。例如，一些教育组织文化注重集体主义和权威关系，教育组织可能更倾向于集中决策和强调纪律；一些教育组织文化注重个人主义和平等，教育组织可能更倾向于民主决策和强调个人发展。这些不同的教育组织文化会直接影响管理者的权力结构、工作流程和沟通方式等方面。

最后，文化还对于教育管理中的人际关系和沟通方式产生重要影响。不同文化之间的沟通方式、价值观和行为习惯存在差异。教育管理者需要了解并适应不同文化背景下的人际交往方式和沟通风格，从而更为有效地进行沟通、协商和解决问题。

因此，教育管理者需要充分认识和理解文化差异，以实现在跨文化环境中有效的管理和领导。

## 三、教育管理学研究的问题域

问题域（problem domain）是指提出问题的范围、问题之间的内在关系和逻辑可能性空间。它是研究的起点，用于明确问题的范围和限制。教育管理学研究的问题域指的是教育管理学所关注和研究的范围和领域，涵盖了教育管理学所关注的各种问题和主题，用于限定研究领域和研究内容。从提问的切入点这一关键层面来看，问题域意味的其实并不是作为总体的思想的抽象，而是一个思想以及这一思想所可能包括的各种思想的特定的具体结构。问题域的选定有助于确定研究的方向和范围，并限定研究的内容和目标。教育管理学研究的问题涉及很多方面，建立清晰的论域框架能够为开展前瞻性和储备性研究提供系统性分析视域，为践行及检视教育管理学研究提供行动框架。

研究范围（research scope）是指在特定研究项目或论文中所涉及的具体内容和要素，用于界定研究的边界和范围。"确定一门学科的研究范围，在构建知识体系中有助于明确研究的方向和目标，防止研究偏离主题，有助于集中精力和资源提高研究结果的准确性和可信度，防止其他次要因素或无关因素的干扰。"[①]研究范围确定了研究的具体内容、对象和方法。教育管理学的研究范围涵盖广泛，主要关注教育组织和管理方面的内

---

① 张雷生. 论马克思主义基本原理的研究对象、范围及任务[J]. 马克思主义理论学科研究，2023，（10）：42-51.

容，确定研究范围有助于确定研究工作的具体任务和步骤，以及研究成果的可行性和可实施性。

阐释教育管理学研究的问题域，就必须廓清问题域与研究范围的区别与联系。我们可以将问题域看作是整个研究的大框架，而研究范围则是在这个框架下的具体细化，问题域为研究提供整体的框架和背景。具体来说，问题域指的是在解决问题或开展研究时所涉及的特定领域或范围，包括研究的目标、研究的背景、关注的主题等，问题域为研究提供大致的研究范围和限制。研究范围则是在问题域内对具体的研究内容进行深入的细化和界定。它包括具体的研究问题、研究方法、数据收集和分析方法等。研究范围可根据问题域的限制和研究目标进行界定，以确保研究的针对性和可行性。简而言之，问题域是研究的广度和领域，而研究范围是研究的深度和具体内容。在进行研究时，研究者需要明确问题域，并在问题域内界定研究范围，以便有针对性地进行研究工作。

教育管理学的问题域是研究教育组织和管理方面的领域。它关注的是在教育领域内如何有效地组织和管理教育机构、进行教育政策制定和实施、提升教育质量，以及发展和应用教育技术等相关问题。

# 第二节　教育管理学原理知识体系分析

教育管理原理是对教育管理工作的实质内容进行科学分析总结而形成的基本真理，是对各项教育管理制度和教育管理方法的高度综合与概括，对教育管理活动具有普遍指导意义。

## 一、教育管理原理的基本内涵

### （一）原理

原理是指事物存在和运行的基本规律或基本规则。它是通过对事物内在本质和运作机制的研究和总结，提炼出来的具有普遍适用性的认识。原理可以帮助人们理解事物的本质和运作方式，指导人们进行实践操作，并为解决理论与实践问题提供科学依据。

#### 1. 原理和原则的联系与区别

原则是指导人们的认识、思想、言论和行为的规定或准则。在具体科学中，原则也具有最一般的指导性质和公理性质。原理是指基本道理，是事物产生发展变化的基本规律。原则是人们主观做出的一些规定，这些规定是用来约束人们在某些方面的行为的。值得注意的是，有的原则与实际情况吻合，有的则与事实相反。因此，原理与原则是有区别的。

## 2. 原理和机制的联系与区别

原理和机制是科学研究中常用的两个概念，它们之间存在联系，又有一定区别。通常，我们认为原理和机制之间的联系在于二者都是解释事物运行规律的概念。原理和机制都是用来揭示事物为什么会发生，以及它们背后的运行规律是什么。而且，二者都涉及理论思考和实证研究。无论是原理，还是机制，都需要通过理论分析和实证研究来获得。其主要区别在于如下几点。

（1）层次不同。原理通常是对事物运行的基本规律和原则进行总结而形成的一种概括性表述，更加宏观和抽象；机制则更多地关注事物具体的过程和作用方式，更加具体和细致。

（2）抽象程度不同。原理更倾向于描述概念层面的规律，注重从根本上揭示事物的本质规律；机制则更倾向于描述具体事物的实际操作过程，注重从实际运行角度解释事物的机理。

（3）适用范围不同。原理可以广泛适用于相关领域内的各种具体情况，具有普适性；机制往往具有一定的特殊性，适用于特定的场景或情境。

### （二）教育管理原理

#### 1. 教育管理原理的内涵

教育管理原理是指在教育管理活动中应用的一些基本原则和准则，用于指导教育组织和教育机构的运作，是管理科学原理在教育管理活动中的体现。教育管理原理是教育管理活动的实质及其运动的基本规律，是对教育管理现象进行科学分析总结而形成的，是管理思想的集中反映。

#### 2. 教育管理原理的特点

教育管理原理与管理科学原理、教育行政方式、教育管理原则相比较，有其独具的特点。

（1）社会性。任何管理原理既是推进生产或各项事业发展的科学手段，又总是与一定的社会制度和阶级属性相联系。本书的教育管理原理在吸收一般管理科学原理的成果时，着重结合我国社会主义实际，体现我国社会主义制度的特色，有利于实现我国教育行政工作和教育管理工作的培养社会主义建设者和接班人的目标，对社会主义建设事业的发展有推动作用。

（2）综合性。教育管理原理在吸收一般管理科学原理的养分时，必须根据教育工作的特点，加以选择、融汇，使之能够运用到教育工作中去。它不是教育行政管理原则和教育管理原则的重复，而是将二者所具有的共性的原则综合起来，从更高的层次上作出理论概括，为教育行政管理原则和教育管理原则奠定理论基础。

（3）概括性。教育管理原理是教育管理客观规律的反映，是将教育行政工作和教育管理工作中一切带规律性的东西加以抽象和概括，得出规律性的认识。规律性的认识必然是有概括性的。这些概括性的认识要以基本概念为基础，形成一个概念体系；在此基础上，以判断、推理的形式表述教育管理的基本法则、原则、规则等，构成教育管理原理的理论系统，作为教育管理原理的基础和框架。

（4）实用性。教育管理原理不是纯理论性的阐述，而是要从宏观层次上研究教育管理理中的重大问题，并对解决这些问题提出原则、思路和方法。它不仅能指导教育管理中宏观的重大问题的研究（如教育政策、教育计划、教育方针、教育制度、教育目标等），而且对教育行政管理和教育管理中具体问题的解决，具有广泛的指导作用。因此，教育管理原理有很强的实用性。

### （三）教育管理学原理

教育管理学原理是研究教育管理活动的一般指导性的原理、教育管理学中的基本理论问题，探求教育管理学的一般原理和规律的科学，它为教育管理学理论的发展和教育管理改革提供综合性的研究成果。

## 二、教育科学与教育管理学原理

教育科学是以教育现象、教育问题为研究对象，归纳总结人类教育活动的科学理论与实践，探索解决教育活动产生、发展过程中遇到的实际教育问题，从而揭示出一般教育规律的一门社会科学。而教育管理学原理是对教育工作进行管理的原理，是对教育管理的规律进行概括与抽象。因此，教育管理学原理必然要反映教育科学所揭示的教育规律及其在管理上的要求。这里所指的教育科学是一个学科群。除教育学外，教育科学还包括教育哲学、教育经济学、教育社会学、教育心理学、教育统计学、教育工艺学、教育法学、教育评价学、学校卫生学等在内。当然，教育学是主要方面。教育科学为教育管理学原理提供了理论依据，是教育管理学的重要理论基础之一。

教育管理学原理中蕴藏的教育规律是客观存在于教育工作之中，不以人的主观意志为转移的。我们只能发现它，认识它，掌握和运用它，但却不能任意创造或改变它。我们的教育工作只有遵循这些规律，才能实现教育目标，提高教育质量，获得满意的预期效果；否则，我们将走入误区，导致工作出现失误。教育管理学原理是教育行政工作（含学校行政）的指导性理论，必须按教育规律来确立自己的理论，才能更好地实现教育目标。例如，反映管理主体的教育管理学原理必须依据教育工作本身的规律，而不能依据经济工作的规律或军事工作的规律等，去确定领导者的素质要求、行为特征和活动规律；必须根据管理对象是人、知识分子这个特点，来确定领导者与被领导者之间的民主平等关系和人际关系。在体现管理职能的教育管理学原理中，要切实体现教育与社会的发展相互制约、教育与人的发展相互制约的基本教育规律；在各项管理职能原理中，都突出教育管理的社会主义方向，坚持培育德智体美劳全面发展的社会主义建设者和接班人的育人目标，都扣准教育工作特点，如教学为主、依靠教师、管理育人等。遵循教育科学中相关学科的教育规律，才能体现出教育管理学原理不同于其他管理原理的特点。

### 三、管理科学与教育管理学原理

教育管理学原理实质上是教育领域的管理原理，它是管理科学的一个分支，因此，管理科学是教育管理学原理的又一理论基础。

管理活动是人类最基本的社会实践活动，它是与人类社会的产生相伴随的。然而，管理作为一门科学出现，只不过有近百年的历史。

第一阶段：科学管理理论。在19世纪末至20世纪初的人类现代化进程，即工业化发展的阶段，我们见证了科学技术和社会生产力水平的巨大飞跃。然而，这个时期的尖锐矛盾在于管理水平未能跟上技术进步，因此，许多生产潜能未能得到充分利用。这一问题引起了企业中拥有科技知识和管理经验的管理者和技术人员的关注。他们通过大量的试验和研究，提出了一系列科学管理制度和方法，从而实现了从经验管理到科学管理的转变，并使管理学成为一门正式的科学。科学管理理论是一门重要的经济管理学派，其代表人物包括泰勒、法约尔、韦伯、古利克和厄威克等。科学管理的根本任务在于提高管理效率，追求管理的科学化、规范化与有序化，因而其成为一切管理的基础与起点。首先，科学管理的创始人是弗雷德里克·温斯洛·泰勒（Frederick Winslow Taylor，1856—1915），他是科学管理理论的先驱之一。他在19世纪末20世纪初提出了许多管理理念和方法，通过对工作流程和工人动作的观察和研究来提高工作效率。泰勒注重工作任务的时间和动作分析，并利用科学指导和激励机制来提高工人的工作效率和生产能力。

泰勒制定了"标准操作方法""工时定额""工具、材料、作业环境的标准化""差别计件制"等，进行了训练工人、划分计划职能和执行职能、采用职能管理制、组织结构的控制等。法约尔也对经济管理问题进行了研究。他主张通过组织层级结构的合理设计和明确的管理职责来提高管理效能。法约尔还提出了五项管理活动，包括规划、组织、指挥、协调和控制，这些管理活动成为后来管理学的基础。他又提出了14条管理原则，主张通过教育使人们学会管理。韦伯对组织管理和行政管理进行了系统研究。他关注组织的权威结构、官僚机构和规范化管理，主要提出了"理想组织机构模式"。这种模式的特点是：一是权责有明确规定，任务有分工；二是公职或职位由权力等级组成，形成指挥系统；三是组织内部的任何人都必须遵循共同的法制和制度；四是上下级是工作与职务之间的关系，不应受个人感情的影响；五是选拔任用任何人，都必须一视同仁，掌握标准。这样，行政组织才具有准确性、稳定性、纪律性和可靠性，才能提高工作效率。韦伯的观点对管理学的发展产生了深远影响，并成为组织理论和管理实践的重要基础。古利克提出了著名的POSDCORB七职能论。厄威克把科学管理与组织理论两大流派综合起来，在更高的层次上反映了管理的本质。他认为管理是由计划、组织、控制三个主要职能构成的过程。与三个主要职能相对应，他提出预测、协调、指挥三项指导原则，进而又提出次级职能的八项原则。他认为，如果管理者懂得这些原则，就可以达到秩序稳定、主动团结的要求。

科学管理学派从泰勒等人从事研究开始，已有一个多世纪。他们的理论不但在当时起到了重要的作用，对之后管理理论的发展，也有着深远的影响。其中，许多原理和方法至今仍被许多国家参照使用。科学管理是在管理先驱者们的努力下发展成熟的，它以科学的方法探讨管理问题，并将管理从经验上升为科学。科学管理的发展反映了资本主义生产力发展到一定阶段对管理的要求，并对当时的生产力发展和社会进步起到了推动作用。然而，泰勒等创立的科学管理也存在一些局限性。它主要关注经济人的范畴，只重视技术因素而不重视人的因素。研究的重点放在企业内部的劳动组织与生产管理上，而未解决企业作为一个整体如何经营和管理的问题。尽管如此，科学管理理论为后来西方管理理论的发展提供了必要的理论基础和方法的指导。随后的管理理论发展出了许多不同的流派和学派，如人际关系学派、行为科学学派等。这些理论在不同的背景下，从不同的角度对管理进行深入的研究和探讨，使得管理理论更加全面和多元化。这些理论不仅关注经济因素，更注重人的因素、组织的整体性和外部环境的影响，从而将管理研究的范畴扩大到更广泛的领域。因此，科学管理理论虽然在人性探索、整体经营和管理等方面存在局限性，但为后来的管理理论提供了重要的基础和方法指导。管理理论的发展是一个不断迭代和进化的过程，各种理论和方法相互交融，不断丰富和完善了管理理论的体系，为管理实践提供了更广阔的思路和方法。

第二阶段：人际关系理论。人际关系理论又称"行为科学"理论。"行为科学"是研究人类行为产生、发展和转化规律的科学。它致力于预测和控制人的行为，是科学管理理论的一个重要突破。引入社会学和心理学的研究领域，它提出通过调节人际关系、改善劳动条件等手段来提高劳动生产率。

乔治·埃尔顿·梅奥（George Elton Mayo，1880—1949）是原籍澳大利亚的美国行为科学家、人际关系学说的创始人、美国艺术与科学院院士。他与助手罗特利斯伯格（F. J. Roethlisberger，1898—1974）在美国进行了著名的霍桑实验。

20世纪20年代，由于科学管理理论的建立，资本主义国家中的许多企业尽管采用了泰勒的科学管理从而使生产率大幅度提高，但也使工人的劳动变得异常紧张、单调和劳累，因而引起了工人的强烈不满，劳资纠纷和罢工事件此起彼伏。同时，随着经济的发展和科学的进步，有着较高文化水平和技术水平的工人逐渐占据了主导地位，这使得企业管理者感到单纯用科学管理的理论和方法已不能达到更高的生产率。因此，为了深入研究决定工人劳动效率的原因，在美国国家研究委员会组织的赞助下，梅奥和罗特利斯伯格开始了著名的霍桑实验。霍桑实验是指1924~1932年在美国芝加哥郊外的西方电器公司的霍桑工厂所进行的管理实验。霍桑工厂是一家制造电话交换机的专营工厂，具有比较完善的娱乐设施、医疗制度和养老金制度，但工人仍有强烈的不满情绪，致使生产效率很低。为了探究原因，美国国家研究委员会组织于1924年组织了一个包括多方面的专家在内的研究小组进驻霍桑工厂，对该厂的工作条件和生产效率的关系进行了全面考察和多种实验，目的是想探讨企业的物质工作条件与工人的健康以及生产率之间的关系。霍桑实验主要通过照明实验、福利实验、访谈实验和群体实验等多种方式进行。照明实验最初是为了研究照明对工人生产效率的影响，结果发现照明度的改变并没有影响工人的产量。福利实验则是通过改变福利待遇来研究其对生产效率的影响，结果发现无论福利待遇如何改变，都没有明显影响工人的产量。访谈实验和群体实验则进一步探索了员工对管理者和组织的态度及群体间的影响力等因素。

根据实验结果，他们提出了与以往不同的管理思想，其主要观点如下。

（1）人是"社会人"，是复杂的社会系统的成员。要提高劳动生产率，不能忽视社会和心理方面的需求。梅奥以霍桑实验的资料为依据，提出了与"经济人"相对应的"社会人"假设。他认为，工人并不是孤立存在的，而是生活在一定的社会环境之中，并且是作为某一集团的成员或分子出现的。因此，他们的行为不仅仅受到追求个人经济利益的动机的影响，而且受到社会、感情等因素的影响。作为"社会人"，他们都有一定的社会需要，都要追求别人的友爱、尊重，对集体的归属等。①

（2）生产效率主要取决于工人的积极性，以及他们在家庭和社会生活以及工作单位中与他人的关系。梅奥进一步指出，组织的效率与人的态度、情绪有着十分重要的关联，工人的士气或情绪是决定生产效率的一个重要原因。影响工人士气或情绪的是他们的需要是否得到了满足，然而这个需要并不是指物质方面的需要，而是指人际关系方面的需要。②

（3）除了正式团体，工人中还存在非正式组织。这些非正式组织自然形成了一些规范或习惯，影响群体成员的行为。梅奥的人际关系学说认为，正式组织中存在着各种非正式组织。这些非正式组织，亦称非正式群体或非正式团体，是人们在共同工作中所形成的靠感情和非正式规则联结的群体。③

（4）新型领导者应该在正式组织的经济需求和非正式组织之间保持平衡。通过满足工人的心理需求，激发他们的积极性，以提高生产效率。在一个组织内，成本、效率和感情三者都有作用，但这三者的作用并不是均等的，更不是本末倒置的，支配组织成员行为的主要不是非理性的或感情的因素，而是理性的、逻辑的因素。

行为科学是一门跨学科的科学领域，涉及人类行为、思维和情感等方面。它结合了心理学、社会学、人类学和认知科学等多个学科的研究方法和理论，旨在理解和解释人们的行为模式，以及影响人们的行为因素。在后期发展中，确实有将行为科学与科学管理理论调和起来的倾向。科学管理理论是一种管理方法和理论，旨在通过科学分析和规划来提高组织的效率和生产力。行为科学的研究可以为科学管理理论提供更深入的人类行为认知和决策过程的理解。

第三阶段：当代管理科学理论。在第二次世界大战以后出现的这一西方管理理论为

---

① 纪光欣，冯启海. 从管理的"社会人"到工业文明的"社会能力"——梅奥人际关系理论的思想价值与实践意义[J]. 中国文化与管理，2023，（2）：234-239，258.

② 纪光欣，冯启海. 从管理的"社会人"到工业文明的"社会能力"——梅奥人际关系理论的思想价值与实践意义[J]. 中国文化与管理，2023，（2）：234-239，258.

③ 周和平. 梅奥建立从"事"到"人"的管理理论 西方管理理论概览（三）——行为科学理论[J]. 现代班组，2013，（12）：18-19.

管理科学的发展做出了重要贡献。该理论的出现与战后科学技术的进步、生产力的巨大发展以及生产社会化程度的提高密切相关。

以下是一些在第二次世界大战之后出现并影响深远的管理学派。

社会系统学派：该学派强调组织作为一个社会系统的互动和相互依赖关系。该学派关注组织内外部环境的影响，倡导整体观念和系统思维。

决策理论学派：该学派研究决策过程中的决策者行为与决策制度。该学派注重分析问题、权衡利弊和选择最佳方案。

系统管理学派：该学派将管理视为一种系统，强调协调和整合各个组成部分以实现整体目标。该学派强调系统的闭环反馈和动态平衡。

经验主义学派：该学派通过从实践中获取经验和知识来指导管理活动。该学派强调丰富的实践经验和直觉对管理决策的影响。

管理科学学派：该学派主张运用数学、统计学和其他科学方法来分析和解决管理问题。该学派注重量化分析和决策优化，通过运用科学方法来提高管理效能。

此外，随着时间的推移，还出现了其他管理学派，如组织行为学派、社会技术系统学派、经理角色学派和交流中心学派等。这些学派不断扩展和丰富了管理理论和实践，并形成了以"热带丛林"喻称的学说繁多的情景。

在资本主义社会中，管理理论往往是为了维护资本主义生产关系和获取工人的剩余价值。然而，在社会主义社会中，管理的目标和原则是有所区别的。新中国成立以来在社会主义建设中积累了丰富的管理经验，也从国外发达国家借鉴了一些管理思想和方法。尽管这些经验和思想还没有形成完整的管理理论体系，但我们正在不断努力构建和发展管理科学理论。在教育管理领域，我们需要结合国情，吸收国外各派别的管理理论，以丰富教育管理理论的内容。同时，我们也需要总结和继承自己的管理思想和方法，体现社会主义制度的特色。决策、计划、组织、控制、激励、评价等方面是确定教育管理原理的重要因素。这些方面的研究成果既借鉴了西方管理过程职能的理论，又吸收了国内外的管理思想和经验。此外，在质量管理、目标管理、管理方法、领导艺术等方面，我们也结合了国内外的理论和经验，根据教育领域的特点进行了阐述。

第四阶段：数字化教育背景下的教育管理。数字化教育背景下的教育管理是指利用信息技术和数字工具来支持、改进和优化教育管理过程。在数字化教育时代，教育管理涉及学校、教育机构、教师和学生之间的协同互动、数据分析、决策制定和资源配置等方面。

数字化教育管理的主要特点包括以下几个方面。

数据驱动的决策：数字化教育管理关注教育数据的收集、分析和利用，从而基于数据进行决策和决策评估。通过数据分析，教育管理者可以获取对学生学情、教师教学效果、课程质量等方面的直观了解，并以此为依据进行决策。

教育资源的数字化整合：数字化教育管理通过数字化技术整合和管理教育资源，包括教学资源、学习材料、在线学习平台、电子图书馆等，提供给学生、老师和家长使用。

这样可以实现资源共享，提高资源利用效率，推动学习和教学的创新发展。

学习过程的个性化支持：数字化教育管理可以基于学生的学习数据，提供个性化的学习支持和指导。通过对学生的学习数据的分析，可以了解学生的学习兴趣、学习习惯和学习风格等，为其提供个性化的教学资源和学习计划，提高学生的学习效果和学习动力。

教师专业发展的支持：数字化教育管理可以为教师提供多样化的专业发展和教学支持。通过数字化平台，教师可以参与在线培训和专业学习社区，分享教学经验和教学资源，提高教学水平和教学质量。

教育评估的创新方法：数字化教育管理通过引入新的评估方法和工具，如在线测评、学习分析和学习成果展示等，可以更全面、准确地评估学生的学习情况和教学效果。这样可以及时发现问题，调整教学策略，促进学生的全面发展。

数字化教育管理需要充分发挥信息技术和数字工具的作用，提高教育管理效率和质量。但同时，数字化教育管理也要注意保护学生隐私和信息安全，加强对数据使用的监管和控制，确保数字化教育管理的可持续发展。当前，数字化已经营造了一个与我们熟悉的实体世界相对应的虚拟世界，一个基于实体世界又脱离实体世界并独立运行的虚拟世界。数字化技术的发展为教育数字化转型提供了无限广阔的前景，教育管理方式的创新和提高是教育数字化转型的必要条件。智能化、数字化不仅为教育发展助力赋能，也与实体教育相互融合，形成前所未有的教育功能，产生变革教育、重塑未来的强大力量。在数字化教育背景下，教育管理变得更加高效和智能化。数字化教育管理可以利用信息技术和互联网技术来增强教育管理的效能和效果，提供更好的教学和学习体验。

## 四、教育管理学原理知识体系分析框架

本书以教育管理学为研究对象，紧紧围绕教育管理学的研究对象与任务、教育管理的学科与范畴体系，系统阐述了教育学与教育管理的关系、教育管理与教育实践的联系。长期以来，教育管理学科建构意识不够明朗，造成教育学、管理学、教育管理、教育学原理学科之间的关系模糊。本书从教育管理学原理视角建构，涉及教育学原理的基本内容和范畴，也关注到教育管理学科的一些最基本的理论知识，包括教育管理学的基本含义、学科性质以及教育管理学研究的问题域等，较好地阐明教育管理学原理知识体系"应该是什么"，亦可谓是一本教育管理学原理知识体系的雏形。

探讨教育管理学原理知识体系应该是什么样的，我们首先必须明确教育管理学的学科定位问题，这是解决教育管理学学科性质的根本问题，只有这个问题清楚了，才能建构名副其实的教育管理学原理知识体系。教育管理学研究对象的定位要回答教育管理学研究什么的问题，这个问题直接关系到教育管理学学科内容和体系的构建，是教育管理学的基本理论问题。

关于教育学的学科分类，许多学者都进行了探讨。例如：有学者以教育自身分解和与其他学科交叉整合为分类标准，把教育学分为部门教育学、跨学科教育学（交叉边缘

学科）、专题教育学和学科教育学[①]；有学者以研究对象为分类标准，把教育学分为以教育理论为研究对象的学科、以教育活动为研究对象的学科和以不同方式运用其他学科的学科[②]；有学者以教育活动为分类标准，把教育学分为教育科学活动的学科、教育实践活动的学科[③]；还有学者以"现代科学体系的门类或层次"为分类标准，把教育学分为教育的基础学科、应用学科和技术学科等[④]。国内学者对教育管理学学科体系有不同的理解。较早注意从方法论的角度来讨论教育管理学学科体系建设问题的学者是薛天祥教授。他把学科体系分为经验体系和理论体系，认为："经验体系是实践的、直接的、直观的反映。"[⑤]孙绵涛教授将教育管理学学科体系分为教育管理学的著作体系和教育管理学的教材体系。教育管理学的著作体系又分为作为一门学科的教育管理学的著作体系和作为一门学科群的教育管理学的著作体系。由此来看，探讨教育管理学、教育学、教育学原理、教育原理之间的关系和知识体系问题是一个最基本的问题。

　　首先，讨论一下教育管理学与教育学原理的关系。教育管理学是专注于学校和其他教育组织的管理和领导方面的学科，研究教育组织内部的管理结构与运作，如学校治理、组织行为、人力资源管理等，旨在优化教育组织的运营和提升学校绩效。它关注公共管理领域的理论、原则和方法在教育领域的应用，如组织理论、领导理论、决策理论等。教育学原理是研究教育过程、教育方法和教育效果等方面的学科，关注的是教育的本质和其对学生的影响。它主要探究教育目标、教学方法、学生发展等方面的理论和原则，旨在为教育实践提供指导和基础，侧重于个体学习与教育的基本原则，如教学理论、教学方法、学习心理等。尽管教育管理学和教育学原理是两个不同的学科，但它们之间存在着紧密的联系。一方面，教育管理学所研究的教育组织的管理和领导实践，是建立在教育学原理基础之上的。教育管理学需要理解教育学原理的基本原理，以便能够制定和实施有效的管理策略和方法。另一方面，教育学原理也需要教育管理学的支持和应用。通过应用教育管理学的理论和方法，教育学原理可以更好地将教育原理转化为实践，并优化教育过程和教育组织的管理。

　　其次，再看教育原理、教育学与教育学原理的关系。从学科发展的逻辑来看，教育原理产生在前，在各种教育原理研究成果的基础上，经过抽象概括才能产生各种形态的教育学。从关注的问题来看，教育原理是对各种教育问题的事理研究、事理分析；[⑥]教育学是对各种教育事理的学理分析；教育学原理是对不同级类教育学的概括与抽象，它是"教育学之学"。由于不同场域的教育事理研究形成不同的教育原理，以不同教育原

　　① 成有信. 教育学的对象及其两个相关问题[J]. 北京师范大学学报（社会科学版），1992，（6）：10-15.

　　② 唐莹. 元教育学——西方教育学认识论剪影[M]. 北京：人民教育出版社，2002：18；郑金洲. 教育通论[M]. 上海：华东师范大学出版社，2000：385-386.

　　③ 毛祖桓. 教育学科体系的结构研究[M]. 北京：中央民族大学出版社，1999：67-78.

　　④ 张诗亚，王伟廉. 教育科学学初探——教育科学的反思[M]. 成都：四川教育出版社，1990：186.

　　⑤ 薛天祥. 高等教育管理学[M]. 上海：华东师范大学出版社，1997：6.

　　⑥ 叶澜. 教育研究方法论初探[M]. 上海：上海教育出版社，1999：322.

理为研究对象就形成不同的教育学理论。对各种不同形态的教育学理论进行抽象概括，才能形成一般的、普遍的"教育学之学"——"教育学原理"。

因此，从知识体系看，教育管理学原理在教育管理学学科体系中，是一门最上位的学科，它以教育管理学为研究对象，是对各种具体形态的教育管理的抽象与概括，是具有"普遍意义的原理"，是一门融合理论与实践的学科。

全书共七章。第一章绪论，阐述了教育管理学基本问题及其关涉的基本理论知识体系，包括教育管理学的相关概念、学科性质以及教育管理学研究的问题域等，对教育管理学相关概念进行了梳理与澄清，指出教育管理学原理是研究和探讨教育管理的基本原理和规律的学科。第二章当代教育管理理论体系哲学基础的新认知，围绕当代教育管理理论体系哲学基础的认知，从人文性、知识系统性与方法可靠性三个维度，根植于理论与实践的二元对立统一，重点探讨了教育管理学理论知识体系的多元整合。围绕教育管理学原理知识体系的实然、学科分类、研究范式分型、应然重点探讨了教育管理学原理知识体系的状态与方位，最后介绍了教育管理学原理研究的学术定位、组织本位、丛林地位等的新方位。第三章教育管理人本与和谐原理，重点探讨了教育管理人本与和谐的内涵阐释，以及教育管理人本与和谐原理的理论基础、运行机制、基本原则以及实践向度等相关问题，从理论到实践阐释了人本与和谐的作用机理。第四章教育管理系统与统筹原理，坚持和运用系统观念，借鉴和运用了系统论的概念和原理，将教育系统视为一个动态的整体，透过系统论视角审视教育，基于系统化的知识点和逻辑关系建立教育管理学原理知识图谱。第五章教育管理动态与均衡原理，重点探讨了教育管理动态与均衡原理的内涵阐释、理论基础、运行机制、基本原则以及实践向度等相关问题，从理论到实践阐释了动态与均衡原理的作用机理。第六章教育管理效益与共享原理，阐释了在人类社会经济发展的进步中，资源共享无处不在、无所不在，它是一个普遍存在的经济社会发展现象，并且以各种形式展现了发展的历史文化阶段。教育管理的效益性原理构成其基本规范。强调效益，按照效益标准来实施管理。第七章教育管理理论研究、实践与知识创新，探讨了教育管理实践与理论领域的核心议题。教育管理理论、研究与实践是紧密相关、互为一体的。通过教育管理理论的概述和构建，构建出科学系统的知识体系。教育管理理论与研究的相互促进，则为教育管理实践提供了理论指导和决策支持。通过理论与实践的相互交融与补充，不断推动教育管理理论研究与实践的高质量发展，提高教育管理效能。

综上所述，本书七章的知识体系与逻辑是从教育管理学的基本问题和理论出发的，逐步深入探讨教育管理的哲学基础、教育管理人本与和谐原理、教育管理系统与统筹原理、教育管理动态与均衡原理、教育管理效益与共享原理，最后涵盖了教育管理的理论、研究与实践的关系和互动，其知识体系、组织结构和逻辑顺序体现了教育管理学原理的理论性质，明确了教育管理学原理的研究对象是"教育管理"，是"教育管理学之学"，所形成的结果即是教育管理学原理知识体系（图1-1）。

图 1-1 教育管理学原理知识逻辑体系

# 第三节 教育管理学原理的基本范畴

党的二十大报告把"办好人民满意的教育"作为"实施科教兴国战略，强化现代化建设人才支撑"部分重要段落的首句，反映出教育在国家发展战略中的重要地位，也从不同的角度凸显出教育在国家发展中的重要地位，同时也为教育管理提供了新的方向与思路。这体现在以下几点。一是以人为本。教育管理学倡导"以人为本"的管理理念，强调将人放在管理的中心位置，让人才资源得到充分发展，从而创造更大的价值。"办好人民满意的教育"则注重让教育服务人民，并且以人民的满意度来衡量教育工作的成效，体现了以人为本的管理理念。二是统筹资源。教育管理学认为教育资源是有限的，需要统筹规划和管理，以保证资源的充分利用和协调发展。同样，实施科教兴国战略也需要对教育资源的投入和规划进行统筹，以保证资源的最大化利用和高效使用。三是动态均衡。教育管理学强调教育管理需要保持动态均衡的状态，根据不同的时期和不同的教育阶段，对教育管理进行及时调整和创新。实施科教兴国战略则需要根据国家发展的实际情况，进行科技和教育的创新与发展，保证科技和教育能够持续发展。四是效益共享。教育管理学倡导注重效益共享的管理理念，即将教育效益共享给所有参与者和社会各方面，促进教育事业的可持续发展。"办好人民满意的教育"则强调要实现教育的效益最大化，让教育工作服务人民，并取得人民的信任与支持，进而实现教育效益的共享。

从人类长期的管理实践中，我们可以逐渐领悟到人类在进行管理活动时确实存在某些基本规律。本书提出了管理的四对基本范畴（图1-2），即教育管理人本与和谐原理、教育管理系统与统筹原理、教育管理动态与均衡原理、教育管理效益与共享原理，作为探索教育管理基本规律的尝试，并尽力把这些基本原理贯彻到全书之中。

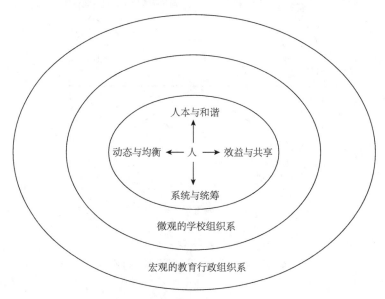

图1-2    四对基本范畴的知识逻辑分析框架

## 一、教育管理人本与和谐原理

"和"是万事万物之所以能够存在与发展的基本条件，也是自古以来中国最根本的精神实质。教育管理人本与和谐原理是指在教育管理过程中注重关注人的发展和维护师生、校内各方面的和谐关系，具体体现在以下两方面。一是人本原理体现了将人的全面发展置于教育管理的核心位置。教育管理应该关注教育工作者和学生的身心健康、个性发展和幸福感。在管理实践中，应该为教育工作者提供良好的工作环境和发展机会，激励和支持他们的专业成长和创新能力发展，从而提高整体教育质量。同时，关注学生的个体需求和特点，为他们提供积极的学习环境和多样化的学习机会，促进他们的全面成长和发展。二是和谐原理强调校内各方面的和谐关系。教育管理不仅关注师生之间的和谐，还关注教师之间、教师与家长之间以及学校与社会之间的和谐。这种和谐关系是建立在互信、尊重、合作和共赢的基础上的，可以通过加强沟通、促进协作、建立有效的反馈机制等来实现。只有在和谐的氛围中，教育管理才能更好地推动教育发展，提高学校整体的绩效和社会声誉。

质言之，教育管理的人本原理是指将人的发展和人的需求置于教育管理的核心地位，注重关注和尊重每个教育参与者的个体差异和特点，关心他们的健康、成长和幸福。在教育管理中，我们要从关注规章制度和行政层面转向关注个体的全面发展和自我实现。

教育管理的和谐原理是指在教育管理中追求各方利益的平衡和协调，营造和谐的管理关系和氛围。它包括内部和外部两个方面。

内部和谐：它指的是在教育机构内部，即各级管理者之间、各级管理者与教师之间、教师与学生之间以及学生之间建立良好的沟通与合作关系，形成共同的目标意识和合作精神，营造和谐的工作氛围。

外部和谐：它指的是教育机构与家庭、社会等外部环境之间的和谐关系。教育机构应积极主动与家庭、社会各界进行沟通与合作，形成合力，共同促进教育的全面发展。

人本与和谐原理能够帮助教育机构有效地提升教育教学质量、推进教育改革、促进每个参与者的全面发展和幸福感。在实践中，我们需要不断探索和完善教育管理的方法论和具体的管理方法和策略，坚持以人为本，促进人与人、人与组织、人与社会的和谐共生，实现教育管理的最大效益。

## 二、教育管理系统与统筹原理

教育管理的系统原理是为了探究教育管理中各种要素之间的相互关系和作用机制。教育管理的系统包括教育管理目标、任务、流程、制度、人员等要素，通过透彻了解这些要素之间的相互联系，可以帮助教育管理者树立科学的管理意识和方法，做出更加明智的决策。教育管理的系统原理源于系统论这种现代科学的理论，是路德维希·冯·贝塔朗菲在 1947 年创立的。他在研究生物学的过程中，发觉过去那种孤立的、割裂的研究方法是不科学的。事实上，任何有机体都是一个整体系统，更是与比之更大的系统有密切关系的开放系统。所以他提出，生物学的主要目标就在于用系统分析的方法，发现不同层次上的组织原理。此后，这种新理论和新方法被运用到更广泛的科学领域，成为具有划时代意义的思维方式和科学理论。

现代教育管理中的每一个要素，不论是教育行政机构、学校，还是教育管理的内容、途径和方法，不仅各自是由两个以上相异因子组成的教育管理功能系统，而且还属于更大系统的子系统，相互间进行着各种形式的"输入"和"输出"联系。要进行有效的教育管理，必须从系统的思想出发，对管理对象进行系统分析、系统管理。所谓系统管理，即在方案优选及实施过程中采取一整套科学的组织、指挥、监督和协调工作，以保证系统目标的实现。

统筹原理则是指在教育管理系统中，各个功能模块之间互相协调、相互联系，形成一个有机整体，实现资源的统一配置和优化利用。教育管理的统筹原理则是为了帮助教育管理者协调各种资源，达到最优的目标。教育管理的统筹原理应包含以下几个方面。

（1）统一目标：教育管理的统筹原理是确立一个统一的发展目标和方向，即明确教育机构的办学宗旨、培养目标和教育价值观。这有助于各个管理层面的协调合作，形成共同的努力方向，保持教育管理的连续性和一致性。

（2）综合规划：教育管理需要进行全面、系统的规划，涵盖各个管理层面和环节，如教学管理、德育管理、师资管理、学生管理、后勤保障管理等。通过科学合理的规划，将教育管理各项工作有机地结合起来，确保资源的合理配置和优化利用。

（3）信息共享与流通：教育管理涉及大量的信息，如学生信息、教师信息、课程信息等，这些信息需要在不同的管理层面之间进行共享和流通。通过建立信息化平台和系统，实现信息的共享和汇总，便于各个层面及时获得有效信息，做出科学决策。

（4）协同合作：教育管理涉及多个部门、岗位之间的协调和合作。各部门应加强沟通交流，建立协调机制，共同制订教育管理的策略和行动计划，共同推进工作的开展。同时，要注重激励机制的建立，鼓励团队合作和知识共享，形成更高效的管理模式。

（5）监测评估与反馈：教育管理需要建立监测评估的机制，通过对教育工作的指标、目标和绩效进行监控和评估，及时发现问题，采取有效的调整措施。同时，教育管理还需要建立反馈机制，包括学生、教师和家长的反馈，不断改进和完善管理工作。

教育管理系统与统筹原理的指导意义在于提升管理效率和效果、促进资源合理配置、优化决策过程、推动教育改革与创新以及为教育管理实践提供理论支持和指导。这将有助于构建高效、稳定和可持续发展的教育管理体系，推动教育事业的全面发展。

## 三、教育管理动态与均衡原理

教育管理动态与均衡理论旨在通过维持管理系统内部各种因素的均衡来实现系统优化和发展。这种管理理论在教育领域的应用可以帮助教育管理者更好地理解和应对教育系统的运作规律和发展趋势。教育管理动态与均衡原理是指在教育管理过程中，为了使教育系统能够适应不断变化的环境和需求，保持稳定并达到良好发展的状态，需要遵循一定的原理和方法。教育管理的动态原理主要强调教育管理要顺应社会、经济、科技等各方面的变化，及时调整教育管理机制和策略，以适应社会发展的需求。教育管理的均衡原理则强调在教育管理过程中要实现各个方面的均衡和协调。

世界是物质的，物质是运动的，这是辩证唯物主义世界观的基本观点。作为物质存在形式的系统当然是处于运动变化之中的。通常，人们要求一个系统处在稳定、有序的平衡状态，但是，系统的稳定、平衡是相对的，运动和变化是绝对的。

管理作为一个开放系统，其运行是通过人流、物流、信息流来实现的，"三流"随时间的变化形成系统的动态平衡状态。因此，这里所说的动态是动与静的辩证统一，是动态与稳定平衡的辩证统一。

管理的对象一方面作为由众多相互联系、相互作用的环节或要素组成的有机系统的一部分，另一方面又作为与其相关联的系统所组成的更大的系统的一部分，其活动不但受本系统的各个环节、各个要素及其相互之间关系的制约，而且还受到本系统以外的其他相关系统的影响和制约，系统内外的这些影响和制约的因素，随着时间、地点以及具体条件的变化，必然要发生变化，这些都要求管理本身做相应的动态调整。管理者面对现代管理复杂、多变的特点，必须具有随机制宜的权变意识和灵活的管理行为。

教育管理的均衡原理是指在教育管理中要求多个因素之间保持平衡和协调。研究教育管理的均衡原理可以从以下几个方面探讨。

（1）基础与可持续发展的均衡。教育管理要注重保障基础教育的质量和公平，并促进教育的可持续发展，使教育管理具有长远的发展视野和规划。

（2）中心与分权的均衡。教育管理要确保教育目标的统一性和整体性，同时充分发挥学校和教师的主体作用，实现中央与地方、上级与下级之间的均衡与协调。

（3）内部与外部的均衡。教育管理要处理好政府部门与教育机构、学校与社会、家长与教师之间的关系，充分发挥各方的积极作用，形成合力从而推动教育质量和效益的提升。

（4）中央与地方的均衡。加强中央和地方教育部门之间的协调与合作，保障教育资源的公平分配，并依据不同地区的具体情况制定差异化的教育政策。

（5）公平与效率的均衡。建立公平的教育机会和资源分配机制，使每个学生都能有平等接受优质教育的机会。同时，追求教育管理的高效运行，提高资源利用效率。

（6）教育管理者与教育被管理者之间的均衡。在教育管理中，教育管理者与教育被管理者之间应该建立一种相对平衡的关系，既要尊重教育被管理者的利益需求，也要履行教育管理者的职责和责任。

教育管理动态与均衡原理能够指导教育管理工作的制定和实施，帮助教育机构和教育管理者及时调整教育管理策略、优化教育资源配置，从而实现教育体系的良好发展和全面提高学生的综合素质。

## 四、教育管理效益与共享原理

教育管理效益与共享原理是为了提高教育管理的效率和效益，实现资源的最大化利用。共享原理指的是将资源进行共享、互助和协作，让所有参与者都能够分享共同的成果。任何管理的最终目标都是取得高效、低耗、可靠的成效。也就是说，人类的各种活动，都要使投入的人力、物力、财力、信息和时间资源，在管理的运筹下，得到最充分、最有效的利用，从而产生最大的经济效益和社会效益。国外现代管理理论的经验主义学派代表人物杜拉克（P. F. Prucker）在其《有效的管理者》中，明确提出，管理者均应"择善而行"。换言之，管理就是"求效"。他提出了有效管理的四点建议。我们知道，效率是单位时间内完成工作的总量。效益是工作带来的收益，包括经济效益和社会效益。经济效益是一项工作带来的经济收益。产出的价值，扣除了劳动中消耗掉的价值，如余额大，则经济效益高；如没有余额，则是零效益；如出现负值，则是负效益。所谓社会效益，即劳动成果满足社会精神物质需要的程度，是衡量企业经济效益的标准。社会效益和经济效益的关系是辩证统一的：社会效益是经济效益的前提，经济效益是社会效益的基础或表现。

现代教育管理工作也应讲求效率、经济效益和社会效益。不讲效率的教育管理必然使教育的"产出"少，不能适应经济和社会发展对人才的需求。由于教育是通过思想、知识、技能的传递，以改变人的本性，使其由自然人转变为社会合格成员和劳动者的过程，它与物质生产不仅在社会功能、劳动对象、生产方式、生产过程、产品性质上有重大区别，更加重视社会效益，而且它的社会效益具有长期性、滞后性、转移性、难以测量性等特点。所以，教育管理的社会效益不仅体现在当前教育工作的质量上，更体现在培养人才的广泛社会适应性上。只追求眼前经济效益、不顾长远社会效益的"短期行为"，是违反教育规律的，也是极为有害的。

教育管理的效益原理要求我们在教育管理中既要讲求效率和经济效益，更要把培养质量高、数量足、结构合理的各级各类人才，以满足经济和社会发展对人才的需求的社会效益放在首位，更好地实施"教育为建设社会主义服务"的总方针。

教育管理的共享原理是指通过共享资源、共享信息和共享经验，实现教育管理的高效运作和优质发展。它具体包括以下几个方面。

共享资源：教育管理中的资源包括人力资源、物质资源、财务资源等。通过共享资源，最大限度地提高资源利用效率，减少浪费和重复建设。例如，不同学校之间可以分享教师培训资源，共同组织教研活动，提高教学水平。

共享信息：教育管理中的信息主要包括教育政策、教学方案、评估指标等。共享信息即是要求提高决策的科学性和准确性，促进各级学校和管理机构之间的协作和沟通。例如，教育部门可以将最新的教育政策和教学资源通过互联网平台进行共享，方便所有学校及时获取和使用。

共享经验：教育管理中的经验包括教师的教学经验、学校管理经验等。通过共享这些经验，可以促进教师和学校之间的交流与学习，提高教学质量和管理水平。例如，在教师培训中，可以邀请有经验的优秀教师分享教学方法和心得，让其他教师受益；或者学校之间可以组织教育交流活动，互相学习、借鉴管理经验。

教育管理的共享原理意味着打破信息孤岛和资源壁垒，实现教育资源和教育质量的均衡发展，提高整个教育系统的效益和竞争力。同时，教育管理的共享原理还能够激发教师和学生的创新潜能，推动教育的改革和发展。

## 第四节　教育管理思想研究的过去与未来

中国现代管理思想的形成是在复杂的历史背景下进行的，不仅受到了西方管理思想的影响，也融合了中国传统管理思想的一些元素。对教育管理思想进行回顾：一是帮助我们总结过去的经验和教训，了解哪些方法和理论在实践中取得了成功，哪些方法和理论存在问题或者不适用于当前的教育环境。通过反思经验，我们不断改进和优化教育管理的方式。二是指导实践。梳理教育管理的历史和发展脉络，帮助我们更有针对性地选择和运用适合的管理理论和方法，提高教育管理的效能。三是促进理论创新，激发新的观点和思路，推动教育管理的创新；同时，有助于挖掘并重新评估那些被遗忘或被忽视的管理理论和方法，为教育管理的发展提供新的思路和可能性。

## 一、西方教育管理理论流派

流派通常指在某个领域或学科内部，研究者围绕着共享的理念、方法或实践方式形成的群体或分支。从现有文字记载中我们看到，人类很早就建立了学校。从学校开始建立的那天起，就意味着产生了人类的教育管理活动，随之而来的是教育管理思想的产生。在古代，由于学校规模有限，国民教育体系也远不像今天这么成型，因此人们对教育管理活动的意义和重要性的认识与今天相比也有很大不同。尽管如此，了解历史上的教育管理思想，对于今天教育管理实践和教育管理理论的发展，仍然不失积极的意义。

在西方一些国家，教育管理思想与其实践活动一样，有着悠久的历史传统。从古希腊贤哲所创办的学校到中世纪的教会教育，从近代文艺复兴思潮的兴起到现代工业时代教育制度的建立，许多教育家都在历史发展的长河中留下了教育管理思想的智慧火花。西方教育管理理论流派就是在西方国家发展起来的一系列关于教育管理的理论体系和学派，其主要涉及教育组织、领导与管理、决策与政策等方面的内容，对于教育管理实践和研究具有重要的指导意义。

古希腊时代就存在着关于国家干预和领导学校工作的两种不同观点。这两种观点的主张在一定程度上影响了各国教育管理体制的发展，并在现代教育管理中仍然有所体现。首先是国家集权教育管理体制，该体制认为教育行政是国家行政的一部分，主张政府直接控制学校教育。这种体制的代表是古希腊城邦国斯巴达的教育管理方式，其认为政府应该选拔教师、确定学习内容，并禁止私立学校的存在。在现代，许多国家采取类似的集权教育管理模式，强调政府对教育的全面领导和管理，统一规划和控制学校教育的方向和内容。与之相对应的是分散分权教育管理体制，该体制认为国家对教育不应过多干预，主张尊重个人选择教育机构和教育方式的权利，并允许私立学校的存在。这种体制的代表是古希腊城邦国雅典的教育管理方式，其认为政府不应对学校教学科目和教学方式进行规定，而应鼓励多样化的办学形式。在现代，一些国家也采取分散分权教育管理体制，鼓励学校和地方政府在教育领域具有更大的自主权和决策权。需要指出的是，现代教育管理体制远比古代复杂，受到社会、经济、政治等因素的影响。在实践中，各国往往根据自身国情和发展需求，选择不同的教育管理体制，并根据实际情况进行改革和调整。因此，在不同国家中，我们可以看到既有国家集权教育管理体制的存在，也有分散分权教育管理体制的存在，这反映了各国教育发展的差异和多样性。

古希腊和古罗马时期的教育家在教育管理思想方面作出了重要贡献。柏拉图、亚里士多德和昆体良等教育家的观点，在教育管理领域得到了完美的体现，并对后来的教育发展产生了深远的影响。柏拉图和亚里士多德都认为，教育是理想国家和理想政治的一部分，属于国家头等大事，应该由国家来管理。他们主张执政者应认真制定教育方针、精心设计教育制度。例如，柏拉图为执政者设计了从幼儿到哲学王的长达三十多年的学校教育制度。昆体良特别重视教师的选拔和管理。他认为，德才兼备的人应该担任教师，德行是合格教师的首要条件，其次是学识，然后是爱护学生，最后是掌握教学艺术。在教学管理方面，昆体良提倡专业教育与广博的知识基础相结合，支持不同学科交替进行的教学方式，为照顾学生的个别差异，采用因材施教方法。这些古代西方教育家的理念表明，他们在教育管理方面关注教育内容、教学方法、教师素质和学生管理等多个方面，旨在构建一个有序、合理的教育体系。他们的思想启示着后来教育管理的发展，并对现代教育仍然有一定的借鉴意义。

在文艺复兴时期，教育管理思想发生了重大变革，其中一个标志性的变化是从国家为本转向以人为本的宗旨。教育不再仅仅考虑国家的需要，而更加注重培养身心和谐发展的个体，这逐渐成为当时教育管理思想的主流，对学校和学生管理产生了深远影响。维多利诺是意大利著名教育家，他创办了一所名为"快乐之家"的学校，致力于实现以人为本的教育理念。他对课程进行了大胆的改革，倡导自由教育，主张学生自治，减少惩罚，禁止体罚。他的思想对后来西方进步主义教育的发展产生了重要影响。米歇尔·德·蒙田是另一位在文艺复兴时期具有重要影响的思想家，他强调教育应尊重儿童的个性，将学生的发展视为最高目标。他主张教师不应过分约束和限制学生，以免阻碍他们的能力发展。同样具有重要影响的是法国人文主义教育家弗朗索瓦·拉伯雷，他主张儿童的生活应该自由自在、各行其是，学校应根据这一原则来安排儿童的各种学习活动。他在教师管理、学校德育、体育和美育管理等方面也提出了许多充满人文精神的思想。这些思想对后来的教育管理思想的发展起到了积极的作用。总之，文艺复兴时期的教育管理思想家们通过改革教育方式和减少约束和惩罚来呼唤更加关注个体发展和人文精神，尊重儿童的个性，这为后来的教育管理提供了重要的启示和借鉴。

扬·阿姆斯·夸美纽斯是17世纪捷克著名的教育家，他的贡献包括以下几点。

（1）他论证了国家当权者承担教育管理责任的重要意义。他认识到国家在教育管理中的关键作用，强调国家应该承担起教育管理的责任。他认为教育管理是国家的责任，而不仅仅是个人或私人团体的事务。

（2）他提出普遍设立学校、建立国家统一的学校制度的主张。他主张通过建立普遍的学校制度来确保每个孩子都能接受教育。他提出了建立国家统一的学校制度的构想，强调教育应该是普及的，并提倡将教育纳入国家政策的范畴。

（3）他建议实施国家督学制度。他主张建立国家监督学校的制度，以确保学校按照规定的教育标准进行教学和管理。这种制度化的监督可以提高教育质量，确保学校的正常运行。

（4）他创造性地提出并积极实践班级授课制度。他是最早引入班级授课制度的教育家之一。他意识到班级授课可以提高教学效率和管理效果，这使得学校教学管理得以制度化和标准化。这一制度后来成为现代教育的重要组成部分。

（5）他制定了严密的考试制度。他主张建立严密的考试制度，通过考核学生的学习成绩和能力来评估教育质量。这种制度可以激励学生努力学习，提高教学的科学性和公正性。

（6）他较系统地阐述了校长的管理职责。他在其著作中较为详细地阐述了校长在学校管理中的职责和作用。他提出校长应该具备良好的教育管理素质，负责制定教育方针、安排教学计划、管理教师和学校资源等。

他的思想和实践为后来教育管理的发展奠定了基础，对现代教育体系的建立和完善产生了积极影响。他的理念强调国家责任、学校制度、国家督学制度、班级授课制度、考试制度和校长职责等，这些都成为后来教育管理的重要组成部分。

在西方教育思想发展史上，英国教育家赫伯特·斯宾塞占有重要一席，他在学校课程设置和管理方面不乏真知灼见。他认为，随着近代科学的发展和大工业的兴起，学校的课程设置也应该相应地发生变化，传统的古典语和人文学科不应再继续占据学校课程的核心地位，而应该将核心地位让位于科学课程。他认为，在学校开设的所有课程中，科学课程最有价值，因为科学课程最实用，最能对学生现在和未来的生活直接产生作用。从这一思想出发，斯宾塞建议对学校课程进行重新设计，大幅度地减少古典语等不实用的课程，增加数学、物理、化学、天文、生物等科学课程。他的很多建议在西方学校里得到了落实。

赫尔巴特是一位德国哲学家和教育家，他在西方近代教育史上扮演着重要角色，对现代教育科学的创立做出了积极贡献。然而，在教育管理方面，他的观点在儿童管理方面较为保守。赫尔巴特认为，儿童的天性是盲动、顽劣、不驯服和不守秩序。他认为，如果对儿童的天性不加以控制，他们就会干扰成人的计划，阻碍教育教学的进行，甚至可能有发展为不良行为的倾向。为了克服儿童的不驯服和顽劣行为，赫尔巴特主张采用严格的管束手段，如威胁、监督、命令、禁止和惩罚等，强调对儿童进行严格的控制和管理，并希望通过惩罚和命令来调整他们的行为。然而，这种保守的管理方式忽略了儿童个体发展的差异性和自主性，可能对儿童的心理和情感产生负面影响。尽管赫尔巴特的思想在教育管理方面较为保守，但他在教育科学的发展方面仍然作出了重要贡献。他强调教育应该是有组织的、系统化的和科学化的，并提倡开展科学研究以改进教育实践。他的观点为现代教育科学的形成奠定了基础，同时也促使了后来对于儿童教育和管理方式的思考和变革。

作为现代西方教育管理思想的重要代表之一，美国教育家约翰·杜威的思想对教育管理者产生了深远的影响。杜威的教育思想强调学生的主动参与和实践经验对于学习的重要性，他提倡基于学生需求和兴趣的教学方法。他认为，教师应该以学生为中心，通过与学生的互动和合作创造富有意义的学习环境，使学生能够主动探索、实践和构建自己的知识。在教育管理方面，杜威强调学校应该是一个民主社区，学生、教师和家长之间应该建立良好的合作关系。他提倡教育管理者应尊重学生的权利和需求，鼓励学生参与决策和规则的制定，培养学生的自治能力和责任感。此外，他还强调教育应该关注学生的整体发展，而不仅仅是知识的传授，还应包括身体、心理、社交等方面的培养。杜威的这些思想对教育管理者的影响是广泛而深远的。他的观点激发了教育机构的改革和创新，推动了以学生为中心的教学方法的发展。他的理念也引领了一系列以学生主动参与和个体发展为核心的教育管理实践。杜威对于教育的民主化、个性化和社会化的追求，对教育管理者具有重要的指导作用，并塑造了现代教育管理的面貌。

## 二、中国教育管理思想概说

中国现代管理思想的形成是在复杂的历史背景下进行的，不仅受到了西方管理思想的影响，也融合了中国传统管理思想的一些重要元素，受到了中国特殊的历史背景的影响，为中国的管理实践提供了重要的理论支持和指导。

首先，中国现代管理思想在西方管理思想的引入和吸收方面有所依赖。自 19 世纪末以来，中国开始接触西方的先进管理思想，在这一过程中，中国学者通过翻译、研究和学习逐渐将西方管理理论引入中国。例如，在 20 世纪初，胡适、严复等人翻译了许多西方管理经典著作，为中国的管理学奠定了基础。同时，中国学者还积极吸收西方管理思想，并结合中国国情与实践进行创新和发展。其次，中国现代管理思想也融合了中国传统管理思想的一些重要元素。中国传统管理思想强调和谐、家族观念、忠诚等价值观，这些观念在中国现代管理中仍然具有重要地位。例如，中国企业往往注重维护员工间的和谐关系，倡导家庭式管理，鼓励员工的忠诚和奉献精神。同时，在组织架构和领导模式上，中国现代管理思想也尝试将中国传统的集体主义与西方的个人主义进行有机结合，形成独特的管理方式。最后，中国现代管理思想的形成还受到了中国特殊的历史背景的影响。在中国的近代历史中，中国经历了战乱、殖民压迫、政治运动等复杂的社会变革，这些变革对中国的管理思想产生了重要的影响。例如，中国在解放战争和新中国成立初期面临的农村改革问题，促使了中国人民在生产组织和管理方面探索新的思路。在"文化大革命"期间，中国的管理模式又发生了巨大的变革，这对于中国现代管理思想的形成产生了深远的影响。

首先值得一提的是《学记》，其虽只是古代中国典章制度专著《礼记》中的一篇仅有千字余的教育论文，却是世界历史上最早专门论述教育和教学问题的文献，其间蕴含着丰富的教育管理思想。该文主要包括教育管理的基本理论、方法和原则，并以提高人才培养质量为核心目标。例如文中主张，应从中央到地方按行政建制办学，即"家有塾，党有庠，术有序，国有学"，这一主张成为以后历代政府进行重大教育改革和规划的基础。例如在教师管理方面，《学记》极力倡导尊师，认为师尊然后道尊，道尊然后民众懂得敬学。它对古代教育管理思想的形成和发展具有一定的重要性，也在很大程度上影响了后来的教育管理实践。

春秋战国时期学派纷呈，在教育管理方面涌现了许多有益的主张。

儒家：儒家注重教育的重要性，强调培养人的德行和道德修养。孔子主张教育应该以培养仁爱之心为中心，强调师生关系的重要性，主张"教学相长"。同时，儒家也提出了一套完整的教育内容和方法，重视经典的阅读、礼仪的学习和实践。

墨家：墨家注重实用主义和实证主义的教育观念，主张教育应该贴近生活实际，注重技术的培养和运用。墨子提倡平等教育，反对贵族特权，在教育管理上主张公平公正，提倡普及教育。

道家：道家主张自然无为，提倡宽容、包容的教育风格。道家认为教育应该注重个体的成长和发展，尊重每个人的独特性，主张开发人的潜能和自我实现。

法家：法家注重法制和秩序的建立，对教育和管理有着较为切实的要求。法家主张明确的规章制度，并贯彻执行，倡导奖罚分明的管理方式，强调权威和纪律。

这些学派提出的教育和管理思想各具特色，对中国古代以及现代教育和管理都产生了一定的影响。需要注意的是，不同学派的观点和理论经过了演化和整合，不能割裂其历史背景进行绝对评断。

秦代以后，中国进入了统一的封建统治时期，在这一时期，无论官学还是私学都有了极大的发展，与此同时，我国的教育管理思想也有了新的发展。首先值得一提的是唐代大教育家韩愈的教育管理思想。韩愈长期任职于中央官学，精通学校和教育之道。他认为，学校的任务是训练官吏，学校尤其是中央官学更应该成为未来官员的摇篮。因此，韩愈主张从全国各地选拔优秀青年集中学习，并且选拔时适当放宽入学标准，让下层官僚子女也能入学。学校则应端正学风，形成研讨学问、专心教学的气氛。

宋代有两位对中国教育历史产生重大影响的教育家——胡瑗和朱熹。他们在教育理念、教育内容和方法等方面都有独特的贡献。胡瑗（993—1059），字翼之，泰州海陵（今江苏泰州）人。因居安定，世称安定先生。他是北宋时期的学者、理学先驱、思想家和教育家。胡瑗的教育理论和教育实践所取得的成就经受住历史的检验，从北宋至今，虽已时逾千载，依然熠熠生辉。其专论教育的著作有《松滋县学记》，他提出了具有特色和首创精神的教育思想和教学方法：一是培养"致天下之治"的人才，他从"致天下之治"的政治目的出发，揭示了人才、教育和学校之间的联系；二是纠正社会时弊，坚持体用为本，以培养通经致用的人才作为教育的根本目的；三是力主州县办学，推广普及教育；四是创立学校规程，言传身教；五是提倡社会实践；六是实行"寄宿制"。

朱熹（1130—1200）是南宋时期的教育家、哲学家和文化名人，对宋代的教育影响深远。他主张以儒学为核心，重视经典的研究和传承。朱熹在教育中强调学生的思维训练和品德修养，注重培养学生的道德感和人文素养。他提出了"格物致知、诚意正心、止于至善"的教育理念，主张教育应以实践与实际为基础，通过正直品德的培养来实现个人和社会的和谐发展。

清朝末期的洋务运动和维新运动对中国封建社会的根基产生了巨大的冲击，同时也为中国近代教育的发展注入了新的生机。这一时期的变革带来了许多对教育管理的改革探索和尝试。首先，在留学生派遣方面，自洋务运动开始，中国开始派遣大量留学生到西方国家学习先进的科学技术和管理知识。这使得他们接触到了西方的教育管理理念和经验，为中国的教育管理带来了新的思路和观念。其次，新学堂的设立成为中国教育改革的重要一环。在维新运动中，很多新学堂被兴办，旨在推广新的教育理念和方法。这些新学堂采用了现代化的教育管理制度和教学模式，为中国教育管理的革新提供了实践平台。此外，新学制的尝试也是教育管理发展的一个重要方面。在维新时期，学制改革成为教育领域的重要议题。以康有为为代表的维新思想家提出了新学制的理念，包括取消科举制度、设立新式学校等。这些尝试为后来中国教育管理体制的形成奠定了基础。这些变革和探索为中国教育管理体制奠定了基础，并推动了中国教育的现代化进程。

　　蔡元培是中国现代史上的一位杰出教育家，他在清朝晚期留学日本，并深受日本的教育制度和思想的影响。回国后，他积极推动了新式教育的改革和发展。他曾担任北京大学的首任校长，并于在任期间进行了一系列具有划时代意义的教育改革。他强调学校的自治和学术自由，鼓励师生的主动学习和创造性思维，并提倡引进西方先进的教育理念和经验。他着力提升教师队伍的素质，注重培养学生的综合能力和素养。蔡元培对教育管理的贡献不仅限于北京大学，他还参与了国家教育政策的制定和教育机构的建设。他在岗位上多次提出了关于教育体制、教育方针和办学理念的重要建议，并为中国教育管理的现代化发展作出了卓越的贡献。蔡元培不仅在教育理论上有深入的思考和贡献，还通过实际行动积极推动教育的改革和发展。他倡导教育应以人为本，在教育管理中注重培养人的全面发展和对个性的尊重，为中国现代教育管理的发展奠定了坚实基础。

　　陶行知是中国现代教育史上一位著名的教育活动家和思想家。在 20 世纪 20～30 年代，他积极参与了中国基础教育改革运动，对教育公平和普及义务教育有着坚定的信仰。他主张以学生为中心，注重培养学生的实践能力和创造性思维，提倡实践教育。在农村，他大力推动了农村教育事业的发展，倡导农民自办学校，并提供师范学校的培训计划，提高农村教师的素质。同时，他还强调教育应该贴近社会实际和学生需求，关注学生的身心健康和全面发展。他主张课堂应该是开放的、充满活力的学习环境，鼓励学生进行实践探究和自主学习。此外，他还关注教育的社会功能和价值观培育，提出了"以人为本"的教育理念，注重培养学生的个性、品格和社会责任感，倡导培养学生的社会参与意识和公民素质，使教育成为推动社会进步和发展的力量。

　　我国历史上的教育管理思想博大精深，对人类在教育管理领域的知识财富作出了宝贵的贡献。同时，国外教育家的思想也为全球教育管理发展提供了重要的借鉴和启示。在中国，早期的教育管理思想主要体现在儒家思想中。儒家注重家庭教育，并强调教育者的品德和道德修养。中国古代的帝王统治者也十分重视教育，他们实施君主教育并制定了一系列教育条例和管理制度。随着时代的变迁，中国的教育管理思想不断演进和发展。近代以来，中国的教育管理面临着新的挑战和需求，其中包括适应现代工业社会的教育管理、实现教育公平和提高教育质量等问题。为此，中国引进了一些国外的教育管理经验和理念，吸收和借鉴了国际上的先进管理理念和经验，形成了独具特色的教育管理体系。与国外教育管理的思想相比，我国教育管理的思想有着独特之处。我国教育管理的思想主要侧重于强调社会公平和公正，追求全面发展和终身学习的理念，注重提高教育质量和培养具有创新能力的人才。同时，我国教育管理的思想受到与我国国情所伴生在协调资源分配、改革创新和提高管理水平方面的挑战。总的来说，我国历史上的教育管理思想与国外教育管理的思想一道，共同构成了人类在教育管理领域所积累起来的宝贵知识财富。通过国内外经验的交流与融合，更好地推动教育管理的发展，为培养优秀的人才和实现教育公平做出更大的贡献。

## 三、未来教育管理发展的新趋势

基于社会的发展、时代的要求、理论认识水平的逐步提高，未来教育管理学的研究工作将出现以下趋势。

### （一）教育管理学正由部门优化的研究向着整体优化的趋势发展

以往的教育管理学总是把教育管理的对象分解为若干个管理部门，如教务管理、思想政治管理、体育卫生管理、总务管理、财务管理、校舍管理以及人事管理等。每一个管理部门由于它的业务性质、特点、范围的不同，形成了自己的管理内容与体系。每个部门的管理几乎是孤立存在的，很少研究它们之间的组合与沟通，教育行政部门中也是实行分口管理。分管教务的局长或校长很少去过问财务与人事，分管财务的局长或校长只按财务政策、法规办事，也不太了解教学业务管理中的问题，这种分工即分家的管理状态是不利于教育事业发展的。当代教育管理学则是把管理对象视为一个系统。它是由若干个相互区别、相互联系又相互作用的要素所组成的，是同处一定环境之中为达到整体目标而存在的有机集合体。在整体中，各个要素的重要程度不同，其所处的地位也不一样，因此，就可以提出各种不同的组合方式，产生不同的管理效果。由上可见，现代管理应是整体的，应重视统筹兼顾、全面安排、综合治理。现代的规划论、预测论、评估论正是建立在这种理论基础之上的。

### （二）由单向一元学科结构向双向多元学科结构发展

以往的教育管理学是单向一元学科结构。它是以国家的教育方针政策、法令为主线，论述各个管理部门在贯彻教育方针政策、法令时应遵循的基本原则和具体做法。现代教育管理学则是双向多元学科结构，教育管理过程是在开放的社会环境中进行的。国家的政治体制、经济体制、科技体制、劳动人事体制与教育体制相互作用、相互联系，当其中一种体制发生变化时，其他体制必须与其发生相应的变化，否则就会发生牵制作用。教育管理学要放在社会大系统中来研究，不能就教育论教育。管理者要研究政治、经济、科技、劳动人事的特点，还要研究社会和心理因素对教育管理人员和被管理人员的影响。教育管理学同其他学科密切相关，它吸收自然科学、社会科学、技术科学的一些成果，使自身得以发展。

### （三）由少数教育行政人员的管理向着全员管理的方向发展

以往的教育管理学一般是将教育管理者作为阅读、学习的对象。它重视少数教育管理干部在学校的中心地位和主导作用，偏重对管理者的职责权的范围和领导者的个人素质进行研究，而把学校的广大教职工和学生视为被管理的对象，强调他们的职能是执行和服从领导者的要求和指挥。现代教育管理学则是把广大教职工和学生放在教育管理的主体地位，强调学校是大家的学校，学校中的每个人都应参与教育管理。在教育管理中维护整体的利益，必须制定各种规章制度、工作条例，惩罚那些违纪行为者，但同时必须重视人的态度、情感、需要诸因素的作用，要学会尊重人、理解人、关心人和帮助人。

### （四）由以行政管理手段为主向着行政手段与科学手段相结合的方向发展

以往的教育管理学侧重于介绍行政组织的工作程序和手段，例如制订计划，检查和总结工作，制定规章制度、工作条例，采用奖励与惩罚的手段，以及召开各种会议等。现代教育管理学认为行政手段是必要的，但必须建立在科学的基础上，这样才能使行政手段取得最大的成效，特别是教育调查、统计、诊断、预测、实验之类的方法，以及电子计算机的应用、科学方法及手段的应用，这有利于打破照章办事的局限性和凭个人直觉经验办事的狭隘性。

21 世纪在一定意义上也是教育的世纪，因为在知识经济社会中，教育担负着重要的使命，知识的传播、再生产和创造都离不开教育，同时，教育也面临着许多意想不到的挑战。教育管理学相应地也将打破封闭的教育体系的束缚，走向更加广泛的活动空间，管理手段也将更加丰富化和多样化。总之，教育管理学将对现行教育管理体系进行根本改造，人类将进一步控制教育环境和改造教育条件，教育管理的模式也将更加多样化。

### （五）由西方视野到东方视野的研究转向

首先，现代意义上的管理科学起源于西方，西方的大量学者和研究机构进行了大量的管理学研究和实践。其次，西方先进的科技和经济实力，以及逐渐提升的管理水平，催生了许多世界级的大企业。这些企业不仅在经济上取得了巨大成功，还成为其他企业学习的榜样，向全世界展示了其优秀的管理实践。近年来，教育管理学领域的研究逐渐由西方视野向东方视野转向。这一转变基于以下几个原因。第一，随着东方国家经济的快速发展和教育行业的蓬勃发展，教育管理的重要性逐渐凸显。东方国家对于提升教育质量、增强教育创新能力的需求不断增长，这反过来也催生了对于教育管理研究和实践的需求。第二，在东方国家中，中国作为世界较大的教育系统，具有丰富的教育资源和实践经验。中国的教育管理面临着独特的挑战和机遇，如大规模班级管理、家长参与以及学科竞赛等方面。这些特殊的情况需要深入的研究和有效的管理策略，因此吸引了更多学者将目光聚焦在中国的教育管理领域。第三，中国的文化背景和价值观对教育管理产生了显著影响。传统观念、家族教育、社会关系等都给教育管理理念和实践方式带来了影响。对于西方学者来说，了解东方和中国的文化背景对于开展教育管理研究和实践具有重要意义。第四，教育管理研究是一个全球性的话题，学者逐渐认识到只有充分融合东西方的智慧和实践，才能更好地应对教育管理领域的挑战。因此，将关注的焦点从西方拓展到东方，有助于促进全球范围内的教育管理学术交流与合作。同时也提醒我们，在建立"中国化"的教育管理学理论体系时，要从已有的管理学范式出发，分析研究中国教育管理活动的特点和规律，并探寻这些特点和规律背后的原因。通过深入具体的研究，将已有的丰富的教育管理实践活动规范化、体系化，并进行理论提炼，反过来指导管理实践。这一方面可以使中国的教育管理实践更加科学化和规范化，另一方面也可以为中国的教育管理学理论体系的建设提供有力支撑。

### （六）由学习西方理论到构建中国自主的教育管理学理论体系、学术体系、话语体系

中国拥有庞大的人口基数和多样化的地域文化，在教育管理学原理中需要考虑到中国特定的教育体制，包括国民教育体系、终身教育体系以及特殊教育体系等。同时，中国地域广阔，各地教育资源和发展水平差异明显。教育管理学原理应当充分考虑地方差异，采用多元化管理模式，根据不同地区的特点和需求，制定相应的管理政策和措施。在未来的教育科研中，需要把构建中国自主的教育管理学理论体系、学术体系、话语体系作为着力点，不断推进和丰富教育科研的理论创新和实践创新。

#### 1. 教育管理学理论体系

当前，国家对教育管理学理论体系的建设进入了改革和调整的优化期。同时，新时代也赋予了教育管理学理论体系建设更大的空间。基于此，教育管理学理论体系构建亟须把握好历史和时代赋予的重大发展机遇，立足教育管理学高质量发展和创新发展的现实需要，明确教育管理学在中国式现代化中的定位和作用，重视所面临的机遇和挑战，聚焦教育管理学理论体系与分支学科建设质量和内涵提升。在既有教育管理学学科体系的基础上，强化教育管理学专业高校及研究人员在教育管理学理论体系建设中的主体地位与责任，优化与教育管理学学科发展相适应的资源配置，确立教育管理学理论体系设置的基本原则，探索更好发挥教育管理学理论体系对时代问题的预见性和前瞻性作用，打造主要包括教育管理学主干理论、教育管理学特色理论、教育管理学分支理论、教育管理学优势理论、教育管理学交叉学科理论、教育管理学新兴理论等相互补充、相互依托、相互支撑的新型教育管理学理论体系框架。

要立足教育管理学理论体系建设发展的现实需要。向内挖掘教育管理学理论体系内涵和向外加快实现教育管理学理论体系创新，是教育管理学理论体系建设的重要内容。一方面，教育管理学学科需要在深挖历史方面绵绵用力，聚焦教育管理学理论体系的本体，关注教育管理学理论体系的内容及特殊价值，加快建设和丰富能够充分体现民族特征的教育管理学理论体系，以实践为取向促进教育管理学理论体系内部与外部、主干与

分支的沟通与协调，避免教育管理学理论体系为了构建而构建的表面现象，以及构建理论体系中极有可能出现的过度现象。另一方面，教育管理学理论体系建构亟须增强危机意识，主动融入教育强国战略，服务国家和社会需要，适应国家进程、国家战略的新阶段，增强教育管理学理论体系在当今环境下的生存和创新能力，拓宽理论口径，激发新的理论体系增长点，开展教育管理学理论体系评价，坚持动态调整，全方位、多层次提高教育管理学理论体系的建设水平与质量。加强对教育管理学的研究，站在中国特色社会主义建设的实践中，进一步增强本土性和原创性研究，打造符合国情的教育理论体系，探索符合中国国情和教育发展需求的理论框架和模型。打破理论和实践之间的二元对立状态，消解认知鸿沟，促进教育理论和教育实践的相互滋养。在教育管理理论方面，结合中国的国家政策、教育法规和社会文化背景，提出相应的理论观点和分析方法，将理论研究与实践相结合，关注解决实际问题和提高实践效果。一是通过开展教育管理实践案例研究和评估，总结有效的管理经验和方法。二是鼓励教育管理者积极参与实践，更多地站在实践中去探讨理论问题，从而推动教育理论和教育实践的良性互动和提升，不断探索适应中国教育发展需要的管理模式和策略。三是在加强实证研究的基础上，不断探索和创新不同的研究方法和设计，推动理论研究和实证研究的深度融合，不断提高教育科研的实用性和可执行性。

### 2. 教育管理学学术体系

首先，教育管理学学术体系要体现中国特色。毫无疑问，每个国家的教育管理学学术体系都有其独特性。过去有关教育管理学的研究历史深刻表明，教育管理学界提出的一系列富有创见的教育管理学的概念、观点、思想、理论、知识，构筑了教育管理学的理论大厦。面向未来，亟须坚持以主要涉及学校、教育机构以及非营利组织为研究对象，推进教育管理学学术体系创新，以及实现对跨越时空、贯通历史沉淀下来的知识体系和外部知识体系的认知资源的有机整合。围绕中国教育发展现状和教育管理学的发展态势，用中国教育管理学理论解释中国教育管理学实践，用中国教育管理学实践深化中国教育管理学理论，建立起能够体现中华五千年文明和中华优秀传统文化的教育管理学思想体系，不断丰富教育管理学研究方法和基础理论，提出能够观照中国和观照时代的教育管理学思想。要在思想深度和理论高度上真正弄通弄懂何为中国特色教育管理学学术体系，真正增强教育管理学学术体系的内容之实和体系之实，贡献能够经得起时间和实践检验的，以及有力彰显中国之路、中国之治、中国之理的教育管理学方法、知识、理论、模式。

其次，教育管理学学术体系要突出独立自主。中国式现代化建设迫切需要自主的理论作为支撑。习近平总书记指出：“我们的哲学社会科学有没有中国特色，归根到底要看有没有主体性、原创性。”①从国家建设和学科发展视角来看，中国的教育管理学学术体系若想有所突破，必然要回到中国教育管理学的实践基础上，构建出独具中国特色

① 习近平. 在哲学社会科学工作座谈会上的讲话[EB/OL]. (2016-05-18)[2022-03-16]. http://politics.people.com.cn/n1/2016/0518/c1024-28361421-3.html.

的教育管理理论，并将此理论发展成能服务于全人类社会的实用知识。第一，需要从学术的角度对中国的教育管理学进行梳理和解释，具体地说，明确中国特色教育管理学的基本范围、主题、思想和观点，同时鉴别出哪些是中国在该领域的原创贡献。第二，需要充分发挥教育管理学学者在构建学术体系中的重要作用，不仅应从宏观层面做好学术体系规划，也应从概念、分类、术语以及具体议题设置等微观层面推动学术创新。第三，根据当前新时代的特征和发展趋势，我们还要提高教育管理学学术体系的时代适应性和外部社会的发展特征的匹配度，运用中国的理论来对教育管理现象进行科学分析和解答，以符合新时代的发展特征。

最后，教育管理学学术体系要坚持问题导向。在我国这样规模巨大、发展态势丰富、实践问题复杂多变的教育管理实践环境中，需要将马克思主义的唯物史观作为我们研究的理论基础，注重研究实际问题，发扬敬业精神，并在深入理解教育管理实际运行和理论研究动态的基础上，提出新的理论见解和实践经验。第一，从中国的国情出发进行教育管理学的研究，帮助我们从全球视角出发，看到教育管理在各种具体环境中的实践和挑战，以及其对社会发展的影响，提升我们对教育管理问题的理解，也有利于我们提出适应中国具体国情的解决策略。第二，要从教育管理实践中来，到教育管理实践中去。理论应该源于实践，服务于实践。通过把握时代和社会的发展脉络，从实践中提炼理论，不断反馈到实践中，形成良好的理论和实践互动。第三，还需要将构建人类命运共同体的理念融入教育管理学的研究中。通过构建包容性强的教育管理学理论，深入探索和应对全球共同面临的教育问题，提出有前瞻性的新思想、新理论，推动教育管理学的发展。这既是对我们自身学术体系的践行和反思，也是对全人类教育发展的贡献。

### 3. 教育管理学话语体系

构建教育管理学话语体系，首先要对现有的教育管理学进行深入的理解和吸收，并在此基础上提炼出中国特色的教育管理观念。这需要我们深入到教育实践中去，去研究和探讨教育管理的特殊性和现实性，以求在特殊性和现实性之间寻找平衡，构建出既具有现代教育管理学理论气息，又具有中国特色的教育管理学。其次，需要关注教育管理学的发展趋势，对教育政策进行科学的分析和预测，以形成符合中国社会发展需要的教育管理学。要求我们具备前瞻性的视野，不断更新和升级教育管理学知识体系，使之能够适应社会发展的需要。再次，构建教育管理学话语体系还需要我们充分挖掘中国传统文化的精髓，将其融入教育管理学中。中国传统文化包含着丰富的教育管理智慧，为我们教育管理学话语体系提供了重要的思想资源和丰富养料。最后，构建教育管理学话语体系是一个系统性、全面性的工作，需要我们从理论和实践两个层面进行深入的研究和探索。这不仅需要我们持续积累教育管理学的理论知识，提升自身的科研能力，也需要我们深入到教育实践现场，了解教育管理的实际情况，以便更准确地理解和判断教育管理现状，为构建教育管理学话语体系提供坚实的依据。

为构建教育管理学话语体系，还需发挥教育管理学在中国实践中的作用，融合时代课题与教育管理学的中国语境，综合时代精神与民族特质，深入马克思主义理论研究。此外，创新步伐不可缺少，教育管理学的中国话语体系走向应结合古今中外的教育管理学创新之路，深耕于民族传统文化，同时保持对文化自由、个性和创造的重视。在当下全球化与信息化并行、民族与国家共存的时代背景下，坚守文化主体性尤为重要。然而，故步自封在既有的话语体系中无法推进发展。建立现代教育管理学话语体系需要中西文化交融，只有包容中西文化，我们的话语体系才能更健全、更有活力。同时，我们还要保持文化主体性，采用前瞻视角和包容态度面对问题，构建属于我们自己，也面向世界的教育管理学话语系统，以此实现中国与世界的相互连接。

中国教育管理学的崛起已经成为不争的事实。如果我们能科学地解释和说明这个崛起过程，并将中国的教育管理经验升华为普遍适用的理论体系，同时提出基于中国教育管理学的解决方案来应对全人类共同面临的问题，那么西方的话语霸权将被打破，中国学术话语的世界影响力必将凸显，进入国际学术话语的中国时代将成为可能。因此，在全球化背景下，我们需要以全球视野来审视和理解教育管理学的中国道路、中国问题和中国经验，建立全球化的思维方式。只有高度的理论自觉，我们才能在全球化环境下推动我国教育管理学更好发展，深化对相关问题的认识，全面理解和审视中国教育管理学的道路、问题和经验。

第二章

# 当代教育管理理论体系哲学基础的新认知

教育管理理论体系的哲学基础对于指导教育管理实践，推动教育发展具有重要意义。随着社会的不断进步和教育环境的日益复杂，我们需要对教育管理理论体系的哲学基础进行新的认知和思考。本章围绕当代教育管理理论体系哲学基础的新认知探讨了教育管理学理论知识体系的多元整合、教育管理学原理知识体系的状态与方位和教育管理学原理研究的新方位。实践与应用是检验教育管理理论的重要标准，为了更好地适应和推动教育管理理论体系的发展，我们需要将理论与实践相结合，不断探索适合我国国情的、具有实用价值的教育管理模式和方法。同时，我们也需要关注教育管理理论的实际效果和应用价值，以实践检验理论的正确性和有效性。

## 第一节　教育管理学理论知识体系的多元整合

教育管理学作为一门研究教育管理过程及其规律的学科，其理论知识体系涵盖多个相关领域。随着教育环境的日益复杂和教育需求的多样化，教育管理学理论知识体系也呈现出多元化的发展趋势。为了适应这一变化，教育管理学理论知识体系需要进行多元整合。本节围绕人文性、知识系统性与方法可靠性，根植于理论与实践的二元对立统一和技术理性、人文精神和教育管理学的现代性三个方面，深入探讨了教育管理学理论知识体系的多元性。

### 一、人文性、知识系统性与方法可靠性

当今，在教育管理学理论结构形态、运转模式和人们观念的根本性转变这一进程中，一种对基础理论研究、基本理论问题、基本理论研究方法的偏见思维倾向一直没有得到

有效的思变求新：一些最基本的概念和范畴、最基本的理论问题、最基本的理论研究方法已渐渐地化作被掩蔽在历史尘雾中的理论陈迹。因而，人们似乎将教育管理学的基本职能遗忘，并未从事实总结出发，也并未揭示教育管理学的普遍必然性；遗失了部分教育管理学理论概括和总结的系统化和理论化观点，没有体现其基本特征，没有将概念和范畴在辩证运动中的理性、思想和逻辑力量充分地展现出来；淡忘了教育管理学理论是社会当中教育发展的必然结果，是对从前理论的继承、发展和涅槃，而不是某个理论家的思想中自然存在的东西。因而，教育管理学没有继续追寻理性、本质和规律，而是成为一种刻画感性现象和经历的工具，成为人们寻求自我愉悦的拆白道字和追求权威性的规矩准绳。最终，教育管理学理论失却了人们可以相互驳难的话题，遗失了与后现代语境下的各种理论话语对话和交流的依据和条件。

理论是相互依存的概念、判断和原则系统组合起来的某种知识的模型、框架或体系。理论化就是管理知识的科学化过程。从研究范式方面来说，教育管理学可以分为两个基本的研究方向：一是理论教育管理观，主要关注对组织活动的描述、解释和预测，旨在揭示教育管理的规律、原则，并构建完整的管理理论体系；二是应用教育管理观，主要关注教育管理政策和实践方案的研究，重点在于总结经验教训、解决问题，以及运用管理理论中的规律和原则。

如此种种都在用事实说话，无可争辩地用实践证明作为规定的教育管理学理论的科学性，以及呈现事物普遍必然性基本理论特征的运动的概念范畴，都已饱受史无前例的从内部而起的挑战和倾败。这个挑战之所以被提出，是因为一些学者认为"定理"范畴的不确定性，主要源于对"主客体关系假设"的理论的误区，从而使得区分主体与客体、本质与现象变得不再必要，而是应该直接取消此类研究。对于教育管理学理论的转型问题，需要彻底改变学术立场并实现理论创新。这要求转型从逻辑论证和概念体系构建，转变为非逻辑性的当前判断和经验描述。这意味着我们要更多地关注教育管理学的实际情况和经验讨论。

以上观点和问题突显了教育管理学理论的学科性质在认识上的分歧与差异。对其分析后发现，分歧与差异的根源在于对影响人们判断的基础理论问题仍然存在着不同的思考方式。那么，如何在当前教育管理学理论呈现多元化且混乱无序的情况下确认一种理论是否具备科学性？如何比较各种理论，以确定哪一种更为合理？对于这些问题，每一位研究人员都无法回避。解决这些问题需要研究人员超越特定理论的限制，采用更具超越性的新理论，对教育管理学理论的学科属性进行全面、抽象的反思。同时，研究人员还需要进行归纳总结，以筛选出既有科学性，又能提供直接事实材料和理论依据的教育管理学理论。例如 19 世纪中叶兴起的"元理论"，这一具有借鉴意义的方法论工具，不仅是马克思主义部分理论的逻辑起点，也已进入我国理论界并受到广泛关注。

"元理论"在 19 世纪中叶的西方国家兴起，从一开始就不仅限于对具体事物的直接描述，而是对总体性规律的抽象概括。其核心在于对某一学科的性质、目的和任务等方面的总结。作为基础理论，"元理论"也是一种研究方法。具体来说，"元理论"具有两层含义：一方面，"元理论"源自 metaphysics 一词，代表了超验和思辨的逻辑形式；另一方面，"元理论"具有更高的逻辑层次，它站在批判的角度审视原有的学科性质和结构等。由此可见，"元理论"是对某一学科性质的高度理论概括，其主要是对某一学科已有理论的科学性进行系统的反思，并抵制没有经过分析的理论；同时，倡导应平等看待学科研究中的每一种理论思想，在理论格局多样化的背景下，深入研究每种理论的合理性和科学性程度。显而易见的是，"元理论"特别强调，研究应具备整体性、科学性和超越性的特征，以避免因思维局限而导致的对特定理论的偏见。

正是在对"元理论"科学理解的基础上，人们构建了审视科学的新学科——"元科学"（metascience），进而又构建了审视教育管理学理论的新学科——"元教育管理学理论"。近年来，有学者把"元理论"的方法与中国教育管理学理论研究实际相结合，迈出了实质性的步伐。由此推论，不论是元教育管理学始终视教育管理学为其研究对象，深入探索其学科历史和现实环境，通过这一过程揭示教育管理学中深层次的逻辑假设、研究范式、方法论及其范畴，还是实现教育管理学理论的系统性，需要紧紧抓住其逻辑起点，进行合乎规律的引申和延展，而不能机械地杂糅和人为地组装，教育管理学理论要在整体的联系中认识教育管理学的一切环节和方面。教育管理学理论的系统不是由纯粹逻辑演绎所形成的，它主要体现出历史和逻辑的一致性，都是对某一教育管理学理论的自身束缚的突破，是为了探索教育管理学理论更深层次的新的科学性的创新道路。是以，这些突破和探索对于研究现有教育管理学理论的学术伦理道德和基本准则的规范，对于学术研究环境的净化和有序健康发展都具有极强的现实意义。

人们针对处于重要转型期的教育管理学理论研究的对象、性质、功能和方法等不同的方面，均提出了各种具有针对性的建议和方法，形成了一个百家争鸣且百花齐放的多元化局面。那么如何提出更具有科学性的建议和方法？如何选择出最具合理性的理论？尽管这些问题还需要进一步探索，但可以肯定的是，开拓学术研究的基础和前提永远是理论研究格局的多元化。然而，理论研究格局的多元化并不一定是无序或不规则的。换言之，在多元化格局当中，凡是具有一般特征的"一元"理论都应该具有哲学观和方法论的最根本理论性，都应该具有最基本的理论观念和概念范畴的原理性，都应该具有严密的内在论证结构的逻辑性，同时，还需要具有互融性的历史过程，具有实践性的研究手段和方法，具有话题性的相关理论。综上所述，像"元理论"揭示出"知识的系统性和方法的可靠性"这一具有普遍科学性的教育管理学理论的基本要求就是理论研究最基础的学术规范和秩序应该有的依据，这样才能真正地将其施行。总而言之，依靠感性认识去推翻理性本质和规律的探索并不合理，也不科学，更不要想以此去推动教育管理学理论的转型。

反观内照，教育管理学理论的转型是一个追本溯源、钩玄提要的过程，需要在百岁千秋的不断探索当中克服艰难险阻，开辟前进。虽然转型的方式和途径具有多样性，但是绝对不可以在转型过程中不顾教育管理学理论的学术性和科学性，尤其要遵守最基本的学术规范和秩序，在规则中有序地进行教育管理学理论的转型。以上所述就是在教育管理学理论转型过程中所探讨的科学性问题的举足轻重、关乎大局之所在。

## 二、根植于理论与实践的二元对立统一

回顾教育管理学的发展历程，各派学者对教育管理理论的解释呈现出百花齐放的局面。综合各学派对教育管理理论的不同观点，我们可以发现一个共同的规律：理论源于实践，经过加工后再次应用于实践。这意味着在处理实际问题时，通过对教育管理现象进行总结、归纳和提炼，这些理论最终能够用来解释、规范和指导人们的教育管理行为。

### （一）华莱士模型及其扩展

华莱士模型认为，科学研究过程是一个不断循环的过程[①]。科学研究的前提是假定研究者已经选择了一个有意义的课题，并进行了相关的文献回顾。一旦确定问题的重要性及研究价值，并且现有文献无法为该问题提供全面合理的答案，研究过程将分别从理论和观察两个方面开始。从理论出发的研究被认为是检验假说的演绎研究。从观察出发的研究则被认为是归纳地建立理论的研究。华莱士模型主要讨论的是研究中的思考过程，表述过程主要存在于由实证概括到建构理论的阶段。它可以说是"始于理论，终于理论"的学术研究模型，与现实的联系只存在于观察方法。

在华莱士模型中，如果你的研究起始于理论，则是根植于理论的研究，研究成果的价值也主要是学术价值。比如，有研究者做的是纯粹的理论研究，而华莱士模型的T-H-E-T上半部循环就是通过梳理文献和主观臆测，从理论出发，再概括经验数据，最终推出理论的研究。由此可见，若拥有完备的理论能力和思辨功底，在研究当中就可以获得大有裨益的理论成果。

但是有的时候，这种连观察都省略的研究方法没有找到有价值的假说，只在过去的文献中推演出还少有人碰过的所谓命题，就开始做问卷，由一定数量的人填一个表（比较容易的是找正在上课的工商管理硕士的学生帮忙），然后开始做数据处理，得出结论。这看起来好像是在做实证研究，实际上并没到现场看过一眼，也没有和被研究者见过面，研究的逻辑过程无懈可击，但研究结果可能没有多大意义。我们把这种研究叫作理论短路。

反过来，如果你的研究起始于观察，经过经验概括，提出预定（也就是假说）的实施方案，然后再用于现实之中，这就成为以解决实际问题为主要目的的根植于实践的研究，其价值不在于学术而在于实用。

有些重视应用价值的研究者，特别是有些初入研究之门的学生的研究属于华莱士模型的下半部——O-E-H，即从观察出发，通过调研得到经验数据，再通过实证数据分析，最后提出解决方案或若干对策就结束，这样缺乏概念能力和形成新命题的能力，推导不出有价值的理论。他们像管理咨询师一样在做方案，而不是做研究。如果这样的方案不

---

① 景怀斌. 社会科学研究的"问题空间"及其构建[J]. 中国社会科学评价, 2018, （1）: 25-36, 125.

能交给管理者去做决策，工作的意义也就荡然无存。我们把这种研究叫作应用短路。华莱士模型及其可能的短路参见图 2-1。

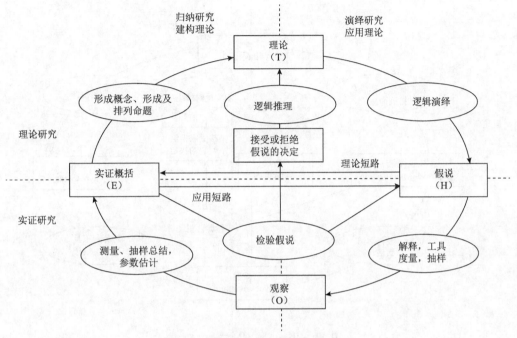

图 2-1 华莱士模型及其可能的短路[①]

实际上，华莱士模型的重要性在于做实证研究就要实现整个循环。观察最终要能形成理论，理论最终要能指导实践。但是，在理论—假说—观察—实证概括—理论这样的过程中，我们很容易忽视理论与实践、理论与应用的结合。

如果扩展一下华莱士模型，增加理论用于实践的再检验、再观察环节，就可能使研究过程变得更加完整，至少减少短路的可能性，如图 2-2 所示。作扩展的依据是知识管理的基本理论。扩展后的华莱士模型包括知识创造、共享和应用的全过程，其中有知识的创新、知识的表述、知识的发表、知识的应用和销售各个阶段。

这个模型的重要扩展点之一是，理论不再仅仅是进入新的假说，而是用于实践过程，这个途径可能是通过理论为管理者所应用，或者是研究者对理论的销售而进行的。重要的是，在这个知识应用化或知识价值化的过程中，理论得到了更多的并且是不同立场的人的观察和检验。这比较符合"实践是检验真理的唯一标准"的思想。

这个模型的重要扩展点之二是，理论不再仅仅是进入新的假说，而是进入公布于社会的过程，这个途径可能是通过理论转化为著作权或专利权为他人所共享而进行的，发表的目的在于避免他人再浪费资源进行重复研究，也给他人提供继续深入研究或质疑此项研究的基础平台。

① 杨杜，等. 管理学研究方法[M]. 大连：东北财经大学出版社，2009：4.

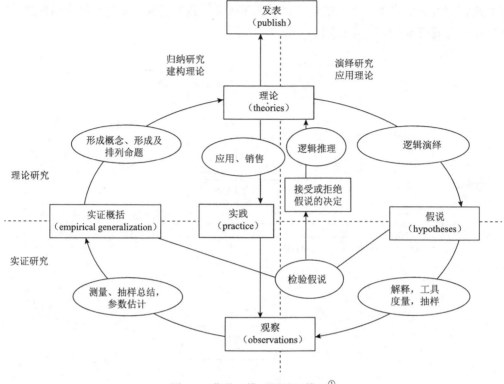

图 2-2　华莱士模型的扩展模型[①]

## （二）开放性研究模型

包含知识的表述、知识的发表、知识的应用和销售的模型，已经不是从理论到理论的闭环。这是个开放性研究模型，之所以要建立这个开放性研究模型，是考虑到管理学和其他学科一样——理论管理学和应用管理学同时存在，并且应用管理学有更重要的社会价值，至少目前在中国是如此。

在开放性研究模型中，我们主要应该关注理论的明天——理论的去向。它一般会有三个去向，如图 2-3 所示。

第一，该理论的研究者继续今后的研究，不断推出新的、升级的研究成果，这种成果可以是完善、质疑原来的假说，也可以是推翻原来的假说。比如，核心竞争力理论发表后形成了各种核心竞争力的概念和模型。

第二，研究者通过发表落实自己的著作权等权益，并为同行提供继续研究的前提。比如，在期刊上发表的研究为同行所引用，他们利用该研究的问卷或其他方法在不同的情境下做验证，从而减少重复研究。

第三，研究者通过应用于实践来实现知识的价值，并使实践者在实践中检验和推进理论。比如，平衡计分卡理论在教育管理实践中不断完善，继而形成战略地图等成果。

① 杨杜，等. 管理学研究方法[M]. 大连：东北财经大学出版社，2009：5.

人类的知识库就是这样不断累积和丰富起来的。

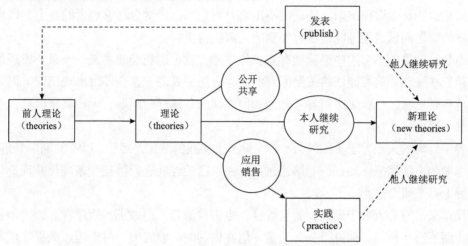

图 2-3　开放性研究模型中理论的三个去向[①]

## （三）唯"悟"模型

如果将实践要素添加到研究模型中，可能更容易为中国人所理解和赞同，理由之一是中国人自古以来推崇的"知行合一"的思维模式（如王阳明），理由之二是中国人向来提倡理论与实践相结合，理由之三是管理学的行重于知的本质特征（如德鲁克）。这就产生了基于"唯'悟'主义"立场的实践、经验、思考、理论的模型，简称唯"悟"模型，如图 2-4 所示。

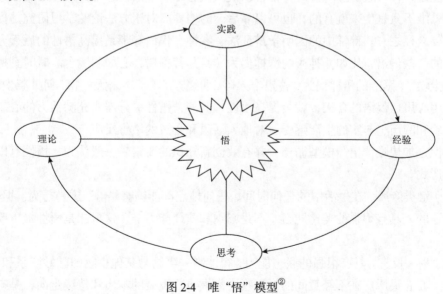

图 2-4　唯"悟"模型[②]

---

① 杨杜，等. 管理学研究方法[M]. 大连：东北财经大学出版社，2009：6.

② 杨杜，等. 管理学研究方法[M]. 大连：东北财经大学出版社，2009：6.

从事管理的人不必做研究，通过实践也会得到管理经验，不管这些经验是有意识的，还是无意识的，他讲得出来，还是讲不出来，它们都已经融合在管理者的身上，以后遇到同样的管理问题，他可能比没有经验的人解决得更好。

　　但是，如果他不对这些经验做有意识的思考，就可能犯经验主义——只要出现的问题稍稍有些变化，他可能依然按照原有的经验方法去处理，这会导致出现错误。同时，如果他不做思考，也就无法回答"你是如何成功的"这样的问题，无法共享经验，也难以培养下属。

　　善于思考的人和善于实践的人一样，只不过实践的结果是经验，思考的结果是理论，善于思考的人能够举一反三，能够通过反思将自己的经验进行整理、条理化并理论化，这实际上是个研究过程。

　　反过来，有的人善于研究，著作等身，也讲得清楚，但做不了管理者。因为他善于思考，而不善于行动，他讲得头头是道，但在做的时候没魄力，过于理想或墨守成规，在管理实践中往往犯教条主义，把实际问题往理论框架中套。

　　能够把实践和思考合一、把经验总结为理论的人，一般悟性很高。我们把"悟"字放在这个模型的中央，就是力图强调悟性的重要性。悟性是将实践—经验—思考—理论—再实践循环起来的基本能力。管理学中的很多经典著作就是这些同时具有优秀的实践能力和思考能力的悟性极高的管理者完成的，如法约尔、巴纳德、松下幸之助、韦尔奇。毛泽东则是在当时的政治领导者中同时具有优秀的实践能力和思考能力的人，以至于他的著作对教育管理者也影响巨大。

　　悟性是一种灵透的思维模式，常常以跳跃式思维、发散性思维为表现形式。这几种悟性的思维不只是生来就有的，也可以靠后天的培养。对于方法论的学习研究是提高悟性的重要途径之一。佛学中的因明学辩证法、参禅、偈语等都是提高悟性的后天方法。最著名的一些偈语，比如，神秀的悟禅偈为"身是菩提树，心如明镜台。时时勤拂拭，莫使惹尘埃"，惠能的悟禅偈为"菩提本无树，明镜亦非台。本来无一物，何处惹尘埃？"你反复用心思考偈语的含义，就会提高悟性。此外，悟性提升需要充满活力的心态、充足的经验和阅历、丰富的生活感受、对他人话语和心意的敏感反应。

　　悟性是加快唯"悟"模型循环，并有效创新知识的要素。一般认为，悟性有以下五种表现形式。

　　（1）触类旁通。在生活中的任何时间、任何地点都能够有"悟"这一行为。据分析，触类旁通的人具有很强的类比能力（不是归纳和演绎能力），这可能是悟性最重要的表现形式。

　　（2）举一反三。具有很强的联想能力，很清晰一事物与其他事物的微妙联系和区别。

　　（3）心有灵犀。在不经意间的顿悟当中掌握事物发展的本质和持续走向，是有悟性的人常常发生的事。

　　（4）未卜先知。有悟性的人都是具有洞察力的，而洞察力则是具备悟性所必需的基本能力之一。

（5）去伪存真。能够抓住事物最本质的特征且在千头万绪当中不迷失自我，是具备悟性的人最基础的特质。

## 三、技术理性、人文精神和教育管理学的现代性

在工业社会到来以后，西方国家兴起了关于批判技术理性、探讨技术理性和人文精神关系的议题。伴随着全球经济一体化的历史进程，这些议题也逐渐具有世界性的意义。目前，中国关于此类议题的讨论就说明了这一点。综观近年来关于这些议题的研究，一种主导性的意见与西方大多数学者的观点相似，他们忧心的也是所谓"技术理性"对"人文精神"的压制乃至排斥的问题，并希望拯救日益衰落的人文精神，以对抗技术理性的霸权。

然而，这里的问题关键在于，西方学者对技术理性的批判在中国的现实中究竟具有怎样的文化效力和实质性意义？在一个技术至上的社会中，如何把握教育管理学的现代性？对于在不同的社会文化根源上出现的看似相同的问题，我们到底应采取怎样的分析和解决问题的态度和方法？对此，笔者拟谈一点自己的意见。

从本质上讲，我们今天所说的技术理性和人文精神都属于广义上的人类理性精神。所谓技术理性是指，在工业社会背景下，从理性精神中分化出来的对技术合理性、规范性、有效性和理想性的追求，是一种源于人类物质需求和对自然界永恒依赖的实践理性和技术精神。因此，技术理性仍然保持了人类理性精神的基本特性。作为人类理性特殊和典型的表现形式，技术理性是人类多种理性的综合体现，它贯穿于人类实践活动的始终。技术理性不单纯追求手段或目的，而是将科学合理性、社会合意性融入技术原理的可行性和技术规范的有效性中。它既追求功效，又包含目的，基于自然的同时又面向社会，致力于实现人类与自然的可持续发展。但是，由于技术因素的过度参与，技术理性最终有了一些对人性的"异化"发展。尽管如今人文精神的含义与古代相比大有径庭，但如今的人文精神对传统的人类理性认识的继承有如恒河沙数。

生活在古希腊的柏拉图把人的灵魂和肉体二分，而灵魂由高到低又可以分为理智、意志、情欲三级。在他看来，人是一种理性的动物，哲学就是要引导人们去过理智的生活。柏拉图所认为的理性主要是指人类精神，即人的意志与理智，而这一观点也奠定了如今的技术理性和人文精神的基础。这一观点也影响了柏拉图之后整个的西方文化，康德的三分法依然可以看作是这一观点的延续。当然，人性并非一成不变的，它必然会随着人类社会的发展而不断发生着种种变化。

西方文化背景中所讲的"人文精神"，主要是指从文艺复兴时期开始逐渐形成的以人为本的观念。这一观念强调人的主体精神，强调人作为万物灵长的主体地位。虽然早在公元前 5 世纪，古希腊智者的著名代表普罗塔哥拉就提出了"人是万物的尺度"的著名革命[①]，但在神学统治人们思想的中世纪时期，只有"神"才被认为是万物的尺度，

---

① 李醒尘. 西方美学史教程[M]. 北京：北京大学出版社，1994：23.

人在神的面前是非常渺小的。在文艺复兴时期，人文主义者重新提出，人是"宇宙之精华，万物之灵长"。尤为值得注意的是，在古希腊的智者那里，所谓"人"主要指的是抽象意义上的人，并非单个的人本身，他们强调的依然是人之所以为人的共性。文艺复兴时期的人文主义者所说的"人"，则是充满感性力量的、富于个性的活生生的个人。面对自然、面对社会，这种人都更富于主体意识，更注重主体的自由意志和创造精神。这种强调人的主体意识、注重以人为本的观念，逐渐成为后世人文精神的主要内涵。

此后，伴随着工业革命的高歌猛进和自然科学的日益发展，技术理性与人文精神之间的冲突逐渐明晰。这里的技术理性一般是指体现在自然科学研究及其实际运用中的理性精神对现实社会生活的渗透和控制。这种观念显然是从传统的人类理性精神中分化发展而来的，又与传统的人文理性有明显的不同。18世纪中后期，康德在其"三大批判"中以其著名的三分法使两者之间的冲突在理论层面上清晰起来。当然，他的用意主要在于弥合纯粹理性（认识行为）与实践理性（伦理行为）之间的裂痕，而不在于强调这种冲突，然而他的分析还是在事实上将二者之间的分歧彰显了出来。更有意义的是，他在试图解决这对矛盾时寄以希望的审美活动，也成为后世理论家返回他们的"精神家园"时所共同依循的路径。20世纪以来，在西方学者关于这一问题的研究中，影响最大的当数德国法兰克福学派的理论。

法兰克福学派把技术理性所形成的社会异化对于个性、个体的自我意识的压制，以及由此产生的自我与他者、个体和社会的对立，作为自己关于技术理性与传统人文精神冲突的最重要的理论观念。因而，这种理论观念本身具有极强的社会批判意味。例如，在马尔库塞看来，技术通过满足人们的物质欲望和普及技术理性的方式，造成了工业社会中的"单面人"现象。他认为，技术的发展等同于物质财富的增长，但也意味着人的奴役程度加深[①]。因此，法兰克福学派的理论家大力推崇以生命本能的自我放纵来抗衡技术理性的现代主义艺术。应该承认，法兰克福学派的理论自有其独到和深刻之处，其批判性研究对当代西方世界也的确不啻一剂令人头脑清醒的良药。然而，从根本意义上说，他们的研究仍然只涉及问题的表象，而未能触及问题的实质。用非理性的现代艺术对抗技术理性，也并非解决问题的良方。因为非理性的现代艺术体现的是一种极端颓废的社会意识，而用颓废取代被奴役的现状显然是一种极为消极的方式。

那么，对技术理性与人文精神的关系究竟应该怎样理解？它们之间的冲突和对立难道就一定不可调和吗？这恐怕是我们面对法兰克福学派的理论应该首先思考的问题。面对正处于现代化进程中的中国社会现实，我们应该根据我们自己的文化背景和社会发展现状对此作出自己的判断，而不能满足于将西方学者的意见作简单的时空位移，否则难免有"郑人买履"之嫌。

有关技术理性和人文精神两者的关系，我国学术界是在改革开放以后，国家进入现

---

① 王倩. 马尔库塞的单面社会及其出路[J]. 社科纵横（新理论版），2013，28（1）：213-214.

代化进程后才逐渐展开讨论。在此之前，尽管以德国法兰克福大学"社会研究中心"为中心的法兰克福学派的理论已经被引入，但是法兰克福学派批判技术理性的观点依然没有得到我国学术界的同频共振。我国有关技术理性和人文精神之间关系的问题渐渐被关注是在我国逐步建立和完善社会主义市场经济体制的背景下，而此阶段的现实生产力极大地被科学技术所促进，进而将两者的关系问题推入学者的视野当中。总之，我国学术界对技术理性和人文精神这一问题的研究的确具有相当意义上的现实指向性，但此类研究较少深入剖析我国的文化传统及其发展状况，同时西方学者的相关观点和方法未真正地解决我国的现实纠缪。

从人文精神的角度来讲，人文精神古已有之。中国古代的"民本"思想源远流长，该思想肇始于夏商周时期，发展于春秋战国时期，定型于汉代，此后历朝历代均有演变，但其主要观念始终未变。其中，先秦儒学的主流思想为孔子的"为政以德"、孟子的"民贵君轻"和荀子的"君舟民水"。然而，受社会发展的影响，我国的"民本"思想一直是儒家学派的重要组成部分，是小农经济地位的重要体现，经历了从重天敬鬼到敬德保民、再从重民轻天到民贵君轻的发展历程。在此，"民"这个词所指代的群体大部分并不指单个人，而是特指"人民"这一集合名词。此外根据血缘或政治关系，他们还会被划分为各种规模不同的集团。显然，某些集团的利益以及维护这些利益的统治阶级永远凌驾于个人之上。

换言之，与西方所提倡的"人本"思想相比，我国的"民本"思想在人与人之间的平等意识方面还有很大的发展空间。在新文化运动之后的一段时间里，尽管人的价值发现与个性解放都得到了不同程度的升华，但这一文化知识却没有继续被更多的人所接受。因此，在我国不同发展阶段的大环境下，人文精神的倡导理应加入更多现代文明所要求的自由、民主、平等等文化内蕴。新中国成立以来，特别是改革开放以来，人本观念已有一定程度上的发展，而技术理性与人文精神关系方面的深入理解也都是立足于以辩证唯物主义和历史唯物主义为主导的当代哲学体系，辩证且客观地分析二者之间的关系。但若是从结果导向方面来分析，目前所强调的不论是毛泽东时代以"人民至上"为核心的人文精神，还是中国特色社会主义新时代，习近平总书记明确指出："人文精神就是引导'应不应该做'，实现人自身的发展。"[①]新时代的人文精神特别需要引起注意的地方就是要更加注意人与人之间的平等意识。2014 年，习近平总书记在国际儒学联合会再次强调包含"以民为本"、"安民富民乐民"和"仁者爱人，以德立人"的人文精神等十五项内容。以上关于人文精神的发展结合如今我国的国情来看，仍然存在一些不足。但人文精神总体上在我国的发展已经由片面逐步转为全面向前的螺旋式上升发展。

从技术理性的角度来讲，与西方的哲学和伦理学完全地将现象与本体、肉体与灵魂、

---

① 习书记同我们聊"理想·价值·人文精神"——习近平与大学生朋友们[EB/OL]. (2022-04-06)[2024-02-05]. https://www.12371.cn/2022/04/06/ARTI1649241682327630.shtml.

情感与理性分开的主流思想不同，我国古代文化当中的"理性"主要是指把道德的信仰、情感和理性结合在一起的先秦儒家的特色思想，因而我国所谓的"理性"是更倾向于人文方面的。从孝悌到"泛爱众"是一个从道德连续发生和发展到"爱人"的过程，其间始于"亲亲"之情，中经"谨而信"的道德修身，终达"仁"的境界。道德修身中既有情感的扩充，也有"学""思"并重的道德理性，其发展至"仁"的境界则已是"仁且智"的情景交融。同时，轻视自然科学也使技术理性从我国传统的人文精神中剥脱，从而导致我国生产技术停滞不前，最终致使技术理性和人文精神两者的矛盾一时难以调和。换言之，在进入现代化进程之前，技术理性和人文精神一直处于混沌状态，我国并未充分地剥离两者，也正是如此，我国在研究技术理性和人文精神的关系这一问题时，至今仍然需要以西方理论为主要背景。

以传统的罗格斯中心主义为基础的技术理性云集响应，而在工业化并不发达之时，技术主义并未发挥和利用自在意义上的人和世界的兼容性，也并未将人类一旦认识到世界的客观规律，并按理性的规制行事，就能获得幸福作为武器和工具。随着科学技术的飞速发展及其在现实生活中的运用，以自然科学研究及其现实应用中的理性精神为内核的技术理性，作为人类的一种思维方式不仅仅被用来作为分析和处理生产生活问题的手段，还被用来理解人的生命活动，解释甚至创造虚幻的人生旨意和价值。当前，人们应该把技术理性视作一种达成人生目标和实现人生意义的手段。现存的技术理性和人文精神之间的关系呈现门径和目标的二元错位，面对此种情形，若任由其向极端发展且不作任何调整，那么技术理性和人文精神就将失去自己的主体地位，转头拥抱科学技术提供的新视界，在追随中迷失方向。言而总之，恢复人文精神的地位并不需要在压制技术的前提下推进，我们需要做的就是在现存的现实与精神环境中一次又一次地不断整合技术理性和人文精神之间的关系，从而在科学技术的发展中鞭策人类的主体精神达到更高层次的自由。

在解决如何防止人性被技术理性"异化"这一问题时，西方学者试图将人们从技术理性的压抑中解脱出来，使人摆脱技术理性的束缚。当然，通过教育管理学的方式来改善被技术理性"异化"的人性状况并非不可能。问题的关键在于，什么样的教育管理学才是行之有效的？起作用的是对抗技术理性的感性膨胀，还是调节技术理性与人文精神关系的感性和理性的对立统一？简言之，教育管理学的本质及其现代性是问题的关键所在。

在讨论"教育管理学是人学"这一观点时，所谓的"人"是指具有完整精神内涵的人类，即人类所拥有的健康且无缺陷的人性。从西方文化背景来看，健全的"人性"涵盖知、情、意三个方面的要素；从我国文化背景来看，"人性"是包含感性和理性两种精神在内的，《诗大序》曰："故变风发乎情，止乎礼义"，就是对诗歌中所表现出的"人性"的具体要求。因此，在通常情况下，所提到的人文精神的追求和体现已经内在地蕴含了包括技术理性因素在内的人类理性。教育管理学的本质在于主体与客体、感性与理性、内容与形式，以及人文与技术之间的对立统一。以感性和理性极端对立方式对抗技术理性的审美和主张，终会导致技术理性和人文精神之间的矛盾愈发激烈。教育管理学适应不断变化的人性，其最终的目的是要在顺应时代特征的艺术形式的情况下，引导人的全面发展，而不是要加剧甚至大肆传播人性的这种异化。

显然，把人类的理性心理和感性心理之间冰炭不同炉的对立当作技术理性和人文精神之间的冲突是管中窥豹。实际上，对于传统的人文精神来说，来自技术理性的压制和排斥意味着感性生命挣脱人文理性的束缚，以期仅从技术理性的角度满足人们不断膨胀的感性需求。故此，在处于统治地位的技术理性的时代，在强调技术理性处于主导地位的时代，与技术理性霸权一直在对抗的教育管理学若是失去了人文理性的引导，感性欲求就可能会独步当时，最后可能会形成另一种异化形态的人性。总而言之，一定要重视人自身的主体地位，强调教育管理学这门学科当中所包含的人文理性意识，这样才能纠正片面发展的技术理性，才会真正地使人性完整并使人性最终走向完满。

综上可见，当今的教育管理学不能忽略甚至弱化人文理性，而应该立足人文理性的主导作用，实现感性与理性对立统一的升华。正视且善于发挥理性因素的作用，也正是这一学科获得现代特征的必由之路。

此外，重视教育管理情境中感性与理性的对立统一，还昭示着教育管理学的发展离不开现代科学技术所蕴含的科学观念以及所提供的与时俱进的表达方式的助力。基于技术理性与人文精神之间的关系可见，前者可以纵深扩展人类的精神视域，大幅提升人类自我展示的能力，而其所导致的变化也必然会印刻在教育管理学学科发展的里程碑上。因此，理解和把握教育管理学的现代性，就应该客观、全面地看待技术理性，既要注重克服技术理性的负面影响，同时也要善于洞见现代科技为教育管理学发展所创设的广阔空间，善于利用现代科技所带来的有利条件，以避免滞留于过去的幻象中难以自拔。

## 第二节　教育管理学原理知识体系的状态与方位

教育管理学原理作为一门课程或学科，在 19 世纪中期被引进中国。长期以来，学术界对教育管理学原理学科自身的基本问题的研究不够深入，以至于"教育管理学原理""教育管理原理""教育管理基本理论"等相关学科混为一谈。我们要厘清教育管理学原理与相关教育管理学科的关系，确定教育管理原理在教育管理学学科中的位置，明确教育管理学原理的研究对象是教育管理学，是一门抽象概括的理论学科。由于历史上各个国家的民族文化、教育传统不同，面临的教育管理学问题不同，人们研究教育管理学问题的方法不同，形成了不同风格的"教育管理学"知识形态，总结概括各种各类"教育管理学"知识形态的共性知识，形成一般的、普通的教育管理学知识体系是教育管理学原理的应为。

1840 年的鸦片战争拉开了中国近代史的帷幕，国内有识之士纷纷探寻救亡之路，呼呼效仿彼时先进的日本，倡导学习日本的科教文化，借鉴该国在教育管理和学校管理方面的经验，而当时清政府开办的一些新式学校，如 1862 年开办的京师同文馆、1864 年开办的广州同文馆等则成为"宣讲场"。此外，一些知名的学者和开明实业家开始引入国外有关教育制度和教育管理制度的书籍。自 20 世纪 80 年代以来，随着教育管理学科的创建，教育管理学原理俨然成为一门显学。基于对当时教育管理学原理书籍的爬梳，不难发现它的知识体系与"教育管理学""教育管理基本理论"等书籍有着高度的相似性，而这些不同名称的学科的研究对象、研究内容是否一样？教育管理学原理的学科性质、研究对象以及知识内容应该是什么？上述系列问题值得认真思考和探寻。

## 一、教育管理学原理知识体系的实然

为了更好地理解教育管理学原理知识体系，就必须厘清教育管理学原理应有的知识体系。作为"舶来品"的"教育管理学"，其舶来的初衷即服务"应用"，这也导致长期以来教育管理学原理学科边界不清晰。

在 21 世纪初，中国学者吴志宏撰写了一本《教育管理学》，其目录包括：①教育管理和教育管理学；②教育管理活动的理论基础；③昨天和今天的教育管理思想；④别国的教育和我国的教育：教育管理体制之比较与改革；⑤我们的课程和课程管理；⑥课堂管理；⑦学校管理之重：教师队伍建设；⑧走向理解的学生管理；⑨教育活动中的评价行为；⑩走研究型学校发展之路；⑪教育政策与教育管理；⑫教育法律与教育管理。

该教材作为一本教育管理学教材，当时编写的主要任务是以培养基础教育教学和管理方面的高层次人才为目标。审视该教材的内容，体系较为繁杂，包括教育管理基本理论、教学与课堂管理实践、教育评价与科研、法规政策等，但并没有涉及对教育管理学原理学科建设的深层次探究。即便如此，该教材也有部分章节谈及教育管理学原理的一些基础性内容，包括对教育管理活动的哲学思考、社会学意涵、心理学支持、经济基础等，以及"教育的科学管理思想""教育的民主管理思想""行为科学：凸显工具理性色彩的教育管理思想""后现代主义教育管理思想""学校教育的全面质量管理思想""学校成为学习型组织的思想""塑造道德领导：以共同价值观治校的教育管理思想""以效能提高为宗旨的教育管理思想"等章节均属于教育管理学原理探索的内容。

新中国成立初期，政府在完成对教育体系的初步改造后，逐步开始学习苏联的相关经验。鉴于苏联的教育管理学者较少涉及教育管理学知识体系的分科研究，故当时国内所编写的有关教育管理学的知识内容多以章节的形式置于教育学教材中，而教育学教材多效仿的知识框架，知识体系包括四大模块，即原理、教学论、教育论、学校管理。

20 世纪 80 年代以来，中国教育学科开始步入重构、优化时期。在这一时期，教育学的分支学科得到快速发展，教育管理学原理亦进入学者的研究视域。以下列举了 7 本较为典型的有关教育管理学原理的专著与教材，并剖析其知识体系，详见表2-1。

**表 2-1　教育管理学原理书目的知识体系**

| 作者及作品信息 | 知识体系 |
|---|---|
| 王世忠：《教育管理学》，北京：科学出版社，2014 年 | Ⅰ教育管理学学科论<br>（1. 教育管理学基本理论问题；2. 教育管理理论范式；3. 教育管理理论、研究与实践；）<br>Ⅱ教育管理主体论<br>（4. 教育管理主体；5. 教育管理思想；6. 人性观与教育管理伦理；7. 教育管理理念；）<br>Ⅲ宏观教育管理论<br>（8. 教育行政体制；9. 教育政策；10. 教育法规；11. 教育预测与规划；12. 教育人事行政；13. 教育财政；14. 教育督导、考试与评估制度；）<br>Ⅳ微观教育管理论<br>（15. 学校管理组织；16. 学校管理目标与过程；17. 学校管理效能；18. 学校管理质量；19. 学校管理战略；）<br>Ⅴ教育领导论<br>（20. 教育领导及其行为特征；21. 学校领导；22. 教育领导者行政能力开发） |
| 孙绵涛：《教育管理原理》，北京：高等教育出版社，2017 年 | 1. 教育管理学概述；2. 教育管理的原理与职能；3. 教育管理的一般原则与方法；4. 教育政策与教育法规；5. 教育预测与教育规划；6. 教育体制；7. 教育人事行政；8. 教育财务行政；9. 教育行政信息及其管理；10. 教育督导与教育评价；11. 学校管理目标；12. 学校管理内容；13. 学校管理过程；14. 教育领导；15. 教育领导效能 |
| 陈孝彬，高洪源：《教育管理学》（第三版），北京：北京师范大学出版社，2008 年 | 1. 教育管理学的性质和特点；2. 现代教育管理的基本概念；3. 现代教育管理的理论基础及其流派；4. 教育行政体制；5. 教育行政组织及教育行政机关工作人员；6. 教育政策与法律；7. 教育计划；8. 教育督导；9. 教育财政；10. 教育课程行政；11. 教师人事行政；12. 教育信息的管理与公开；13. 学校效能与学校改进；14. 学校管理过程；15. 学校组织管理；16. 学校质量管理；17. 学校建筑管理；18. 学校公共关系管理；19. 学校领导 |
| 褚宏启，张新平：《教育管理学教程》，北京：北京师范大学出版社，2013 年 | 1. 教育管理与教育管理学；2. 教育管理的历史沿革；3. 教育管理的历史演进；4. 教育行政管理体制；5. 学校组织结构与管理制度；6. 教育领导；7. 教育计划；8. 教育决策；9. 教育管理中的沟通；10. 教育管理中的激励；11. 课程与教学管理；12. 学生管理；13. 教育人力资源管理；14. 教育资源配置与管理；15. 教育评价 |
| 吴志宏，冯大鸣，魏志春：《新编教育管理学》，上海：华东师范大学出版社，2008 年 | 1. 教育管理学总论；2. 教育管理体制和机构；3. 教育政策和法律；4. 教育人员和教育对象管理；5. 教育实务管理（上）；6. 教育实务管理（下） |
| 黄葳：《教育管理学——概念与原理》，广东：高等教育出版社，2002 年 | 1. 教育管理学基础；2. 教育管理理论发展；3. 教育组织管理；4. 教育人事管理；5. 教育管理过程 |
| 张新平：《教育管理学导论》，上海：上海教育出版社，2006 年 | 1. 教育管理学的研究对象；2. 教育管理学的性质与关联；3. 教育管理研究的方法论；4. 教育管理研究的经典方式；5. 教育管理学的理论进展及发展趋势 |

　　在统计"教育管理学原理"的知识体系的同时，笔者对我国改革开放以来出版的"教育管理学原理"（或教育管理基本理论）、各种名称的"教育管理学"的知识体系也进行了梳理与统计，并发现它们的知识体系与"教育管理学原理"的知识体系有着惊人的相似一幕。各种教材内容的主题基本一致，主要包括教育管理学概述、教育管理的原理与职能、教育管理的理论基础、教育行政体制、教育政策与法规、学校管理内容、教育

领导、教育计划、教育决策等。若用模式来概括，各教材大体上遵循"基本原理+体制机制+法规+学校管理+教育领导+计划+预测+其他"的知识构成模式，仍然看到苏联教育管理学知识体系的"板块"影子。

## 二、教育管理学原理的学科分类

探讨教育管理学原理知识体系应该是怎样的，我们首先必须明确教育管理学原理的学科分类问题，因为这是解决教育管理学原理学科性质的根本问题，只有这个问题清楚了，才能建构名副其实的教育管理学原理知识体系。

教育管理学原理知识体系所涵盖的内容主要包括学科概述、教育管理体制、管理组织与人员、管理目标与原则、政策与法规、督导与评价、规划与决策、学校课程与教学、方法与技术、家校社协作、德育与体育管理、教育管理理论建构与科研实践、管理效能与质量管理、信息化管理、党对学校的领导与管理、国内外比较研究等问题。依据教育管理自身结构以及与其他学科的交叉整合，我们可以把教育管理学大致分为教育行政管理学、学校管理学、教育部门管理学、跨学科教育管理学（交叉边缘学科）、专题教育管理学。

此外，基于对教育管理具体问题的性质分析，教育管理学知识体系又可以做如下合并，例如，"教育管理学基础""理论沿革""管理规律与原则""国外管理经验"等可以整合为"管理概论"，"管理目标""规划与决策""监督与评价""教师激励"等可以整合为"管理过程"，"人力资源开发""财政支持与设施建设""信息化管理"等可以整合为"资源管理"，"课程与教学管理""德育与体育管理""美育与劳育管理""教育科研"等可以整合为"活动管理"，"组织架构""领导体制""岗位设置"等可以整合为"组织管理"，"政策与法律""公共关系""家校社协作"等可以整合为"管理环境"。基于上述，教育管理学学科体系可以优化为教育管理概述、组织管理、资源管理、过程管理、环境管理等。

还有一些学者认为，教育管理学学科分类包括"元教育管理学""教育管理学史""教育管理原理"等，但"教育管理学原理"在学科体系中如何去界定？抑或说，如何厘清作为上位概念的"教育管理学原理"同"元教育管理学""教育管理原理""教育管理基本理论"的关系问题，仍有待做进一步讨论。

第一，"元教育管理学"与"教育管理学原理"的关系。前者的研究对象是教育管理学的研究态势和研究成果，而非具体的教育管理实践，即应用元理论方法来检视教育管理学相关理论的适恰性、规范性以及实效性等，旨在基于认识论和方法论的标准，系统性地检验和评价已有成果，进而强化研究的自我意识，从而更加合理地建构教育管理学理论体系。后者的研究对象则是教育管理学，聚焦教育管理学自身的理论问题，进而通过反思去优化和完善教育管理学原理知识体系，构建一门理论学科，借此指引其他教育学科的发展。由此可见，教育管理学原理虽然具有元教育管理学的性质，但与元教育管理学又有着明显的不同，因为教育管理学原理既要对已有成果进行反思，又要立足反思去创建学理知识。

从图 2-5 可见，在教育管理学学科体系中，教育管理学原理作为最上位的学科，聚焦教育管理学自身，对形态各异的教育管理学开展总括和抽象，构建"普遍意义的原理"，因此教育管理学原理是一门纯理论学科。

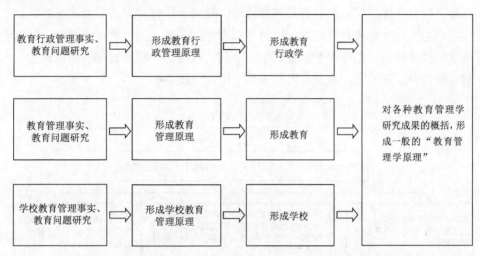

图 2-5　教育管理原理、教育管理学、教育管理学原理的关系图

第二，"教育管理原理"与"教育管理学原理"的关系。"教育管理原理"与"教育管理学原理"两个概念在学术界经常被提及，它们之间有着密切的关系，但也存在一定的差异。首先，"教育管理原理"主要关注的是教育管理的基本规律和原则。它研究的是如何有效地组织、指导和协调教育活动，确保教育目标的实现。这些原理是基于对教育实践活动的深入观察和分析，以及对教育组织内部和外部环境的理解而形成的。它们为教育管理者提供行动指南，帮助他们更好地履行管理职责。而"教育管理学原理"则更加侧重于教育管理学的理论体系和研究方法。它涵盖教育管理学的基本概念、理论框架、研究方法以及与其他学科的交叉研究等内容。这个领域的研究不仅关注教育管理实践，也致力于推动教育管理学的学科发展和理论创新。尽管"教育管理原理"和"教育管理学原理"在关注点上有所不同，但它们之间也存在着紧密的联系。一方面，"教育管理原理"是"教育管理学原理"的重要组成部分，为后者提供实践基础和现实指导；另一方面，"教育管理学原理"也为"教育管理原理"提供理论支撑和研究视角，促进其深入发展和完善。

综上所述，"教育管理原理"与"教育管理学原理"在学术上相辅相成，共同构成了教育管理学的理论体系和实践指南。在教育管理实践中，我们既要遵循教育管理的基本原理，又要不断学习和探索教育管理学的新原理和新方法，以推动教育事业的持续发展和进步。

第三，"教育管理基本理论"与"教育管理学原理"的关系。国内许多学者倾向于将"教育管理基本理论"视为"教育管理学原理"或"教育管理原理"。然而，"教育管理基本理论"具有复合概念的意涵，它不单指称某一门教育学科，而是所有教育管理基本问题研究的"集合"，例如有关教育管理学子学科的基础问题、教育管理问题、不同类别教育的管理问题、教学与课程管理问题等。此外，"教育管理基本理论"还涵盖教育交叉学科的问题，例如教育管理哲学问题、教育管理经济学问题等。

综上所述，"教育管理基本理论"立足教育管理，以教育管理为对象，源自教育管理，服务于教育管理，研究的核心是教育管理，是关于教育管理的基本理论体系。"教育管理学原理"则立足教育管理学，以教育管理学为对象，源自教育管理学，服务于教育管理学的理论体系，是有关教育管理学的学问，可视为"教育管理学基本理论"，而非"教育管理基本理论"。有关几者的关系，可详见图2-6。

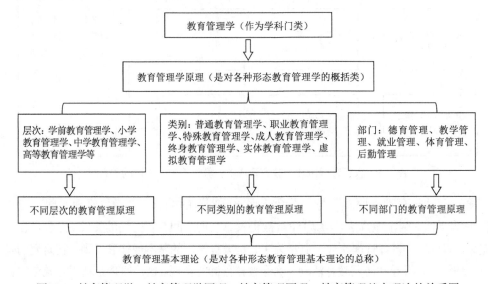

图2-6　教育管理学、教育管理学原理、教育管理原理、教育管理基本理论的关系图

## 三、教育管理学的研究范式分型

在20世纪60年代，美国科学哲学家托马斯·库恩出版了《科学革命的结构》一书。此后，许多科学家开始借鉴库恩的范式概念来描述现代科学的发展，并试图揭示现代科学发展所遵循的内在逻辑。与此同时，一批西方教育学研究者也意识到了范式在科学规范方面的魅力，并开始将其应用于解释教育学理论的进展。在此基础上，他们进行了深刻的方法论层面的反思。例如，波普早在20世纪70年代中期就发表了《教育研究中的范式》一文，探讨了教育学理论中的规范性与描述性两大范式。而后，像波普克维兹、胡森等人，都曾运用范式探讨教育学理论，这引起了教育理论界的关注。那么，什么是研究范式呢？某一科学共同体在思考、解决某一问题中所形成的规则、研究方式，是研究范式的主要概念。[①]关于教育管理学学科范式中的范式一词，当前有着颇多的争议。

① 董微微. 教育现代化背景下教育管理学学科范式转变[C]. 全国教育管理学科专业委员会第十六届学术年会论文集，2017：260-265.

有学者认为，范式是一种范例、研究方法；还有一些学者则认为，范式是一种理论。综合来看，范式可以当成一种社会共同体在开展某项科学研究工作时所认同的研究模式和工作模式。

自新中国成立以来，教育管理学在学科地位、体系、研究内容和研究队伍建设等方面取得了众多成就。研究范式和方法论也经历了转变，从思辨研究逐步发展到量化、质性等实证方法。进入 21 世纪后，面对社会变迁及教育管理实践需求的转变，我国教育管理领域的研究者开始反思研究对实践的指导性失效、本土化理论建构不足以及学科价值被边缘化等多重学科危机。就教育管理研究成果而言，论文和著述颇丰，范式和体例也是多样化的，因此，本书作了以下分类与概括。

（一）"经验-应用"型

教育管理学研究中的"经验-应用"型，指向操作性研究、应用性研究，强调基于实践经验的应用性研究和管理方法。它关注的是将实践中积累的经验知识和实际操作相结合，为教育管理提供实用性的解决方案和方法。例如，中小学常规管理、中小学管理手册等研究成果均属此类。2008 年，北京师范大学出版社出版了陈孝彬和高洪源主编的《教育管理学》，该书综合阐释了教育管理理论与实践，增加了对影响教育管理发展的基础理论的解说，介绍了对全球教育事业发展影响之深的新公共管理和新公共行政学理论，彰显了从实践中把握规律，进而修正和完善理论，以理论指导实践的科学特性。由吴志宏、冯大鸣、魏志春主编，华东师范大学出版社 2008 年 8 月出版的《新编教育管理学》，以教育管理实践为研究对象，立足新的时代环境，深度挖掘了基础教育理论与教育管理实践的内在逻辑，还原了教育原理、教育实务的本然关联，提出了课程、科研、教育人员和教育对象等多个方面的融合路径以及做好教育实务工作的方法构想，将教学理论与教学经验融入教学日常工作，为当前如何有效推进教育管理创新提供了全方位、多层次的经验启示与应用展示。

（二）"逻辑-理论"型

在教育管理中，"逻辑-理论"型是指基于逻辑推理和理论构建的管理方法和思维方式，强调从逻辑上思考和解决问题，并通过建立和运用相应的理论框架来指导管理实践。我国的教育管理研究长期存在只注重经验、忽视理论的问题。一些正式出版的中小学校长培训教材、高校本科教材甚至研讨班的教材，往往受到传统经验的束缚，难以深入浅出地阐述教育管理学的理论专著。在 20 世纪 80 年代后，学校管理学研究和著述取得了前所未有的成就。有学者将学校管理学的理论体系归纳为"教育起点论"、"管理起点论"、"职能起点论"、"过程起点论"和"关系起点论"。其他学者则从这些理论的基本特点出发，将其成果概括为三大类，即"经验升华类"、"理论融通类"和"政策分析类"。

2006 年由人民教育出版社出版的孙绵涛教授的著作《教育管理学》对教育管理学的理论范畴和逻辑进行了新的探索。该书分为教育管理学科论、教育管理活动论、教育体制论、教育机制论、教育管理观念论和教育管理人性论。这六个部分之间存在内在的逻辑联系，共同构建了一套能够深刻体现教育管理思想的理论体系，并采用范畴逻辑或语言逻辑进行表达。该书对提高教育管理学的理论品位和改善教育管理学的知识状况进行了一次尝试性的探讨。在同一年，上海教育出版社出版了张新平教授的著作《教育管理学导论》。该书主要从理论上对教育管理学的研究对象、性质与关联、研究方法论、典型研究方式以及理论进展与发展趋势五大问题进行了深入的探讨和研究。该书提出了建构"大教育管理学"理论体系的设想，揭示了教育管理学理论发展的趋势，对于提高各类教育管理实际工作者和从事教育管理理论研究的专业人员的教育管理理论研究水平和素质，具有重大的现实意义。

### （三）"理论-实践"型

教育管理中的"理论-实践"型是指将理论知识与实践应用相结合的管理方式和方法，强调通过理论的指导和实践的验证相互补充和促进，实现教育管理的有效性和实用性，旨在为实践提供理论指导，并将实践中的挑战、问题和经验反馈到理论中，以推动理论的演进和完善，致力于把理论应用于实践中，同时从实践中汲取经验和反馈，以进一步发展和完善教育管理学理论。纵观改革开放以来的教育管理研究发展历程可以发现，前期研究偏重经验总结，后期研究重视理论与经验研究的结果，这种发展态势总体上是积极的。但人们认为"理论型"深度不够，脱离实际，难以指导实践；"经验型"虽然能够解决一些问题，具有一定的时效性，但也不乏片面性和局限性。许多教育管理的教材和著作往往是只注重对教育管理的高深阐述，抑或走向另一极端，完全被教育实践经验所主宰，鲜有将理论和实践相结合的深入浅出的教育管理学专著。故偏向"理论型"或"经验型"的研究范式都存在一定的局限和束缚，"理论-实践"型的研究范式恰好可以弥补这些局限性，许多研究者也注意到这一点，"理论-实践"型注重二者的融合，由理论向实践升华，为教育管理学学科提供了更为全面和实用的研究成果。

2019年，北京师范大学出版社出版了褚宏启、张新平教授主编的《教育管理学教程》。该书的主要内容涉及教育管理学的特点、学校战略发展、学校组织文化、学校创新管理、学校知识管理和学校领导学等当今教育管理及现实中不可避免的专业和热点问题，是一本具有实用性、系统性、基础性、权威性的教材，既有教育管理的基本理论、基本知识，也有具体的指导和案例分析，是教育管理理论到实践的升华。2014年，由科学出版社出版的王世忠教授的《教育管理学（第二版）》，以教育管理的具体实践为立足点，分析总结了我国教育理论的变革特点及过程。该书注重将理论范式研究和实践问题相结合，坚持以教育实践为基点，揭示教育管理学的学科本质和范畴，坚持以人为本的理念，阐述教育管理中主客体矛盾问题，坚持以中国现状为依托，提出教育管理的规划和可行性建议，为教育工作者和相关领域的科研工作者提供了有力的理论和实践参考依据。书中内容论述的方式通俗易懂，倡导的理念深入人心，为教育管理的理论与实践结合提供了较好的范本。

## 四、教育管理学原理知识体系的应然

中国教育管理学原理知识体系历经多年建设，已取得一定的成就，主要体现在：一是依托制度，明确了教育管理学原理的学科地位；二是构建了适用于各种级别、各种类型学习对象所需要的知识体系；三是树牢了马克思主义理论的指导地位；四是科学处理了学科建设与意识形态之间的关系；五是开展了教育管理学原理本土化与中国特色教育管理学原理的研究。但是，从体系建构来看，目前教育管理学原理知识体系的建构尚存在下述问题。

首先，教育管理学原理与其他相关学科的关系尚未厘清。其中，最突出的问题是"教育管理学原理"与"教育管理学""教育管理原理""教育管理基本理论"尚未得到有效区分。事实上，称谓不同，意指的研究对象与研究内容体系都有所不同。但在当下，上述名称的教材与著作在内容上并没有实质上的区别，究其原因在于没有真正认识清楚它们的学科概念、研究对象、学科性质以及研究范畴。教材是侧重已有知识的整体性传授，而著作则聚焦对单一未知问题的探索。

其次，教育管理学原理教材所体现出的系统化学科观念不足。多数教育管理学原理教材只侧重于传授学科知识，解构单一问题域，鲜有对现代学校管理、教育行政制度两大教育管理学研究范畴凝练后的元研究。

最后，有关教育管理学逻辑起点的研究有待进一步深入。目前，学界对于教育管理学原理知识体系建构的探讨尚未形成定论，虽然学者试图通过探讨教育管理学的逻辑起点来寻找出路，但针对所提出的多种逻辑起点，暂时没有出现具有概括性、普适性的教育管理学原理知识体系。回顾发展历史，教育管理学存在着多种形态，这也意味着多种建构的可能性。

有学者认为，关键在于聚焦科学问题，加强实证研究，不断推进教育管理学原理知识的增长速度是加强教育管理学原理知识体系建设的紧迫任务。还有学者认为，从知识论视界来看，教育管理学的所有问题都可以归结为知识问题，教育管理学的学术史就是知识史，即知识的生产史、创新史和增长史。由此可见，对教育管理学原理知识体系的探讨应该成为最基本的问题，这是因为科学化的教育管理学原理必须有科学化的知识体系。

综上所述，构建教育管理学原理知识体系的应然之景，应包含明确知识体系建设的层次性、明晰知识建构的学科定位、确立知识体系的价值取向三大向度。

首先，明确知识体系建设的层次性。一直以来，"教育管理学""教育管理学原理""教育管理原理""教育管理基本理论"等学科概念没有实现科学区分，所以有关研究任务呈现出交叉、混乱态势。基于学理性，学习学科内容需要遵循层次性原则。例如，针对师范生的公共"教育管理理论"学习任务，应开设"教育管理学概论"或"教育管理学基础知识"。此类课程以满足学生的专业发展需要为导向，侧重于有关教育管理学学科的入门知识的传授不一定要严格遵从学科逻辑、苛求严密的知识体系。对于教育管理学专业的学生来说，则应严格遵守学科逻辑，开设教育管理学原理的子学科类课程，以奠定学生的学科专业基础，为未来的学习与工作夯实基础。也正是基于层次性的要求，中国教育管理学原理知识体系的构建路径可分为两种：一是确立研究对象，厘清基本概念，优化知识体系，追求普遍性、确定性和系统性，以担纲对各种形态的教育管理学的指导之责；二是依托后现代思想，放弃对具有一般理论性的教育管理学原理的求索，探究知识产出的多样化、多元化。然而，立足教育管理学原理学科建设任务，教育管理学原理的现代性建构尤为紧迫，因此问题的关键就成为对教育管理学原理内容科学性的探究。

其次，明晰知识建构的学科定位。如上文所述，教育管理学原理是具有上位性质的理论学科。而由于教育管理学建构的多样性特点，例如历史上的"哲学思辨教育管理学""实证科学教育管理学"等，建构教育管理学原理知识体系存在多种可能性，这也表明建构统一的知识体系所面临的困难性。但是无论如何，教育管理学问题是各种形态教育管理学研究共同关切的重点内容，因此超越对具体形态的探索和争论，提炼和总结各种教育管理学的共性知识，建构一门普通教育管理学原理兼具可能性和必要性。

最后，确立知识体系的价值取向。学科的存在依赖于知识逻辑体系，但是教育管理学原理知识体系建构中，依旧存在学科体系取向、问题取向和实践取向的争论。有学者提出"多研究些问题，少谈论些体系"；有论者指出，教育管理学的学科体系取向在学科建立之初有积极作用，但过于强化体系意识，会造成教育管理学研究为体系而体系，忽视体系之外的教育管理学问题，因此教育管理学研究应改变体系中心的模式，转向以问题取向为核心的研究模式。但更多的学者认为，问题取向、学科体系取向与实践取向并不矛盾，这是因为问题源于实践，而实践又是理论创生之源，实践、问题与理论相依相存。事实上，三种取向之争是对教育管理学原理知识体系与教育管理学知识体系的混淆，后者的理论性性质决定了其学科体系取向，即不关注具体问题，不纠结于固有形态的知识体系，所求索的是共性问题、理性问题。据此，教育管理学原理知识体系包括语义辨析、历史脉络、研究对象与学科性质、研究任务与价值、学科立场与地位、与其他学科的关系、概念与范畴、各种形态的教育管理学知识体系、科学化与中国化、方法论、学科体系、发展动力。

该知识体系凸显了教育管理学原理的理论性质，明确了以教育管理学为研究对象，聚焦教育管理学基本问题开展研究，所创生的结果即是教育管理学原理知识体系。

## 第三节　教育管理学原理研究的新方位

人和人是不同的，同样是读书，学生为求知，教育管理者为求用，研究者为求法。也就是说，对于同一本书，不同的读者可能因不同的目的而关注不同的地方：学生关注概念和内容以应对考试，教育管理者关注观点和技巧以应对被管理对象，研究者关注过程和方法以创造新知识。本节主要围绕教育管理学原理研究的新方位，将详细介绍教育管理学原理的学术定位、教育管理学原理研究的组织本位、教育管理学原理研究的丛林地位，回顾教育管理学研究历史观、主要框架，讨论并展望中国教育管理学研究的未来研究课题。

## 一、教育管理学原理研究的学术定位

要做好教育管理学研究，首先要定好位，也就是明白教育管理学的基本性质、基本立场和所处学术史阶段。以管理人假说为例，以下会提及管理人假说、组织本位和丛林地位。

### （一）管理人和经济人

管理学的基本假设是管理人。所谓管理人是指按照满意准则开展活动的行为主体，同时因为理性是有限的，人不能够做出最优决策，而只可能做出相对满意的选择。"相对满意"当然不是对"绝对满意"的排斥，而是"相对到基本上可以抵消对立面的副作用就可以了"，若想使阴阳力量相等，那么就是"取决于可抵消对方副作用的程度是否做到了基本抵消"[①]。管理人假说最早是由西蒙提出的。有限理性（bounded rationality）和满意准则是管理人假说的两个基本要素。

有限理性的概念源自经济学，最早是由经济学家肯尼斯·J. 阿罗（Kenneth J. Arrow）提出的，所谓有限理性即是人的行为是有意识地理性的，但这种理性又是有限的[②]。原因首先在于环境的复杂性，人们所面对的是充满不确定性的世界，人们越频繁地发生交易，面对的不确定性就越大，能够获得的信息就越不完整；其次，人不是无所不知的，个体认识环境、获得信息的能力是有限的。

20 世纪 40 年代，经济学家西蒙洞见了新古典经济学理论的缺陷，指出新古典经济学理论前提所存在的两个短板：①现实状况与未来变化之间存在一致性；②所有可供选择"方案"的可能结果都是已知的。西蒙的观点直击新古典经济学理论和教育管理学理论赖以存在的基础，指出传统经济理论所刻画的是一种"经济人"，他们有关环境的知识即便不是绝对完整或者全面的，至少也是丰足和通透的。他们拥有一套兼具条理性和稳定性的偏好体系，依据强大的计算能力，能推算出备择方案中的最优者。与此截然不同的是，西蒙认为人们在做选择时，依据的并非最优准则，而是满意准则。

对教育管理者的行为，人们似乎有一种共识，认为教育管理行为既是科学，又是艺术，这正是理性和感性相结合的另一种说法。研究对象如此，作为研究主体的教育管理学的研究者亦如此，其研究方法自然既要用到科学方法，又要用到艺术方法或非科学方

---

① 鞠强. 和谐管理：本质、原理、方法[M]. 2 版. 上海：复旦大学出版社，2007：21.
② 齐慧姝，马丁. 艺术管理视角下的理性决策与有限理性决策[J]. 艺术科技，2016，29（6）：248.

法，研究成果大概也需要适用满意标准。

社会现象、教育管理现象和自然现象一样，都是非常复杂的，但自然现象可以限定前提条件，采用静止的、片面的、局部的方法进行研究，而研究社会现象和教育管理现象要做到这一点很难，其客观性和可重复性较差，因而在某些场合只能进行有限理性的科学研究和非科学研究。

### （二）经济学方法和教育管理学方法

一般的经济学方法有四个基本特点：一是使用函数，就是以数学函数来表征决策前的经济环境，例如使用效用函数刻画个体的嗜好，借助博弈规则来阐释经济制度等。二是使用比较静态分析，例如，决策的比较静态分析就是借助数学中的最优决策理论来剖析个体的自利行为。三是使用比较动态分析，在开展比较静态分析时加上时间因素，进而就蜕变为比较动态分析。以上特点都具有实证分析的特性，即只给出事实判断而非价值判断，只阐明具体条件下出现的结果。四是使用福利分析（规范分析），这种特点与价值判断有关，就是探究人们自利行为作用于社会的影响。足见，经济学研究所依赖的主要分析工具是数学，这使得经济学研究的内在逻辑趋于严密，论证更加可靠，知识的可积累性更强，更加符合科学性原则。

教育管理学的方法取向则与经济学的不同，后者致力于用一套方法来阐释整个社会经济现象，教育管理学则致力于用多种方法来阐释某种教育管理现象。为了实施兼具科学性和实效性的教育管理，教育管理学必须考量组织内外的政治、经济、社会、文化、科技等多种因素，聚焦各类教育管理现实问题，综合运用经济学、数学、运筹学、心理学等学科的研究方法和成果，开展定性描述以及定量分析，这也意味着教育管理学研究方法具有多学科移植交叉性。孔茨提出的"管理理论的丛林"一说，就从一个侧面表现了管理学方法的多样性和综合性，其按照管理研究方法的不同把管理学分为12大类，其中包括：①经验方法；②人际关系方法；③组织行为方法；④社会协作系统方法；⑤社会技术系统方法；⑥决策方法；⑦系统方法；⑧数理方法；⑨权变方法；⑩角色方法；⑪7S方法；⑫管理过程方法。鉴于教育管理学作为管理学的一个分支，其核心理念和实践方法往往可以与管理学知识相互融合、相互借鉴，而管理理论作为管理学的基石，对于教育管理学而言同样适用。通过对孔茨等人的管理学研究方法的有机借鉴，我们可以更好地理解和解决教育管理领域中的各种问题，提高教育管理的效率和效果。此点也充分体现了教育管理学方法的开放性特征。

世界的复杂性在很大程度上产生于世界中万事万物的普遍联系的性质，对于科学研究来说，这一性质的意义在于任何因果关系都必须在一定的限制条件下才会成立。也就是说，科学命题往往表现为这样的结构：在一定的条件下，如果A，则有B。这"一定的条件"可宽可严，经济学里的一个标准的分析表述就是"给定其他条件不变"。"给定其他条件不变"的主要危害发生在以下情况：它不仅是逻辑推理当中的必要处理，而且是分析思考问题的一个方便的假说。从逻辑上来说，如果这一前提条件是演绎的基础，那么不会产生新的知识；如果这一前提条件是观察的基础，虽然能够引进新的经验，但由于是特殊的经验，或者说是特殊理论而用处不大。前提应该是可以并且必须推翻的，这是理论发展的必需。前文提到，西蒙就否定了新古典经济学理论中两个短板而发展了决策理论。

但值得强调的是，教育管理学如果一味追求方法的科学性，则会陷入唯方法论的"陷阱"。例如在早期的教育管理学观念体系中，校长承担着全过程的关键角色，但随着新古典主义教育管理理论的兴起，校长在教育管理理论中的作用就减弱了。主流经济理论认为，将校长置于教育管理理论体系之中的做法会破坏理论模型的内在逻辑，而为了理论体系的完美，研究者宁可对校长"清理门户"，因为他们坚信，构建数学模型是追求研究方法科学性的要求，为此可以忽略教育管理学的现实性、复杂性，而这种做法更加有利于教育管理学的未来发展。

以校长为核心的教育管理者群体，是教育管理学研究的生命线。教育管理者的行为是科学的，更是艺术的。教育管理者每天都在处理悖论，处理如何做都不是最优的，同时存在多个正确解的情况。但有不少教育管理者秉承了经济学的完全理性方法，当非理性因素干扰他们的研究时，为保持逻辑一致，他们就用假说把非理性因素或悖论排除在研究之外。我们认为，这种假定对于教育管理学是不合理的，因为它正好舍弃掉了教育管理学的灵魂。这种不承认教育管理学应该建立在有限理性的管理人假说基础上的做法，往往使得其研究价值减弱，甚至无用。对于出色的教育管理学研究者而言，研究方法和工具不能替代人的思考，研究理性不能压制人的智慧，细致的分析不能阻碍教育管理的实际行动。

从教育管理学理论的实践意义来看，一个命题是否有意义取决于给定的不变的前提条件是否能够实现。这揭示了教育管理学等社会科学与自然科学之间一个重要的差异。在教育管理学中，设定不可实现的假说的命题是不能直接使用的，或者说是没有应用价值的，只是理解教育管理的参照系，是认识复杂教育管理系统的起点而已。这是因为你不能假定其他的一切条件不变，那些条件不是你所能掌控的。在自然科学中，由于可以进行控制下的实验，给定不变的条件不仅仅是一种理论抽象，也是可以构建的。例如，物理学的真空假说不仅是认识空气阻力的起点，也是实践的依据，因为真空环境是可以人为构建的。更重要的是，对这类命题的分析说明了教育管理学在验证上的困难，逻辑推演离不开对特定条件的限定，而如果这些条件无法在现实中实现，就会产生验证上的困难，这种困难是教育管理学的科学性的最重要局限。教育管理学的科学性必须坚持理论接受事实验证的原则，这解释了教育管理学为什么不能接受假说前提的工具主义方法论思想，而能接受现实主义思想，原因就在于教育管理学中的假说前提的现实性是进行科学验证的标准。

总的来说，经济学方法中的假设可能不需要实现，但在教育管理学中，这些假设必须是可以在现实中实现的，因为教育管理学更加接近实际应用。

（三）人类的四种精神活动

我们根据逻辑性与非逻辑性、刚性与柔性两个维度，将人类的精神活动划分为科学活动、实务活动、艺术活动和主义活动，如图 2-7 所示。科学活动采用的是刚性和逻辑性的理性，如自然科学领域；实务活动则是柔性且符合逻辑的，包括日常事务的经营和管理培训；艺术活动则运用柔性和非逻辑性的空想和情绪，如诗歌创作；主义活动则运用刚性和非逻辑性的个人体系和信条，如宗教信仰。

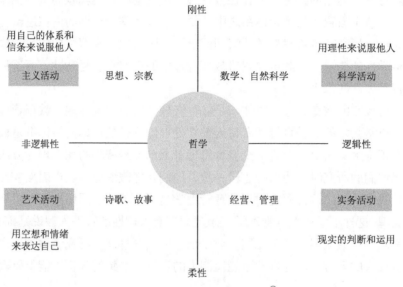

图 2-7　人类的四种精神活动[①]

教育管理学就处于科学和艺术的中间、理论与应用的中间，还有不少哲学的味道，甚至和意识形态、宗教都有着密切的联系。教育管理学是综合学科，融合了其他学科的各种方法、概念和工具。

科学研究讲究客观性。所谓客观是指现实世界存在的不以人的意志为转移的事实。但是，教育管理学中的很多事实是可以以教育管理者的意志为转移和变化的，因此，教育管理学中的某些研究不具备完全的客观性。

可以说，教育管理者是用语言思考，用数字行动；用直觉判断，用理性评价；用民主决策，用权威执行。教育管理学研究必须适应教育管理者的这种行为特征和需求。

（四）科学方法和艺术方法

学界现有的共识是教育管理学是科学，也是艺术。这也就意味着，一名合格的教育管理研究者需要同时掌握科学方法和艺术方法。

教育管理研究者通过分析科学方法和艺术方法（即非科学方法，我们认为它们在内

---

① 杨杜，等. 管理学研究方法[M]. 大连：东北财经大学出版社，2009：37.

涵上是一样的）的适用性，使每种方法都被用来研究它最适合研究的问题。教育管理知识的规范化离不开科学方法。科学方法注重规律和数据，重视定量分析、程序化、规范、规则、惯例、理性体验、同一性和经验运用等方面。教育管理知识的创新则离不开艺术方法。艺术方法注重灵活多变、逆向思维、创新创造、情感认知、审美感悟和直觉判断等方面。

科学方法主要表现为严谨的程序化和逻辑化，而艺术方法则更多地展现出非程序化和非逻辑化的特点。正确把握两种方法的适用性，关键在于深入理解以下几点。

（1）探索新学术领域初期更适合运用艺术方法，而发展到一定阶段则需要借助科学方法。

（2）针对业务和事务的研究更适合运用科学方法，而涉及组织和人的研究则更适合运用艺术方法。

（3）基层教育管理更适合运用科学方法，而高层教育管理则更适合运用艺术方法。

（4）成长阶段的教育管理研究更适合运用科学方法，而创业阶段的教育管理研究更适合运用艺术方法。随着教育管理的成熟，艺术方法可能会成为更合适的选择。

（5）规范的科学方法对艺术方法起到一定的制约作用，关键在于如何把握制约的尺度；反过来，非规范的艺术方法对科学方法是一种突破，关键在于如何把握创新的尺度。

（6）筹划阶段更适合运用科学方法，而行动阶段则更适合运用艺术方法。

（7）研究制度更适合运用科学方法，而研究文化则更适合运用艺术方法。

（8）稳定时期更适合运用科学方法，而危机时期则更适合运用艺术方法。

我们可以通过图 2-8 来展示这些特点。

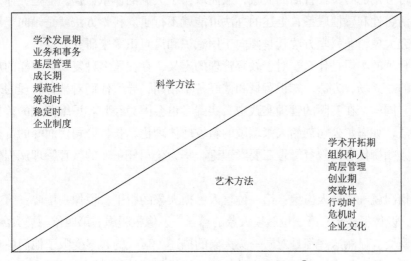

图 2-8　科学方法和艺术方法的适用性[①]

教育管理的科学与艺术之争，源于研究者不同的立场。"教育管理是科学"的观点

① 杨杜，等. 管理学研究方法[M]. 大连：东北财经大学出版社，2009：38.

是由于研究者秉持教育管理学者的立场，更加注重事实与原理；"教育管理是艺术"的观点是由于研究者站在教育管理者的立场，更加注重实操技能与人际知识。

事实上，教育管理知识的结构就像冰山的结构，处在不断变化之中，其要义不仅要认识到管理实践需要与管理知识相结合，还要认识到实践经验是科学知识的重要源泉，并善于将实践经验转化为科学知识，以更好地指导自身的管理实践。也就是说，研究者必须研究教育管理实践者的直觉和经验，并善于从中体悟和淬炼出教育管理知识，而一旦脱离教育管理实践者的真实案例，也就意味着失去创造教育管理学新观点和新理论的源泉。

爱因斯坦甚至把审美视为科学发现的一个重要标准，指出想象力概括是知识创生的源泉。以此信条观照当下，教育管理的要义就是创新。将具有主观、思辨、直觉和想象力的艺术方法用于研究更有利于创新。

## 二、教育管理学原理研究的组织本位

教育管理学知识体系是建立在生存和发展目标之上的，即所研究的问题是生存和发展过程中出现的管理问题，其研究内容包括解决问题所需的观念、理论、方法以及途径等。

### （一）教育管理是头象

这头象是复杂的。你可以摸象（用手接触象）、话象（用嘴表述象），还可以形象（用故事比喻象）、抽象（用数字计量象）。曹冲称象就是用科学方法将象变为石头，用静态的、可分割的石头代替活的大象，从而取得了大象的体重数据。但是，如果要研究象群的生活习性和感情联系，上述的办法可能就不行了。科学方法就是倾向于用眼耳鼻舌身来研究大象，非科学方法就是倾向于用意识和潜意识等来研究大象。

教育管理的本质是什么？对于教育管理的定义，存在着多种复杂且多样的观点。研究者的目的、立场、方法、知识背景和偏好各不相同，导致他们对教育管理的理解也是五花八门。同样，在实际的管理实践中，实践者也会因为经验和思维范式的差异而提出不同的看法，如海尔公司创始人张瑞敏的斜坡球体理论、长虹公司倪润峰的价格竞争理论、联想集团柳传志的教育管理三要素理论、华为公司任正非的教育管理流程化组织建设等。

上述情况就好比盲人摸象：第一位盲人触摸大象的躯干，说像一堵墙；第二位触摸大象的腿，说像根柱子；第三位触摸大象的鼻子，说像根粗绳；第四位触摸大象的耳朵，说像个大簸箕。显然这些都是对同一头大象的描述，盲人的答案受限于他们各自不同的站位。学者在研究教育管理时所得出的结论，同样受到他们不同的思维方式、经验、价值观和目的等因素的限制。教育管理者和研究人员都从不同的角度努力观察教育管理这头"象"，为揭示其真实面貌贡献各自的力量。

聪明的明眼人可能会说，我退后几步，一看不就知道大象的模样了，或者说，让一个盲人把大象上上下下、前前后后都摸一下不就得了，但学校组织或教育管理理论的整体并不像退后几步观察大象那样简单。学校组织是个庞大复杂的、部分无形的、开放的有机系统，描述这一系统的教育管理知识体系靠某个人或某些人，用有限的方法、有限的时间，是很难做到的。

何况，学校组织是在不断成长着的，你描述了今天，明天又变了。不仅组织结构在变，战略方案在变，成员观念在变，而且以往较长时期通行的教育管理原则或所谓的教育管理规律也在变。

教育管理这头"象"是非常复杂的，我们的研究只能不断地逼近其真正的本质，但可能永远也无法完全揭示其所有奥秘。

### （二）组织也是头象

教育管理者的工作核心在于实现组织目标，而教育管理研究则主要聚焦于组织。教育管理学的研究对象主要涵盖四个层面：个体层面、团队层面、组织层面和组织间层面。个体关系是团体，团体关系是组织，组织关系是组织间，如行业、社区、社会。教育管理学研究是以组织为核心，上接组织间，下接团体和个体的研究。因此，我们把教育管理学研究的范式叫做组织本位。

组织本位的要求与教育管理的目标以及教育管理者的天职和使命是相关的，教育管理者的任务就是达成组织目标，所以，个体层面、团体层面和组织间层面的研究都应该服从组织层面的研究。教育管理学中有组织行为学，其中包括个体行为、团体行为，行业组织是组织间关系研究，也是围绕组织进行的。这与经济学也有很大不同，经济学虽然是宏观的，但认为决策是个体的，而不是组织的，创新也是个体的，而不是组织的。教育管理学则非常关心决策和创新个体的周边要素及其与组织绩效的关联。

组织本位与研究方法的应用和效果有密切关系。总体上说，教育管理学中越接近科学方法的研究成果，在操作层效果显著，在职能层有一定作用，在领导层则收效不大，甚至领导层对此类研究丝毫不感兴趣。原因可能是领导层需要的是更接近教育管理的艺术特色。我们可以说，对于组织高层的教育管理行为，称作领导艺术比称作领导科学似乎更确切；对于组织中层的教育管理行为，称作教育管理科学和教育管理艺术相结合较合适；对于组织基层的教育管理行为，称作教育管理科学与工程最合适。所以，教育管理学的核心偏重研究组织高层。

教育管理学立足教育的视角，探究有效组织和运营教育管理的方式方法，使其适应外部社会环境，发展壮大，最终达成目标。如果从系统教育管理学派来看，社会经济是环境因素，教育是独立且开放的社会技术系统，教育管理学则是立足教育目标，探究教育系统的构成要素和运营机制，以及其与外部环境的良性互动。一切都离不开组织，这就是德鲁克把现代组织的出现看作人类社会的一大发明的理由。鉴于组织构成管理的基础，教育管理部门就如同组织的器官，正是这些器官功能的充分发挥，才能确保职能得以履行，使组织得以存续和发展。

在以组织为本位关注组织层次的教育管理学研究中，我们需要关注组织内部的诸多要素，如人、财、物、知识和时间等，并关注这些要素的整合与有效性，而不能仅仅关注其中的某一个部分。这也预示着教育管理学研究的难点所在，它不容易像经济学那样进行定量分析和比较静态分析。

## 三、教育管理学原理研究的丛林地位

总体来讲，教育管理学原理研究还处于有定义还不清晰，有领域正在开拓，有模型正在建立的阶段。

一百年的教育管理学发展历程中涌现出了许多精彩纷呈的教育管理学派、理论、方法和工具，让人感受到教育管理的深邃与广博。教育管理丛林虽然茂盛，但长得确实杂乱了一些①。我们认为，这些高高矮矮、大大小小、疏疏密密的教育管理之树的形成主要是教育管理学对各种研究方法过于包容所致。

正是由于这种研究方法上的宽容，持有各种思维"范式"的研究者，好像各路"大侠"，带着刀枪剑棍十八般武艺，都往教育管理学领域里挤，好像谁都能分到一杯羹。于是，教育管理丛林中向来是热闹非凡的，层出不穷的"教育管理学新苗"和口若悬河的"教育管理学大师"不断地冒出来。

这并不是完全不好的现象。百年教育管理学说史就是在以教育管理为中心的教育管理实践的推动下，在各学派教育管理学者互相探讨与论争、合作与摩擦的过程中，沿着一条曲折道路走过来的。在一个时期，科学教育管理兴旺发达，在另一个时期，行为科学大行其道；一段时间系统教育管理理论登上舞台，另一段时间决策教育管理理论占尽风头；权变教育管理刚刚偃旗息鼓，文化教育管理又粉墨登场；GE 公司推出了 PPM 模型，麦肯锡公司则扯起 7S 大旗；有人对领导学感兴趣，有人则关注一般员工；有人研究劳动价值，有人研究知识管理；有人研究必用公式、方程，有人则喜欢讲故事；有人认为文化重要，有人认为制度重要；有人努力推行教育管理制度，有人则强调教育伦理作用。

实际上，这种情况与很多科学或理论的发展轨迹极为相似。在现实中，假如一门理论一直被一种势力支配着，那就该出问题了。反过来，同一理论领域的各种学派互不相干地长期并存，也是值得怀疑的现象。在前一种情形下，这种理论可能被一个僵化的教条长期困扰；在后一种情况下，我们可能会迷失在"丛林"之中，因一种理论有如此多的观点和学派而怀疑其科学性和理论性。事实上，教育管理学研究之所以到今天依然蓬勃发展，教育管理学的书籍之所以卖得如此之火，与教育管理学领域总是不断地进来一些"外人"，总能够不断冒出崭新的教育管理观念和创意，并对既存理论提出挑战有极大关系。

教育管理学界习惯于将教育管理理论分为古典教育管理理论、行为科学理论和当代教育管理理论。一般认为：古典教育管理理论中有代表性的内容包括三大块，即以泰勒

---

① 李亚光. "组织理论丛林"初探[J]. 现代管理科学，2018，（8）：115-117.

为首的科学管理理论、法约尔的一般管理理论和韦伯的行政管理理论等；行为科学理论涵盖四部分的内容，包括人际关系学说、个体行为理论、团体行为理论和组织行为理论等；对于当代教育管理理论，人们通常借鉴八大学派来理解，包括教育管理过程学派、社会系统学派、决策理论学派、系统教育管理学派、经验主义学派、权变教育管理学派、组织行为学派和教育管理科学（数理）学派。按照这种分法，将来产生的教育管理新学派，就只有不断往上追加了。你要做教育管理研究，不外乎有两条路径选择：一是加入哪一学派；二是另立学派。

# 第三章

# 教育管理人本与和谐原理

教育管理人本与和谐原理就是以人为主体的管理思想。人的努力、人的劳动和人的管理革故鼎新,推动了科学技术进步,创造了物质财富,发展了社会生产力,使社会经济系统运转顺利,而且努力提高教育管理的质量和效益,为培养具有创新精神和实践能力的人才做出了贡献,最终造福人类,促进人的全面发展。本章围绕教育管理人本与和谐原理,将重点阐释教育管理人本与和谐的内涵,详尽探讨教育管理人本与和谐原理的理论基础、运行机制、基本原则以及实践向度等相关问题,从理论到实践阐释人本与和谐的作用机理,为现代教育管理提供坚实的基石。教育管理人本与和谐原理引导我们以人为本,关注个体;追求和谐,促进发展;持续进步,永不止步。

## 第一节 教育管理人本与和谐原理的内涵阐释

教育管理在教育体系中扮演着至关重要的角色。它是确保教育系统有效运行的关键因素,同时也是推动教育发展的重要支柱。教育管理的目标不仅在于维持学校的日常运作,更在于提升教育质量、促进教师发展、培养学生素质、增强学校凝聚力以及推动教育改革。对于教育管理者来说,深入理解人本与和谐的内涵并将其融入日常的管理实践中是至关重要的。人本理念强调尊重人的主体性和个性,注重激发人的潜能和创造力,培养全面发展的人才,而和谐理念则倡导在教育管理中建立和谐的人际关系、工作氛围和组织文化,通过整合各方面的资源,实现教育管理的整体优化。

## 一、人本与和谐的基本内涵

### （一）人本的内涵

"人本"一词是"以人为本"的简称。从词源来看，"人"是具有高度智慧和灵性，且能制造并使用工具进行劳动的高等动物。"本"具有草木的茎或根，事物的根本、根源等含义。从关于"人"和"本"的解释来看，人是一切事物中最为重要的因素。人本思想古已有之，中西方均不乏有关人本思想的论述或行动。"仁者爱人""民为贵，社稷次之，君为轻"，在中国历史上，"人"和"民"有时通用，人本也即民本，这是中国传统思想文化的精华。在欧洲早期资本主义发展过程中的文艺复兴和启蒙运动，把人本主义提高到空前高度，都强调重视人的价值，并宣传人文主义精神。

人本主义观在中国影响深远，"以人为本"渐渐成为现在社会的主流概念。党的十九大将习近平新时代中国特色社会主义思想确立为党必须长期坚持的指导思想，并将其庄严地写入党章。这一决策标志着党的指导思想的与时俱进。这一思想坚定地守护着中国共产党为人民群众谋求幸福的初心，坚决维护人民民主的地位，始终秉持一切为了人民、一切依靠人民的原则。这充分体现了人民是历史的创造者、人民是真正的英雄的唯物史观，体现了以人为本、人民至上的价值观，以及立党为公、执政为民的执政理念。这一思想承载中国共产党人为民族谋复兴的使命，擘画实现民族复兴中国梦的宏伟蓝图，担当中国共产党人为世界谋大同的责任，饱含对人类发展重大问题的睿智思考和独特创见，洞察时代变迁，把握社会发展的核心趋势，引领时代前行，为应对全球性挑战和问题，提供了独特的中国视角和解决方案，为推动构建人类命运共同体、维护人类共同利益和共同价值作出了重要贡献。在当今社会，人本思想已成为中国共产党的核心价值观，是引领中国和影响世界的先进理念。它是新时代的旗帜，也是国家政治和社会生活的指导思想，为解决全球性问题提供了中国智慧和中国方案。

### （二）和谐的内涵

"和"具有各数相加的总数、适中、恰到好处、刚柔并济的常道、温暖的意思，早在甲骨文和金文中就已经出现了"和"字，在古代典籍中，"和"又被应用到天、地、人、事、物之间，无所不在。"谐"具有和合、调和、商议、协调等含义。在中国传统文化中，"和而不同"通常是指自然和社会的根本法则——事物矛盾的法则，即对立统一的法则，主要是指将具有独特性的各种元素融合并和谐共存，形成统一的整体。新时代的和谐社会是从开创中国特色社会主义事业新局面的全局出发，明确提出社会主义和谐社会是人与人、人与社会、人与自然相和谐的社会，是民主法治、公平正义、诚信友爱、充满活力、安定有序、人与自然和谐相处的社会，即新时代形成全体人民各尽其能、各得其所而又和谐相处的社会。

实现共产主义是中国共产党古今一辙的最高纲领和理想，并且在不同的历史时期，中国共产党领导人民为实现不同阶段的目标而奋斗。历史长河奔流不息，思想波涛卷起巨澜。在中共十六届四中全会上，面对新世纪、新形势、新任务、新挑战，我们党提出了构建社会主义和谐社会的目标。这一目标是我们党对全面、协调和共同进步思想的长期坚持，是对人类社会发展进程中人与人、人与社会、人与自然的一次理论和实践的创新，勾勒出在新的历史时期构建和谐社会的宏伟蓝图。

不管哪一方面的和谐，和谐都应该是全面的和谐，是包括人与人、人与社会、人与自然之间的全面和谐。倡导"和而不同"的理念就是在尊重世界丰富性、多样性的前提下博采众长，求得不同民族、不同文化、不同宗教、不同社会制度的协调，促进人类文明的共同发展。"不同"是事物存在和发展的特点，而"和"是多种因素的并存与互补，是一种有差异的统一，而不是简单的统一。"和"即共同性，而"不同"则代表差异性。在和谐发展过程中，要正确认识"和"与"不同"的引领作用，正确把握共同性和差异性的关系：有同无异，没必要强调和谐；有异无同，形成不了和谐。离开了共同性，和谐无从谈起；忽略了差异性，和谐难以做起。"和"的价值就是要通过协调"不同"，达到新的和谐统一，在尊重、包容"不同"的前提下使"和"长期存在、发展。同时也要认识到"和"是主导，是方向、前提和根本，"不同"不能削弱和危害"和"。保护"不同"也是需要的，"不同"的丰富多彩能使"和"展现出更大的包容性和更强的活跃性。

新时代和谐社会建设的起点是新时代的到来，和谐社会的基础是社会变迁。党的十九大之后的新时代社会变迁是包含加速经济发展、调整社会结构、普及科技信息、形塑多元化文化价值等方面的新机遇和挑战，为新时代和谐社会建设提供了必要条件。新时代和谐社会建设还需要社会主义核心价值观这一精神力量去推动。社会主义核心价值观是构建新时代和谐社会的精神支柱，而和谐社会的根本目标是人民幸福。在民族工作中，新时代将铸牢中华民族共同体意识作为民族工作的核心，这是巩固和发展平等、团结、互助、和谐的社会主义民族关系的必然要求，也是推动党的民族工作创新发展的必然要求。因此，"和谐"贯穿我国社会发展的各个方面，使新时代社会的发展更有原则。

## 二、人本原理的基本内涵

### （一）人本原理的内涵与依据

管理是在计划、组织、领导、协调与控制等职能下，达成组织有目的性的活动。在管理活动中，充分解读无论是计划、组织、领导，还是协调、控制这几项管理的基本职能，我们不难发现，管理是科学性与艺术性的结合，而在管理必须量化这一前提下，对管理最重要、最有效、最有决定性作用的因素就是"人"。不论是春秋时期管仲最早明确提出的"以人为本"、后人沿用的"以民为本"，还是党的十六大以来，"以人为本"成为党中央突出强调的重要思想和基本要求,党的十七大审议并将科学发展观写入党章，提出的科学发展观的核心——"以人为本"，"以人为本"这一观点的继承和发展都是解决人的系统问题，"以人为本"不仅仅是理论层面上历史唯物主义的一项基本原则，集中体现我们党的根本宗旨和执政理念，还在实践层面上全面回答了科学发展观的一系列基本问题，承嬗离合地回答为谁发展、靠谁发展、发展成果如何分配等必须回答和解决的基本问题，成为 21 世纪管理理论与实践的核心问题。人本原理作为管理学四大原理之一，要求在管理活动中，把人作为核心，把人的权利放在根本位置，并充分发挥人的主观能动性。随着科技的进步和新时代的到来，各个领域的管理哲学和管理实践都发生了巨大的变化，人本原理也被赋予了新时代的意义，成为科学管理的重要组成部分，重点强调了人在管理中的核心地位和作用，并要求在管理过程中将处理人与人之间的关系放在首位，充分发挥人的主动性和创造性，使被管理者明确目标并主动自觉地完成任务。

"以人为中心"是现代管理各种学派共同的看法之一，反映了现代管理的主要思潮。它是在西方社会发生了许多深刻性变化的基础上逐渐发展而来的，也是西方管理学者对管理观念进行自我批判的结果。管理的人本原理是指，一切管理都要以人为核心，充分发挥人的积极性、主动性和创造性。它是现代管理活动客观规律的反映，是管理理论发展的结果。管理者必须把它贯穿于整个管理活动中。人本原理包括以下三个方面的基本含义：第一，人是管理的核心或中心；第二，管理活动的根本动力是人的积极性；第三，管理者必须采用各种手段和方法来激发人的积极性、主动性和创造性。

人本原理的依据在于：人是管理活动的主体，社会组织是由人构成的，在众多的组织要素中，人是活的要素。人在自然物面前，相对于组织中的机器、设备、原材料、技术等来说，是永恒的、绝对的主体，能够能动地改造客观世界。管理活动中既要重视对生产资料和劳动对象等物方面的研究，同时，更应该注意人的积极性、主动性和创造性的发挥。否则，人类社会组织的管理就会变成单纯的物体对象的管理过程，变得毫无生气，缺乏动力。

管理实践证明，在人类管理实践中，有过"以物为中心"、注重作业效率的阶段，但是最终被"以人为中心"的阶段所代替。大量事实证明，在现代社会中，一项管理如果忽视人的作用，不注意调动人的积极性，就不可能取得好的效果。社会主义制度的根本要求决定生产资料公有制和按劳分配的原则。劳动者成为生产资料的主人，为劳动者成为管理活动的主体创造了条件。因此，社会主义管理更有理由强调和发挥人的积极性和自觉性，保证劳动者在为组织和社会作出贡献的同时，实现自我价值，真正实现民主管理。当然，我国在实现彻底的、完全的"以人为中心"的管理过程中，有必要借鉴当今世界上的一切有效的管理手段和方法，包括西方发达国家的先进管理经验。在这里，根本要求与实现手段之间可以而且必须保持统一。

（二）人是管理活动的核心

管理活动的核心或中心是什么？这是管理理论和实践中一直受人关注的问题。人们对这个问题的认识是不断发展的，大体上经历了两个阶段。

### 1. 以物为中心的管理阶段

这个阶段可以追溯到泰勒管理时代及更早，即所谓的"科学管理"阶段。那时，管理者关注的是组织内部作业的效率，管理的重心放在物和人的体力上，希望通过作业研究设计出一套最佳的工作方法，并以此为依据选择和培训工人，使工人成为适合该作业的"第一流工人"，从而创造出最佳的劳动效率。在管理方法上采用严格的计件工资制、严厉的现场监督和经济制裁。鼓励工人埋头苦干，处罚懒惰消极的人和行为。

人们把物作为管理活动的中心，首先是与当时的社会生产力发展状况紧密相关的。那时，生产力及科学技术水平尚不发达，人们普遍关心的问题就是如何发挥机械设备的效率，当时，机器的使用主要依靠体力，而非脑力。所以在管理者的眼中，机器加上强壮的体力就能为他创造出更多的财富。其次，把人当成"经济人"，是以物为中心的管理的前提。所谓"经济人"是指那些以经济利益作为唯一追求的人。把人当作"经济人"来对待，势必在管理中就会产生"以物为中心"。因为，"经济人"追求的是经济利益，只要给予经济刺激，就会使他不停地工作；而且，按照这种理论，工人必须努力增加单位时间的产量，才能解决雇主与工人之间在追求经济利益时的矛盾。

### 2. 以人为中心的管理阶段

这个阶段开始于人际关系理论产生时，并一直延续到现在。霍桑实验后，梅奥等人建立了人际关系学派，认为人是"社会人"而非"经济人"。社会人假设指出，人们在社会上的活动不是孤立的，而是作为某个集体的一员而行动，他需要得到友谊、安定和归属感。基于这种假设，人际关系学派认为，社会需要影响人的行为，从而影响劳动生产率。社会人假设的提出，改变了人们以前对于人性假设的看法，从而改变了以物为中心的管理观，奠定了以人为中心的管理阶段的基础。同时，西方发达国家在社会、经济、科技等方面的巨大变化也促进了以人为中心的管理的形成。首先，第二次世界大战后，科学技术以前所未有的速度向前发展。以电子计算机、人造卫星、宇宙飞船等为代表的一批人类先进科技成果标志着科学技术已经发展到了一个新阶段。其次，在科技发展的促进下，西方国家的生产力空前发展，这导致了战后繁荣时期的出现。最后，在科技与经济的相互促进过程中，社会结构发生了深刻变化。例如，脑力劳动比重上升，第三产业的比重增加，劳工运动不断壮大，等等。这一切变化使得人们在生产和工作中除了追求金钱之外，越来越要求社会心理的满足，单纯依靠经济刺激手段的管理已经不起作用，对工人过分的惩罚、监督控制和残酷压榨也受到了强大的工会运动的反抗。因此，教育管理专家及管理人员被迫改变管理方法，开始采用怀柔政策，注意并满足教职工的社会需要。例如，师生参与管理、工作绩效管理、工作丰富化等各种激励手段，激发人的积极性。

在"社会人"概念提出以后，西方管理理论对人性问题的看法又有所发展。马斯洛提出了"自我完善人"概念，并指出人要充分实现个人的全部潜能，使人格臻于完美，才能成为自由、健康、无畏、有顶峰经验的人，从而在社会中充分发挥作用。以此为出发点，管理的重点放到了人的工作环境上，强调管理的作用是创造良好的工作环境和工作条件，并指出只有人的内部激励，如希望获得知识、自主、利他、施展才能等，才能满足自我完善的需要，进而才能调动劳动者的积极性。因此，管理者可以采用下放权限、建立提案制度、参与决策、制订发展计划等方式改进管理办法，促进人的积极性的发挥。美国行为学家埃德加·沙因等人提出了"复杂人"理论，他们认为人的需求是多样的，并且随着社会和环境的变化而变化①。人们在同一时间的需求和动机各不相同，它们相互交织，形成一个复杂的动机模式。随着工作和生活条件的变化，人们会产生新的需求和动机，因此一个人在不同的环境和角色中会有不同的需求和动机。人们能够根据自身的动机、能力和工作性质，灵活地适应不同的管理方式。但是，不存在一种万能的适用于任何人的管理方式。管理方式要根据学校的内外条件而随机制宜。"自我完善人"概念和"复杂人"理论的提出丰富和发展了"社会人"假设，促进了对人的全面认识及管理方式的改进。

但需要指出的是，在实际管理过程中，尽管许多学校在很多方面采取了不少重视人、激励人的措施与方法，但是追求成绩始终无法与学校教育的本质与最终目标脱轨。因此，所有措施与办法仍然服从于成绩这个总目的。

**3. 教育管理活动的根本动力是人的积极性、主动性和创造性**

凡是有人群的地方就有管理。管理是共同劳动的需要。管理不是某种具体生产活动，而是协调众多具体生产活动，引导组织向既定目标前进的行动。在众多组织要素中，只有人是活的要素。

人在其他物质要素面前是活的主体。人是由大脑意识支配的，能够主观能动地改造客观要素。管理活动的好坏与人的活动直接相关，取决于人们共同活动的意愿、团结的程度、相互沟通的情况和各自的目标。从根本上来说，组织的活力来源于每个成员的活力，即来自人们的积极性、主动性和创造性。人在认识活动和实践活动中表现出来的积极性、主动性和创造性是人作为主体最本质、最主要的特征。②如果人们缺乏在一起活动的要求，或者说缺乏积极性、主动性和创造性，那么，整个组织目标的实现就是不可想象的。

**（三）教育管理活动应以人本原理为指导**

在教育管理活动中，坚持以人本原理为指导，应从以下几方面，采取措施，优化教育管理活动。

第一，确立人本观念。优秀的教育管理者必须树立以人为根本的人本观念，思想上应认识到唯有发挥人的主观能动性、调动人的积极性，才能够做好各项工作。因此，要

① 林影，孙广华. 基于"复杂人"假设下的科学管理理论的可能性问题[J]. 哈尔滨师范大学社会科学学报，2017，（5）：14-17.

② 王世忠. 教育管理学[M]. 2 版. 北京：科学出版社，2016：55.

反对那种只见物不见人，重物质、技术而忽略人的管理，改变那种用强制或单纯经济刺激的传统管理手段。

第二，提倡共同目标和共同价值观。教育管理在调动人们的积极性时，力图通过培育教育组织成员之间的共同目标和共同价值观，使组织目标与个人目标达到高度统一。组织成员在共同的交往中形成的共同的价值观、目标和行为准则就是组织文化。优秀的组织文化是组织成功的关键与保证。

第三，采用一切手段与方法调动人们的积极性，发挥人们的智慧。教育管理有许多激励人们积极性的手段和工具。例如，目标管理、参与管理、工作丰富化等都被证明是行之有效的方法。管理者在实际工作中应结合具体情况综合运用各种方法，使成员在一种良好的组织气氛中，心情舒畅，团结协作，共同为实现组织目标而工作。同时，管理者应改进工作作风和方法，消除官僚主义和形式主义，反对任人唯亲，真正重视人才的作用和价值。

## 三、人本与和谐的辩证关系

"百年大计，教育为本。教育与和谐社会的构建有着密切联系。"[①]教育活动坚持以人为本，旨在实现个体自由全面发展，它是社会系统中的一种现象。和谐是以人为本的理念，它深深植根于人本思想，揭示了社会和谐的实质。社会的和谐发展推动了教育的和谐进步，为培养人才提供了坚实的支撑。同时，社会需要教育的支持，而教育则依赖于社会的环境。一个和谐的社会自然会孕育出和谐的教育环境，而这样的教育环境又有助于构建一个更加和谐的社会。和谐社会与和谐教育之间的关系是相互影响、相互促进的。

第一，人是人本思想与和谐社会的出发点和归宿。人本主义的核心思想是以人为本，并把自我实现作为人的最高级需要。同时，坚持以人为本客观上会培养和谐的人格，这不仅是人的全面发展的需要，而且也与建设和谐社会不谋而合。在 2004 年，我国首次将构建社会主义和谐社会作为中国共产党全面提高执政能力的五大能力之一。建设和谐社会的核心是以人为本，尊重人的权利，解放人的思想，依靠人的力量，以及为了人的福祉。人是建设和谐社会的出发点和最终归宿，发展与和谐成为构建和谐社会的两大重要目标。只有坚持以人为本、和谐发展，才能够协调处理好各种关系，才能构建充满人文关怀的和谐社会。

第二，人本思想与和谐社会都强调个体所应承担的社会责任和奉献精神。人本思想与和谐社会都强调探讨对个人和人类的发展进步都富有意义的问题，尤其是在谈论建设和谐社会的时候，人是应该首先考虑的因素。因为社会是由一个个活生生的个体组成的，没有人就没有社会活动，也就没有社会发展。人本思想与和谐社会都倡导人的自我实现，并强调对社会发展所承担的强烈责任感。这种责任感不仅体现在个体对他人展现同情心并乐于助人，同时也体现在视每个人为家庭成员并负有相应的责任。

---

① 王世忠. 多元与和谐：民族院校人才培养模式的战略选择[M]. 武汉：华中师范大学出版社，2017：115.

第三，人本思想所倡导的自我实现与和谐社会所倡导的人的全面发展在本质上是一致的。人的自我实现意味着不断地挖掘和实现潜能、智能和天分等，旨在促进人的自由、全面和健康的发展。这与和谐社会所倡导的人的全面发展的内涵相吻合。和谐社会所倡导的人的全面发展包括三个主要方面：全面发展人的劳动能力，全面发展人的社会关系以及全面发展人的个性。

　　自党的十八大以来，面对新时代的历史方位，我们党明确提出促进共同富裕与促进人的全面发展是高度统一的。这意味着，促进共同富裕不仅是实现人的全面发展的现实基础和前提，更是其最终目标和归宿。在新时代，习近平总书记指出，"党的十一届三中全会是划时代的，开启了改革开放和社会主义现代化建设历史新时期。党的十八届三中全会也是划时代的，开启了全面深化改革、系统整体设计推进改革的新时代，开创了我国改革开放的全新局面"[①]。全面深化改革之所以被称为"划时代"的，是因为它具有转折性、全局性、长远性和根本性，致力于整体的转型升级。它需要从战略层面进行系统的整体设计。这种整体的推进和系统谋划，其核心和根本在于坚持以人民为中心的发展思想。这一思想旨在推动人的全面发展，并使全体人民共同富裕取得更加显著的实质性进展。这意味着以经济增长为中心的发展观念已经转变为以人民为中心的发展观念。这代表我国的发展重心已从单纯的经济增长转变为以人民为中心的发展思想。这一转变从重点关注人们的生存和温饱问题，转向了更全面地关注人们的生活质量和美好生活的实现。这一转变是我国社会主义现代化建设的重要标志，表明我们已经进入了一个全新的历史阶段，更加注重人的全面发展，强调发展要依靠人民，发展成果要惠及全体人民。习近平总书记提出的"坚持人民至上"[②]"站稳人民立场"[③]为这一转变提供了鲜明的标识。

　　在全面建成社会主义现代化强国和实现中华民族伟大复兴的历史进程中，不断推进人的全面发展具有极其重要的地位和作用。因此，需要将这一目标深入贯彻到党和国家的各项事业和工作中，持续努力，取得实质性的成果。

## 第二节　教育管理人本与和谐原理的理论基础

　　教育管理人本与和谐原理为教育管理提供了坚实的理论基础。明确教育管理的目标和价值导向，为教育管理实践提供科学的指导，确保教育管理的有效性和可持续性。同时，教育管理者深入理解人本与和谐的内涵还可以更好地将其融入日常的管理实践中。

---

① 新华社. 习近平主持召开中央全面深化改革委员会第六次会议[EB/OL]. (2019-01-23)[2024-03-20]. https://www.gov.cn/xinwen/2019/01/23/content_5360657.htm.

② 习近平. 坚持人民至上[EB/OL]. (2022-10-15)[2024-06-11]. https://m.gmw.cn/baijia/2022-10/15/36089481.html.

③ 新华社. 习近平在广东考察时强调 坚定不移全面深化改革扩大高水平对外开放 在推进中国式现代化建设中走在前列[EB/OL]. (2023-04-13)[2024-03-11]. https://www.moj.gov.cn/gwxw/ttxw/202304/t20230413_476286.html.

深入探索教育管理人本与和谐原理的理论基础不仅能够为教育管理提供系统的理论支撑，促进教育管理的理论创新和实践探索，还能提升教育管理的专业性和科学性，推动教育管理的现代化和专业化发展。

# 一、关于人的全面发展学说

## （一）关于人的全面发展学说的基本内涵

尽管作为人们的认识对象，人的问题在实践层面上仍滞后于人类自身的存在与发展，这种情况出现的时间相较于人类的自我认识发展而言是较晚的，但是，因为人是有理想的存在物，人时刻关心着自己的生存状态和未来发展。有关人的问题，包括人的存在、人的本质、人的需要、人的利益、人的能力、人格、人的价值、人的自由、人的发展、人的解放、人类的前途命运，以及人与自然、人与社会、人与人、个人与群体、人与自身的关系等，在漫长的历史长河中，在每一个社会历史阶段，都是摆在人类面前的一个根本问题。随着人类的不断发展，人类对自身的关注和探讨也在不断加强。可以说，一部人类发展史也是一部自觉或不自觉地探讨人自身的存在与发展的历史，是人学从无到有、从有到优、从优到精的历史。

在人的全面发展学说的初步形成阶段，恩格斯已经意识到，人的全面发展是大工业和科技发展的必然结果和趋势。人的全面发展是一个历史的进程和历史的产物，这样就使个人的自由全面的发展不再是空想社会主义者笔下的海市蜃楼，而是整个人类社会逻辑发展的大势所趋。

马克思和恩格斯认为，关于人的全面发展学说的含义包含四个层次。第一，最基本的层次是废除旧式分工，这意味着人们能够适应不同的劳动需求，将不同的社会职能作为轮流替换的活动方式。第二，在更迭交替的社会职能中，人们先天和后天的各项才能得到自由而充分的发展。在这个层次上，人们的先天潜能和后天能力得到了自由而充分的发展，这正是由于人们将不同的社会职能作为更迭交替的活动方式。第三，从广义上来说，社会成员能够全面发展才能是第一层次含义的扩充和指向。在消灭了旧式分工这一前提下，社会为人们潜能的挖掘提供了自由发展和创造力产生的环境，这也使自由全面的发展不再是个别人、少数人的发展，必然是全体社会成员的自由全面发展。第四，个体和社会和谐统一地发展，即经济社会发展的手段和最终目的都是人的自由全面发展，因此人的自由全面发展的程度决定了经济和社会发展的程度。社会在人的劳动发展中持续进步，这是人的本质的外部展现，也是人类发展水平的实际标志。同时，每个时代的社会成员所拥有的特定社会条件既能够促进个体的发展，也能够对其产生制约。因此，我们可以了解到，人的发展与社会进步是相辅相成的，二者从不同的角度探讨了同一问题，彼此互为因果。总之，只有在改造、促进社会发展的实践活动中，人的自由全面发展才能得以实现。

（二）人的全面发展与教育的关系

要实现人的自由全面发展，仅有先进的生产力、普遍的交往关系和真实集体中的个人联合是不够的，还必须借助一个重要的手段，那就是教育与生产等社会实践相结合。这样的结合最终将推动人的全面发展。教育将使年轻人能够很快熟悉整个生产系统，将使他们能够根据社会需要或者他们自己的爱好，轮流从一个生产部门转到另一个生产部门。教育将使他们摆脱现在单一分工给每个人造成的片面性。这样一来，根据共产主义原则组织起来的社会，将使自己的成员能够全面发挥他们的才能。而这里所指的教育即是克服人在劳动中的片面性和被动性的真正意义上的教育。

## 二、以人为本原理的理论

以人为本是一个古老的话题，我们的祖先早在两千多年以前就有诸多深刻精辟的论述，现代西方相关的理论也有丰硕的成果。尤其是我们党对依靠人民群众、为人民服务、尊重知识、尊重人才，更有系统、全面的政策理论，充分体现着以人为本的人性观。现就中西方有关人本管理的理论，选择其中部分作以介绍。

### （一）中国古代的人性观

1. 关于人的因素的观点

《礼记·大传》中说："圣人南面而治天下，必自人道始矣。"《中庸》中说："为政在人，取人以身，修身以道，修道以仁。"孟子讲的"天时不如地利，地利不如人和""得道者多助，失道者寡助"，是大家都知道的。孟子在《孟子·尽心章句下》中则指出"民为贵，社稷次之，君为轻"，进而在《梁惠王章句上》道明："保民而王，莫之能御也。"孟子在《孟子·离娄章句下》中又指出："乐民之乐者，民亦乐其乐；忧民之忧者，民亦尤其忧。乐以天下，忧以天下，然而不王者，未之有也。""爱人者，人恒爱之；敬人者，人恒敬之。"《孟夏纪·用众》中说："凡君之所以立，出乎众也。立已定而舍其众，是得其末而失其本。得其末而失其本，不闻安居。"这些都是在讲要尊重人、爱护人、依靠人。

2. 关于"人的本性"的观点

人性问题历来争论不休，对人性问题争论的"一元论"思想可以概括为"人性本恶"和"人性本善"两种。荀况在《荀子·性恶》中说："人之性恶，其善者伪也。""今人之性，饥而欲饱，寒而欲暖，劳而欲休，此人之情性也。"他还进一步指出："若夫目好色、耳好声、口好味、心好利、骨体肤理好愉佚，是皆生于人之情性者也。"这实际上就是中国古代的"X理论"。持"人性本恶"观点的管理者认为，人性天生是恶的，要改变人的性情，必须采取强制性的严格管理，用各种规章制度去约束人的行为，以保证管理的科学化、系统化和制度化的要求，而对人的需求、动机和情感方面不予以适度关注。

孟子在《孟子·告子章句上》中说："人性之善也，犹水之就下也。"《三字经》中说："人之初，性本善，性相近，习相远，苟不教，性乃迁。"这又可以说是中国古代的"Y理论"。持"人性本善"观点的管理者强调"无为而治"，反对强制性的严格管理，强调人的自我教育、自我管理、自我服务。在管理实践中，着眼于把人的善良本性挖掘出来，时刻注意为人的全面健康发展创造良好的环境，尽可能消除和减弱学校环境中不利于人发展的消极因素。

### 3. 关于人的需求欲望的观点

孟子在《孟子·告子章句上》中指出："欲贵者，人之同心也。"《荀子·礼论》中说："人生而有欲，欲而不得，则不能无求，求而无度量分界，则不能不争；争则乱，乱则穷。"《荀子·王霸》中说："夫人之情，目欲綦色，耳欲綦声，口欲綦味，鼻欲綦臭，心欲綦佚。此五綦者，人情之所必不免也。养五綦者有具，无其具，则五綦者不可得而致也。"因而《荀子·礼论》中讲要"以养人之欲，给人之求，使欲必不穷乎物，物必不屈于欲，两者相持而长"。

荀况在《荀子·正名》中说："人之所欲，生甚矣；人之所恶，死甚矣。然而人有从生成死者，非不欲生而欲死也，不可以生而可以死也。故欲过之而动不及，心止之也。心之所可中理，则欲虽多，奚伤于治！欲不及而动过之，心使之也。"他又说："性者，天之就也；情者，性之质也；欲者，情之应也。以所欲为可得而求之，情之所必不免也。以为可而道之，知所必出也。故虽为守门，欲不可去，性之具也。虽为天子，欲不可尽。欲虽不可尽，可以近尽也；欲虽不可去，求可节也。所欲虽不可尽，求者犹近尽；欲虽不可去，所求不得，虑者欲节求也。"他又在《荀子·大略》中指出："义与利者，人之所两有也，虽尧舜不能去民之欲利，然而能使其欲利不克其好义也。"《韩非子·五蠹》也说："民之政计，皆就安利如辟危穷。"管仲在《管子·牧民》中说的"仓廪实而知礼节，衣食足而知荣辱"实际就是"需求层次论"的前身。

## （二）西方关于人性的假设

### 1. 人性的基本假设

人性的基本假设是教育管理活动的重要基础，因为在进行教育管理活动时，人既是管理活动的主体，也是管理活动的客体。因此，任何教育管理活动的开展都必须建立在对人性假设的深入理解之上。

#### 1）"政治人"的基本假设

"政治人"的基本假设是人类对于人性本质的第一个认识。早在古希腊时期，亚里士多德就作出了"政治人"的基本假设。亚里士多德对古希腊城邦制度进行了深入研究，旨在探索理想的国家、政府和政治的管理模式。其后，"政治人"的基本假设就成为人类进行管理活动时的主要出发点和选择管理形式的依据。在亚里士多德之后的2000多年中，在奴隶社会和封建社会的大背景下，政治活动和政治组织的管理成了人类社会活动的核心主题。相比之下，经济活动的管理仅仅作为政治活动的附属内容。

"政治人"的基本假设的提出，其重要意义在于：人类进行政治组织的管理基础是人性的基本假设，亚里士多德强调，人是具有政治属性的动物，天生就具备一种组织性（合群性），这种特性为人性提供了政治活动和政治管理的基础。

2）"经济人"的基本假设

"经济人"的基本假设也被称为"理性人"假设或"最大化原则"。它是西方经济学家分析经济的最基本的前提假设。"经济人"是人类对于人性假设的第二个具有划时代意义的重要观点。这一观点由 18 世纪的英国古典经济学家亚当·斯密提出，并对现代工业文明社会的管理活动产生了广泛而深远的影响。"经济人"的基本假设是对经济生活中人性的描绘，它主张人的本性是追求个人利益，因此人们在一切活动中都以自身利益最大化为准则。资本家即是"经济人"的现实写照，他们以投资的方式利用财富来谋取私利，而处在这条经济利益链中的每个个体均试图通过对他们的资本不同程度的应用，来获取自身的利益。因此，在一个由"经济人"构成的社会中，自利是普遍的行为原则，而人们在这种情况下的合作，其要义是基于分工基础上的交换。所以，斯密总结分工与交换是人类共有且特有的倾向。

此后，约翰·穆勒基于方法论证实了"经济人"的基本假设，科学管理之父泰勒则继承和发扬了古典经济学家的观点，立足管理现实情境，借助归纳和演绎，建构了系统化的"经济人"假设模型。在"经济人"人性假设的框架下，管理成为一种达成最佳工作的手段，然而，这种仅仅以个体经济动机为分析依据的做法，容易使管理学退变成一部充斥着利己主义的自然历史。显然，个体作为群体的一员，是人类社会进步的产物，个体的需要、观念以及与环境之间的互动关系都不尽相同。其中的自然环境和历史文化会施予影响，学习和教育会塑造他们，同时群体氛围也会起到潜移默化的作用。概言之，古典管理学有关"经济人"的基本假设，把人刻画成"孤独的个体""原始的个体"，这导致人们容易将"经济人"视为独立于社会和历史之外的"虚假的人"。

3）"社会人"的基本假设

"社会人"的基本假设强调人的社会性，注重良好的社会评价和社会互动对提高个体工作积极性的作用。"社会人"的基本假设的提出得益于 20 世纪 20 年代美国学者埃尔顿·梅奥等人现场实验的发现，即"经济人"的基本假设与现实行为之间不相符的现象。据此梅奥提出，影响工作效率的决定因素不是工作条件，而是个体本身。由于参加实验的工人首次意识到"被关注""被尊重"，他们的归属感得以强化，而正是这种认知和情感上的变化提升了他们的集体观念和成就动机，从而导致工作效率的提高。由此可见，在决定工作效率的诸多因素中，被集体所接纳的归属感和安全感，比物质奖励起到更为重要的作用。

霍桑实验的结果反驳了古典管理理论对于人性的基本假设，其引人注目之处是把人看作是社会的人。霍桑实验对古典管理理论进行了大胆的创新，它首次将管理研究的重点从"经济人"的基本假设转变为"社会人"的基本假设，更加关注人的因素而非物的因素，为现代行为科学理论的发展奠定了坚实基础。个人首先是"社会人"和"组织人"，而不是"经济人"。基于这种判断，一旦组织满足员工的这些社会性需求，使员工体验到满足感，那么他们的工作积极性也会随之提高，生产效率自然也就得到提升。因此，管理者应注重自身的角色转变，通过实施参与管理来改善人与人之间的关系，从而使整个组织达成更高的效益。

4）"复杂人"的基本假设

有关人性的假设一直是管理学研究的出发点，但无论是"经济人"，还是"社会人"，其对于人性的假设都似乎过于简单，因而"复杂人"的基本假设开始进入早期管理学家的视域。

道格拉斯·麦格雷戈在人性认识上持有两种截然不同的观点：一种是带有消极色彩的"X理论"，另一种则是充满积极色彩的"Y理论"。"X理论"认为，人天生懒惰，厌恶工作，倾向于逃避劳动；人的本性就是以自我为中心，对组织需要持漠不关心的态度；大多数人缺乏上进心，惧怕担负责任，甘愿受他人领导；大多数人都安于现状，趋向保守，视安全稳定为最高原则。"Y理论"则认为，在工作中付出体力劳动和脑力劳动是一种生活常态；对于所参与的目标，人们可以通过实现自我指导和控制来完成任务；如果条件适当的话，个体愿意并且有能力主动承担责任；大多数人都具备解决问题所需的一般能力和创造力，只是在现代工业的条件下，他们的潜力没有得到充分的发挥。

有鉴于此，20世纪70年代，约翰·莫尔斯和杰伊·洛希正式提出了"超Y理论"，又称"权变理论"。"超Y理论"认为，个体的需求存在多样性，即不仅个体间的需求存在差异，即便是同一个体的需求也会呈现出动态发展的趋势，例如因工作和生活环境的变化，个体会产生新的需求和动机。因此，并不存在普遍适用的管理模式，有效的管理模式则应视具体情况而定。足见，"超Y理论"蕴含着一定的辩证思维，而该理论在西方的管理实践中亦得到了重视。"超Y理论"把人视为"复杂的社会人"，认为人是各不相同且复杂多变的，因此先前的人性假设均不具备普适性，而管理者则需要因人而异、识变应变，善于识别员工的需求，采取不同的管理措施，以达到调动员工工作积极性的目的。此外，值得强调的是，在此过程中，管理者亦可对员工的需求进行引导和施加影响，使他们的需求与组织的需求同向并行，实现双赢。

5）"文化人"的基本假设

"文化人"的基本假设的倡导者是日裔美籍管理学家威廉·大内，他在其20世纪80年代的著作《Z理论——美国企业界怎样迎接日本的挑战》中比较分析了日本和美国的管理模式，他认为第二次世界大战后导致日本经济腾飞的重要因素是企业文化，同时指出文化可以部分地代替发布命令和对工人进行严密监督的专门方法，从而既能提高劳动生产率，又能发展工作中的支持关系。"文化人"的基本假设基于成长和社会化视角，认为个体兼具载体和受体双重身份，是文化的接受者和改造者，文化对个体的价值观念、思维和行为模式起着塑造作用，每个个体身上都会有文化的"基因"，组织管理应该从文化入手。

不同于"经济人"的基本假设和"社会人"的基本假设关注个体需要的作用，"文化人"的基本假设更加关注社会文化的激励作用、引导作用以及规约作用，并且倡导一种新的管理路径。从教育管理学研究来说，教育管理者既要认识到文化对组织成员观念、态度以及行为的作用，从文化创建入手进行组织管理，例如通过教育文化的塑造引导教师将自己的价值取向与组织取向保持一致，把自己的目标与组织目标融为一体；同时也要认识到文化具有开放性的特点，个体是文化的创造主体，要善于总结和提炼成员有利于组织发展的行为模式和成功案例，借此不断重塑组织文化，保持文化的先进性。

　　总之，"文化人"的基本假设不单单是把人看作财富的创造者，而是把人真正视为全面的人，通过培育和厚植组织精神来提升成员的价值观念，实现个体发展和组织发展的"并轨"。"文化人"的基本假设凸显了文化的功能和人的价值，而若是把文化和管理割裂开来，组织则很难实现可持续发展。

　　2. 管理主体的假设

　　1）有关管理主体的传统观念

　　自进入泰勒的科学管理时代以来，管理学研究的一个主要领域是论证管理主体是一个理性主体，并基于此推论出组织管理为什么要依规而行而不是依人而治，管理主体应该遵守的规则以及什么是有效力的规则。这一系列的理论得到了源自古典管理学和哲学认识论的三个基本命题的支持。

　　一是管理者个体是有自觉意识的、可以自治的理性主体。古典管理学深受 18 世纪启蒙思想家的理性独立和思想自由观念的影响，古典管理学家从认识论中引申出来的方法论原则就是：立足个体的理性，解读组织管理的问题和行为。基于此原则，管理者个体有意识、有目的的行为被视作理论分析的基础，而组织则被视作无意识的产物。

　　二是组织的管理是由诸多对立统一的事物所构成的、从低向高逐级演进的有机体。泰勒深信，组织中的任何现象都可以通过科学原则和定律来解释，这些原则和定律是基于经验观察的。他和他的继承者坚信，管理学会从一门不精确的科学逐步发展成为一门精确的科学。泰勒的"科学管理"是这条轨线的第一站，而以系统科学和数理分析技术为中心的"管理科学"阶段是这条轨线的最后一站。他们坚信，只有这样，才能推动管理学登上"精密科学"的圣坛。

　　三是管理的真理是可以通过经验和知识习得的。所谓科学管理是指过去诸多要素的整合，即是对以往知识经验进行剖析、组合，并归类所形成的规律和条例。基于此种认知，组织的管理主体对组织实施管理不仅是可行的，而且是必需的。

　　立足以上三个基本命题，古典管理学家针对管理主体，倡导"理性的经济人"假设，而传统的管理主体概念是基于"理性的经济人"假设的认识，管理主体则被视为是绝对的"理性的经济人"，在实践中承担决策者之责，使管理发挥出最大、最优作用。

　　2）有关"有限理性的管理人"的假设

　　管理学家、诺贝尔经济学奖得主西蒙提出了"有限理性的管理人"的假设，并对管理主体是"经济人"的基本假定中完全信息合理性展开批判，即"有限理性的管理人"是要"满意"，而不是最优结果。管理主体面对的决策形势实际上非常复杂，人类的理智难以预料在特定条件下各种选择的可能结果。因此，管理主体应该转而努力实现简单化和适宜化。

基于"有限理性的管理人"的假设，工作任务之前的决策合理与否决定着任务的完成情况，决策绝不仅仅是组织管理主体的专利。决策即做出选择，事实上，不仅组织管理主体要进行选择，组织中所有阶层都面临着选择，而组织中个体所处的阶层不同，仅仅意味着各自所做出选择的领域不同而已。既然组织中的全员都要做出决策，那么他们都应该是管理主体，是"有限理性的管理人"。

"有限理性的管理人"及其派生的理论和方法是对管理者管理实践以及管理者价值更为客观全面的认识。首先，这一系列理论和方法提出的组织中的个体均是决策者的观点，倡导组织的成功依靠所有个体一致的决策和共同的努力，组织中的个体兼具管理者和被管理者的身份，不同的工作分工实质上是决策分工的不同。其次，这一系列理论和方法提出可以通过适合的分权，最大程度地激发组织中个体的潜能，实现资源的有效整合。最后，个体的成就感是自身发展的强大动力，因此组织不能仅仅被定义为使用人的场所，组织更是培育、发展和成就人的学校。

## 三、和谐发展的理论

早在我国春秋时期，就有先贤提出和倡导和谐的思想以及修养。在儒家思想中，一个"和"字就能充分体现中华民族的大智大慧与道德价值，孔子在《论语·学而》主张的"礼之用，和为贵"、墨子提倡的"兼相爱，交相利"、孟子倡导的"老吾老以及人之老，幼吾幼以及人之幼"、《礼记·礼运》中提出的"大道之行也，天下为公，选贤与能，讲信修睦。故人不独亲其亲，不独子其子，使老有所终，壮有所用，幼有所长，鳏寡孤独废疾者皆有所养"的操行修养，彰显了以和谐为核心的传统道德追求，并且传承至今，成为社会主义核心价值观的组成部分，成为中华民族美德的重要表征之一，成为中华人文观的核心要义。

从辩证法来看，辩证法强调事物的对立统一，即在相互斗争中达到新的和谐。这是和谐原理重要的理论来源，强调的是事物内部矛盾的动态发展和解决。从生态学来看，生态学强调生物与环境之间的和谐关系，为维护生态平衡、构建人与自然和谐的理论提供了重要的支撑。从我国古代的道家思想来看，道家"无为而治"的思想提出通过无为的自然状态，达到事物的自然平衡和和谐，这也成为和谐原理的重要理论基础。从当代系统科学来看，和谐原理强调整体性和关联性，这正是系统科学的核心观点。根据系统科学，我们必须把握整体，在处理问题时要取全面的、发展的观点，强调系统各要素间的相互联系和相互作用。

和谐是一种理念、一种追求、一种方法、一种状态。它涵盖人类生活的各个方面，表现为人与人之间、人与自然之间、人与社会之间的协调一致。和谐诉求乃是人类社会一切文明成果的共同基因，无论东方文明还是西方文明，一切文明成果都是对和谐基因的复制和广延。人类一切活动的原始动因都很单纯，不过是为了寻求一定意义上的简单和谐，比如生产活动是为了寻求供给与需求的和谐，文化活动是为了寻求思想与行动的和谐。在众多的研究领域中，和谐原理作为一种理论基础，被广泛应用和探究。从系统科学的全面观点，到辩证法的对立统一观念，再到人类学的和谐关系追求，以及道家的"无为而治"思想、生态学对生物与环境和谐的阐述和管理科学中对组织内部协同作用的强调，我们都能看到和谐原理的影子。这些似乎截然不同的角度统一在和谐原理这一主题下，共同揭示了和谐的内涵及其重要性。对和谐原理的深入理解和研究，不仅有助于解决人类面临的各种问题，还有助于理解生命的实质，指导人类走向更加和谐的未来。

回顾中华民族从站起来、富起来到强起来的历史，即是追求文明与进步、和谐与发展的历程。尤其是中国特色社会主义进入新时代，中国共产党对内推动建设中华民族共同体的治国理念、对外倡导构建人类命运共同体的外交思想，均是植根于和而不同、兼收并蓄的中华文明和中华智慧，彰显中国致力于和平发展、和谐万邦、合作共赢的责任担当，构建出具有中国特色、中国风格和中国气派的政治话语体系。

## 第三节　教育管理人本与和谐原理的运行机制

运行机制是实现教育管理目标的关键，本节围绕人本与和谐原理的行为机制、动力机制和能级机制，总结了教育管理人本与和谐原理的运行机制不仅有助于推动教育管理的持续改进和创新发展，还可以确保人本与和谐原理在教育管理中的有效实施。教育管理人本与和谐原理的运行机制使教育管理活动更加符合人本与和谐的理念要求，同时还有助于协调教育管理中的各种关系，优化教育资源配置，提高教育管理的效率和效果。

## 一、行为机制

### （一）人的行为、动机与需求

#### 1. 人的行为

人的行为是多学科所研究的对象。不同学科从各自的研究目的出发，对人的行为作出了不同的解释。生理学家认为，行为通常是可以观察到的肌肉和外分泌腺的活动，是身体的某一部分的运动以及由泪、唾液等状态表现出来的行为。哲学家认为，行为就是人类日常生活中所表现出来的一切活动。教育学家和伦理学家认为，行为受到多种因素的影响，他们更关注在道德认知、情感、意志和信念的支配下所采取的行动。心理学家则认为，行为是在外部刺激的影响下，由内部经验的反射而产生的反应活动。

管理学对人的行为的研究，是从研究管理心理学或行为科学的角度出发的。因此，管理学理论认为，人的行为是由外部刺激所引发，并基于内部经验的反射所产生的各种反应。它是一种有意识的动机性行为，而非不自觉、无意识行为。人类的个人行为虽然各不相同，但是却有着某些共性，主要有以下五方面。第一，行为的目的性。人的行为受其意识支配，且总是指向某一目标，并不是盲目的、自发的。第二，行为的动因性。人的行为总是有原因的，动机是行为产生的直接原因，它可以是人自身的需要，也可以是来自外界的刺激。第三，行为具有持续性。行为是为了实现目标的行动，在目标没有达成之前，不会终止。即使由于各种原因，行为的方式改变了，或从外界行为转为潜在行为，但仍然朝着目标前进，直到达到既定目标为止。第四，行为的可变性。行为在实现目标的过程中，通常更换途径、手段。人的行为还可以经过学习、训练加以改变。第五，行为由动作构成。行为的基本单位是动作，人的行为可分解为一系列的动作单元。

### 2. 人的动机

动机是引发并维护人的行动以达到一定目的的内在原因。动机是行为的动力，是行动的直接原因，它包括如下含义。第一，动机的指向性。人的行为是有原因的，一个人做某件事而不做其他事，取决于动机，是受动机支配的。第二，动机的持续性。人的行为是持久的，并朝着某一目的前进，其背后的动力就是动机。因此，动机是促使人持续行动的力量。

### 3. 人的需求

需求或需要是产生动机的原因，是人的自然的和社会的客观需求在大脑中的反映。为了生存和发展，人类既有生物性需要（如空气、食物、水分等），还有物质需要和精神需要。物质需要有衣、食、住、行等所需的各种消费资料及生产资料。精神需要有社会交往、文化艺术、政治生活和理想信仰追求等。需要是人的一切行动的原动力。人类的需要是客观存在的。当客观需要反映到大脑中，就转变上升为主观需要，并且作为人的行为原动力隐藏在动机背后，支配着人的行为。

总之，人的行为产生于动机，动机的基础是人的需求（需要）。可见，行为是人为了满足某种需要，在动机的作用下产生的有意识行动，又有特定的目的性。

### （二）管理的行为原则

管理的行为原则是指组织成员的行为有其产生的动机和需要，管理者的任务是分析不同行为的动机和需要，并采取有效手段和方法，将行为引导到实现组织目标上，以保证组织目标的实现。行为原则主要包括以下三个方面。

### 1. 组织成员的行为受其动机和需要支配

由于人的需要不相同，组织成员的行为就有着较大的差别。例如，学校中有的职工任劳任怨、忘我工作，有的职工却斤斤计较。这不是偶然的，而是有其存在的客观原因。个人的需要不同，导致不同的行为。相反，某种共同的行为也可能出于不同的需要。同样是完成某一任务，一个人可能是出于对该工作的追求、热爱，另一个人却可能只是为了干活赚钱。管理者的任务就是科学分析各成员的动机和需要，真正弄准成员的动机和需要。

### 2. 组织成员的行为可以通过满足其需要加以引导

对于不同成员的不同需要和同一成员在不同时期的不同需要，管理者应在科学分析的基础上加以正确引导，使不同成员能够为组织发挥其最大的积极性，为组织目标的实现作出贡献。

### 3. 科学地分析人的行为

行为分析的关键有两点。第一，科学地总结归纳出组织成员的共同的行为规律，以实现对组织的共同管理。因为个人的行为、动机与需要有共性，可以进行整体分析与把握。第二，针对不同个人的行为进行具体分析，采取措施激发不同的需要，引导个人行为服从或统一于组织目标。个人的行为具有差异性、特殊性。因此，认识不同个人的不同需要，就显得特别重要。它是一项十分复杂、细致的工作，要求管理者做深入的调查研究，采取相应方法，须因地制宜、因人而异。

## 二、动力机制

### （一）管理的动力原则

组织需要人的动力来推动，管理的任务就是要正确认识和掌握组织的各种动力，并形成能够有效地激发、引导、传输、制约动力的机制，以保证组织目标的实现。动力原则的基本内容如下。

#### 1. 组织活动及其功能的实现需要来自各方面的动力

系统原理揭示出，组织动力产生于组织与外部环境的物质、能量、信息的交换过程。动力的来源称为动力源。动力源在组织中有不同的种类，要视系统的性质而定。组织活动的动力源具有多种形态，既有物质形态的，又有精神形态的，还有价值形态的。因而，组织活动及其功能的实现需要调动来自各方面的动力。

#### 2. 人的积极性是组织的根本动力

人本原理揭示出，组织的根本动力来自人的积极性、主动性和创造性。管理所关心的组织动力有着特定的含义。它主要是指与组织相关的、作用于人的力量。组织动力无论是何种形式，最终的要求都是能够调动各方面的积极性，促进组织发展。

#### 3. 良好的动力机制是动力发挥作用的保证

动力要转化为推动组织前进的力量，必须要求组织的内部有一个良好的动力机制。管理的动力机制是指动力经过转换系统的激发后，形成人的积极性、主动性和创造性，然后经过传输系统被引导、传递到各个作用点（如各部门、各岗位），从而有效推动组织发展。因此，管理的动力机制由下列几个部分构成。第一是动力转换系统。该系统要把满足人的各种需要作为自己的工作重心，并通过满足人的各种需要将人的积极性、主动性和创造性调动起来，使各种物质的或精神的动力转化为人的积极性。第二是动力传输系统。该系统即把组织总目标分解成各个部门的分目标，并且用总目标来统一各分目标，使各方面的积极性汇集成完成组织总目标的巨大力量。第三是动力约束系统。该系统的主要功能是调节输入动力的大小，控制动力传递的数量与速度，在必要时能对组织系统的总动力实施制动。

### （二）组织动力的类型

#### 1. 按照组织动力的主体划分

第一是个人动力。这是指组织中每个成员的动力。它来源于对人的各种需要的满足。行为科学揭示，个人行为受个人环境、工作环境、经验、报酬、管理者的管理水平、自身价值观念、激励程度等因素的影响，是上述因素的综合反映。第二是群体动力。这是指组织中的群体（以某种方式、共同联系或利益结成的人员集合体）相互作用形成的影响力。第三是组织总动力。这是由个人动力、群体动力构成的影响组织目标的力量。

#### 2. 按照组织结构划分

第一，来自目标价值分系统的动力。它主要有共同价值观、共同目标、组织的战略方针等。优秀组织成功的经验表明，创造或培育以共同价值观、共同目标为主体的组织文化是经营制胜的关键。这充分说明了共同价值观和共同目标对于组织的巨大推动力。第二，来自社会心理分系统的动力。除了个人动力和群体动力外，它还有管理方式、领导方式及其形成的影响。第三，来自物质技术分系统的动力。它包括产品的更新，新材料、新设备、新技术的采用，以及组织内部知识的更新等。物质技术的创新是推动组织前进的重要力量，在现代社会中更显示出其重要性。第四，来自结构分系统的动力。这是指组织结构的调整、变革和发展，包括组织内部的有机联系和有效沟通。其中，信息具有突出的作用。信息掌握得充分与否，信息是否能够有效传递，直接影响到组织力量的发挥。成功的管理要求充分掌握各种有用的信息，据此做出科学决策，同时组织内部的信息沟通应及时迅速，起到联系各部门的作用。第五，来自管理分系统的动力。它包括管理者的行为方式、领导作风、对下属的重视程度、采纳员工积极建议的程度、有效激励手段运用的情况等因素。

## 三、能级机制

### （一）管理中的能与级

能级是物理学中的概念。能在物理学中表示物体做功的能量。级就是层次，表示物质系统内部的结构、层次，如原子的电子层。

1. 能

管理中的能与级只是借用物理学的表达方式，它们各自有着特定的含义。在管理活动中，能是指个人能力。这种能力是一个综合概念，包括身体条件和精神素质，如价值观、信仰、品德、气质、知识、技能等，是这些因素的总和。个人能力取决于先天素质和后天学习。它在很大程度上受到人的生活环境的影响。个人能力存在差异，即有大有小，这同样是与先天和后天的素质相关的。个人的差异性是客观事实，也是管理中必须考虑的重要因素。个人能力的大小及其发挥作用的大小都与组织的状况密切相关。

2. 级

管理中的级是指组织内部分为不同的层次、职位，即不同结构。例如，组织可分为下列三个层次：第一，最高战略层，负责制定组织的战略、目标、方针；第二，中间协调层，负责组织内部各部门的协调；第三，最低执行层，负责执行各种指令，完成具体的作业任务。

（二）管理的能级原则

1. 能级原则

（1）组织成员之间的差异性。成员之间的差异性表现为：第一，对同类工作或任务来说，不同的个人能力有高有低；第二，即使是同一个人对于不同性质的工作，其适应性和胜任程度也有不同。

（2）组织内部存在着不同结构。在等级结构中（纵向上），各层次之间有着等级的差别；在水平结构中（横向上），各部门之间有着性质的差别。

（3）一定的岗位（纵向与横向的交叉点）应由相应能力的人来任职。不同的个人将根据其能力任职某个岗位，即能与级必须匹配。

（4）精心设计组织结构。在每个岗位上安排合适的人选，使每个人都能在组织中找到自己的位置。

2. 能级错位的表现及后果

1）能力强的人被安置在低层结构

能力强的人被安置在低层结构虽然并不直接影响该岗位任务的完成，但是却会带来如下的后果：第一，这个人如果不能凭业绩较快地升职，那么就可能受挫而丧气，进而影响任务的完成；第二，如果客观上存在着高一级岗位上的人能力不如他，而没有引起组织的重视或者让这种现象放任自流，那么这个人可能会由此缺乏上进心，影响任务的完成；第三，如果这种错位不是偶然的、个别的，那么组织将处于低士气状态，组织功能的实现将受到严重侵害。

2）能力差的人被安置在高层结构

能力差的人被安置在高层结构的直接后果是，该工作由于承担人不具备应有的能力而不能较好地完成。同时，这会引起其他的副作用，例如，挫伤其他人的积极性，影响组织整体目标实现。

3）能与级在水平方向上的错位

能与级在水平方向上的错位是指具有某种能力的人被安置到不适合其能力特点的岗位，例如，安排擅长从事科研的技术型人才担任某个部门的负责人，安排精于理财的管理型人才担任需要开拓意识的战略研究部门的负责人，等等。这样做的后果是一方面没有发挥个人的专长，另一方面会影响该岗位乃至整个组织目标的完成。

# 第四节　教育管理人本与和谐原理的基本原则

在教育管理的理论和实践领域，人本与和谐原理的应用逐渐成为一种趋势。本节围绕教育管理人本与和谐原理，重点探讨包含主体性原则、民主性原则、尊重性原则、激励性原则、柔性原则的五大基本原则，同时强调了这五大基本原则对提升教育质量和效益至关重要。通过实践这些原则，不仅能够更好地满足人的个性化需求，提高教育管理的效果，还有助于培养具有社会责任感的人才。因此，深入理解和实践人本与和谐管理原理是提升教育管理水平的关键高地。

## 一、主体性原则

主体性原则是指承认、重视并坚持人在实践和认识活动中的主体地位和主导作用。在教育管理中，坚持主体性原则意味着要深刻认识到广大教职工在学校改革发展过程中的重要作用，并强调他们在教育管理中的重要地位。这意味着要充分发挥教职工的积极性和创造性，让他们成为学校发展的主要推动力量；发挥他们的聪明才智和专业知识，真正实现以教师为中心的管理。在教育管理中，坚持教职工的主体性原则，应该坚持了解教职工、依靠教职工和发展教职工相统一。第一，了解教职工是依靠教职工和发展教职工的前提条件。了解教职工的性格特征，是在教育管理中实现知人善任的重要条件；了解教职工多元化的需求，是调动教职工工作积极性的动力源泉。第二，教育管理中应依靠教职工。教师是社会上的高素质人才，是学校发展的重要组成部分，是学校改革发展的重要资源。学校的教学工作、教育管理工作等都必须依靠广大教职工来完成。广大教职工是学校发展最为重要的宝贵资源，因而在教育管理中必须树立依靠教师的用人理念，使人尽其才、用其所长。通过他们的共同努力，实现学校的发展目标。第三，坚持教职工的主体地位应发展教职工，为广大教职工提供发展的平台与机会。教育管理是开发教职工能力的一门学问和艺术。教职工群体是社会专业技术群体，有着专深的知识，并蕴藏着丰富的才智和能力。要开发教职工群体的才智和能力，就必须提供机会以促进教职工的专业发展，要最大限度地挖掘教职工的潜能，激发他们的工作热情和创造力，使他们以饱满的热情和创造力投身于教育教学改革之中。

## 二、民主性原则

　　要实现以人为本的教育管理、建立和谐的教育组织，内在的要求是贯彻民主性原则。就人本与和谐理论而言，坚持民主性原则具有特殊的意义，它是教育管理以人为主体、人民当家作主理念的重要体现，是实现教育组织决策科学化的重要前提，也是教育组织健康发展的重要保证。在教育管理中，坚持民主性原则意味着要尊重广大师生的主体地位和权利，鼓励他们积极参与学校的管理和决策过程，从而促进学校的可持续发展。民主性原则不仅是一种管理制度，而且包括领导作风、组织原则、管理模式、生活方式和精神状态等各个方面。在教育管理中，坚持民主性原则可以激发广大师生的参与热情和创造力，提高他们的参与感和归属感，推动学校各项工作的顺利开展。同时，坚持民主性原则还可以促进学校的可持续发展，培养良好的校风和校园文化，营造和谐的工作氛围和教育环境。因此，教育管理者应该始终秉持民主性原则，并将其贯彻到教育管理的各个层面和环节中。

　　唯有创设一个民主宽松的管理氛围，才能体现教育管理的人本与和谐，才能营造出激发教职工的创造性和积极性的最佳环境。坚持民主性原则，一是要求教育管理者具备民主管理意识，并采取实际措施推动民主管理的进程。二是应制定和完善民主管理制度，确保在开展教育管理时，能够依靠广大教职工的智慧和力量，认真听取他们的意见，全心全意地依靠教职工来办学。只有这样，才能真正实现民主管理的目标，促进学校的健康发展。教育管理者可采用暗示、认同、探讨的方式，加强与教职工的联系与沟通，从而创造出一种民主、和谐、宽松的氛围，激发教职工的主人翁责任感，实现组织成员的广泛参与。三是应按既定的、为大多数教职工所认可的程序开展教育管理。管理事务的每一方面都应遵循公开透明的原则，保证公正的程序，全面推进校务公开制度。这样才能确保教职工在教育管理方面享有充分的知情权、参与权和决策权。四是应权责对等，任何权力都是权利与责任的统一，任何权力都应受到监督与制约，任何权力的行使必须承担相应的责任。教育管理者应宽以待人、以理服人，坚持制度管人与情感管人相结合，提高其自身的威信。

## 三、尊重性原则

　　尊重性原则是在教育管理中贯彻人本与和谐原理的基本要求。它要求人们在交往中以平等、重视、诚恳、友好的态度对待他人，尊重他人的存在、能力和选择。同时，要理解并关心他人，富于同情心，尊重他人的感受和需求。只有这样，才能建立和谐的人际关系，实现教育的和谐发展。尊重人是在教育管理中实现人本与和谐的应有之义，是人的高层次的社会性需要。在教育管理中，贯彻尊重性原则，首先应认识到教职工的多元化需要。在认识教职工的多元化需要的基础上，鼓励、支持和强化那些符合教育组织发展的合理需要，尽量满足教职工的各种正当需要，这是促进人的全面发展的重要方面，同时应调节、限制那些不符合教育组织发展的需要。

在教育管理中，贯彻尊重性原则，应尊重人的价值和尊严。每一个个体，无论其社会地位高低、财富多少都要彼此尊重人格。这不仅意味着要尊重他人和得到他人的尊重，而且意味着对自己的尊重。只有首先尊重自己，知道什么是荣誉和耻辱、什么是美和丑、什么是善良和邪恶，并对自己的行为负责，才可能尊重他人，也才能得到他人的尊重。只有做到自尊和自爱，人的品格才会得到尊重。我们应该尊重所有教职工的人格，反对贬低人格，禁止侮辱他人身体的行为。

## 四、激励性原则

在教育管理中，坚持以人为本，实现和谐教育，应坚持激励性原则，使广大教职工形成内在追求的强大动力。贯彻激励性原则，一是应给予教职工一定的压力，使其自觉将压力转变为动力。压力主要来自两个方面，一方面是竞争压力，另一方面是目标责任压力。人本管理的目标是通过竞争来激发人们的挑战精神和危机感，这种挑战精神和危机感能够激发出人们拼搏向上的动力。因此，学校在选人、用人、奖励等方面应该充分体现"多劳多得，优劳优酬"和"能者上，平者让，庸者下"的竞争机制。二是应调动广大教职工的动力，教育管理者可以采取物质动力和精神动力相结合的方式。物质动力是推动人们行动的最强大的动力，采取物质动力，应实现利益的合理分配，应建立公平有效的利益分配原则，改变平均主义倾向，杜绝分配不公、畸形现象，力求使每个人的收入与报酬与他们的实际贡献相称，以在充分调动教职工的积极性的同时，使教师的报酬与学校的发展实际紧密相连。但是，物质动力并非万能，精神动力也是调动广大教职工的动力的重要因素。同时，精神动力是物质动力的重要补充，社会主义教育管理不仅重视物质激励的重要作用，也重视精神激励的重要作用，二者互为补充，缺一不可。在一定条件下，精神激励还可以起到决定性的作用。教育管理者需要灵活、适时、适量地运用教育管理的物质和精神两种动力，以有效促进教育管理活动的快速发展。物质动力是为了激发教育管理工作中的积极性，如给予物质奖励或改善工作条件等；精神动力则是通过思想教育、精神激励等方式，激发教育管理工作中的内在动力和积极性。

## 五、柔性原则

管理的对象是人，而随着社会的演进，越来越多的人希望被当作"独一无二"的个体来对待，抵斥刚性固化的管理方式。针对这一变化，柔性管理方法开始得到重视。有关西方管理的比较研究揭示了柔性管理的本质。柔性管理是建立在个体心理和行为规律基础上的管理方式，通过非强制的手段，对管理对象施加一种潜在的影响力，从而将组织意志转化为个体自觉行为的管理方法。以高校思想政治教育工作为例，柔性管理方法要求教育工作者在熟稔大学生心理和行为规律的基础上，使用鼓励、引导、启发等多种灵活的方式，对大学生产生潜移默化的影响，由内到外地激发他们教育自我、管理自我的积极主动性，自觉地将外部规范内化，形成和树牢正确的世界观、人生观、价值观。

　　柔性管理的主要特征包括以下三点。第一是人本性。以人为中心，以人的权利为本，重视个体的主观能动性，注重激发个体的积极性、主动性和创造性，致力于实现人的全面自由发展。第二是权变性。个体之间存在差异性，管理既要关注个体的心理和行为的变化发展，同时还要关注不同个体之间的人格、素养以及文化背景等差异，摒弃固化、公式化的管理模式。第三是延迟性。柔性管理强调从被动管理到主动管理之间的转化，需要被管理者对管理内容的逐步内化和认同。因此，柔性管理的成效通常不会是立竿见影的，需要驰而不息，久久为功。

# 第五节　教育管理人本与和谐原理的实践向度

　　教育管理人本与和谐原理现如今被越来越多的人所重视和应用。本节主要围绕教育管理促进人的全面发展、和谐教育引领社会发展、教育组织结构的科学设计、教育与社会和谐的有机统一展开探讨，强调了人本与和谐原理在教育管理中应用的重要性，最终通过实践这一原理，以期能够更好地提升教育质量、培养社会责任感、促进教育公平、提升学校文化、增强创新能力。

## 一、教育管理促进人的全面发展

　　"以人为本"和"以人民为中心"是中国共产党在改革开放新时期，为适应新的形势和任务而提出的治国理政的重要指导思想。在十九届中央政治局第六次集体学习中，习近平强调，"'国以民为本，社稷亦为民而立。'加强党的政治建设，要紧扣民心这个最大的政治，把赢得民心民意、汇集民智民力作为重要着力点。要站稳人民立场，贯彻党的群众路线，同人民想在一起、干在一起"。[①]坚持以人民为中心的发展思想，涉及"人"和"发展"两个重要的主题，其内涵包括人的劳动性、需求性、社会性、个性，以及可持续性、自由全面发展等维度。

　　基于劳动性维度看发展，人之所以为人，是因为劳动，人的本质力量体现于劳动，劳动能力是人赖以改造客观世界的能力，人的本质发展的意涵是劳动能力的发展，需要体力和智力的协同发展。其中，体力是人体所表现出来的自然力，智力则体现于精神层面的生产力和创造力，主要包括技能、知识等。体力和智力的协同发展，是人得以发展的基础，所以劳动能力的发展是度量人的发展的关键标尺。

　　基于需求性维度看发展，人发展的内生动力是自身的需要，人的全面发展是由自身

① 习近平. 增强推进党的政治建设的自觉性和坚定性[J]. 思想政治工作研究，2019，（8）：7-9.

全面性的需要所驱动的。人的需要具有发展性、丰富性和全面性的特点，除了最基本的生理需要，还包括社会性需要，如社会交往需要、尊重需要以及自我实现需要等。正是这些不同层次的需要，不断促进人的发展目标的升级。因此，只有德智体美劳各个方面的发展都能与社会相适应，个体才能充分发挥其自身的天赋和潜能。

基于社会性和个性维度看发展，人是社会的人，作为主体的人在社会关系网络中，与家庭成员、朋友、同事等发展着不同的关系。人的社会关系既反映了与他人、群体以及组织之间的关系，也反映了与自我之间的关系，并且在其中凸显出个体的特性。人的本质的特性受人的社会关系的影响，同时也受到其个性特征的影响。因此，真正的自由全面发展意味着人在社会化的过程中，根据其自身的天赋，充分发挥出潜质。

基于可持续性维度看发展，人类是自然界的一部分，人类与自然环境的关系应该是和谐的。人类活动的最终目的是人的自由全面发展，而自然环境为人类提供初始的生存空间与物质，与自然和谐共生是人类生存与发展的前提。据此，人类与自然的互动关系属于发展的范畴，人的可持续发展是人的自由全面发展的前提。

在教育管理活动中，坚持以人为中心的发展理念，就是基于以人为本的原理，立足于人的劳动性、需求性、社会性、个性和可持续性。在教育管理活动中，我们应坚持将人作为核心，以人的权利为根本，注重人的主观能动性，并努力实现人的全面、自由和可持续发展。其核心思想是充分发挥人的智慧潜能，并肯定人在教育管理活动中的主体位置。

## 二、和谐教育引领社会发展

百年大计，教育是关键。教育不仅与和谐社会的构建密切相关，而且为和谐社会的发展提供了前进的方向。和谐社会离不开和谐教育的支撑。教育作为社会系统的有机组成部分，通过培养具备和谐品质的人才，提高社会成员的素质，为社会的和谐稳定发展奠定基础。因此，和谐教育是构建和谐社会的基石和重要保障，与和谐社会的目标相一致。

对于构建和谐社会来说，教育在人方面的作用尤其突出。首先，教育培养了具备"理性"的人，从而为构建和谐社会打下了坚实的人力资源基础。这是因为教育的目的就是要塑造出具有健全人格、掌握各种知识技术的人才，这些人才能为社会的发展提供必要的支持。人才是构建和谐社会的基石，是推动社会进步的重要力量。其次，和谐教育不仅影响社会的各个方面，而且直接影响全体社会成员。在当代社会，正规学校教育的普及程度越来越高，涵盖的范围也越来越广，社会成员在教育情境中受到了和谐教育的影响，这种影响则会通过教育对象在整个社会形成张力，这即社会和谐的要义。最后，教育承担为社会主义培养合格建设者和接班人之职责，这是确保和谐社会可持续性的重要保证。

在个体层面上，教育所追求的和谐素质与党中央提出的构建和谐社会的目标是一致的。这些目标包括民主法治、公平公正、诚信友爱、充满活力、安定有序、人与自然和谐相处等。在培养和谐素质方面，教育的作用主要表现在以下几个方面。第一，培养和谐的人格品质。教育可以帮助个体塑造健全的人格和良好的品质，使其更好地适应社会，促进社会和谐发展。第二，培养积极的心理素质。通过教育，个体可以形成积极向上的心态和健康的生活态度，以应对生活中的挑战和压力。第三，增强具体业务素质。教育可以为个体提供适应社会发展所需的知识和技能，提高其就业能力和竞争力。第四，树立正确的名利观。教育可以帮助个体树立正确的价值观和名利观，使其在追求个人利益的同时，不损害他人的利益和社会的和谐稳定。第五，挖掘和培育创新思维和创新能力。教育应注重培养个体的创新思维和创新能力，鼓励其探索新的领域和解决问题的方法，为社会的进步和发展作出贡献。综上所述，教育在培养和谐素质方面具有重要的作用，可以为构建和谐社会提供有力的人才保障和支持。

就社会层面，教育的推动作用外化于所培养的人才，人才的作用则体现于一个社会的文明程度，具体包括：教育培养政治接班人，塑造政治文明；教育培养财富的创造者，提高物质文明；教育对一个社会整体的精神面貌起到潜移默化的作用，同时教育水平本身就是精神文明的体现。

## 三、教育组织结构的科学设计

教育组织结构的科学设计是教育体系发展的关键。科学的教育组织结构能够优化资源配置，提高教育效率，促进教育公平。缺乏科学设计的组织结构可能导致资源浪费、决策效率低下、信息流通受阻等问题。一个合理的教育组织结构应当根据教育目标、学生需求、教师能力、社区资源等因素进行设计，确保各部门职责明确、沟通顺畅、监督有力。只有通过科学地确定教育组织结构，量才用人，人尽其才，赋予教育组织各部门相应的责、权、利开展科学的组织结构设计，才能确保教育系统的健康、稳定和持续发展，为社会培养更多优秀人才。具体设计路径如下所述。

第一，科学地确定教育组织结构。在设计教育组织结构图时，应该把握住教育组织整体功能最大原则。科学地划分组织职能，力求做到精简、高效。在结构与能力的关系上，应该贯彻管理幅度原则。管理幅度是一个管理者能够有效地领导下级的人员数。由于人的能力、精力等的限制，管理幅度总是有一定范围的，超过管理幅度就必须增加管理层次。管理幅度反映着能与级的制约关系。

第二，量才用人，人尽其才。在科学地确定教育组织结构的基础上，应该根据成员的能力合理安排职位，同时充分发挥每个人的作用，做到能级对应，发挥出最佳管理职能。应该将具有高瞻远瞩的战略眼光、出众的组织才能、果敢的决断能力的人才安排在指挥岗位上，将公道、正直、铁面无私、联系群众、严谨扎实的人才安排在监督机构，将埋头苦干、任劳任怨、忠实执行上级指示的人安排在执行机构，将综合能力强、思想敏锐、坚持真理的人才安排在反馈机构。科学地任用人才，最困难的一点就是如何科学、全面地评价和衡量人才。因此，必须全面地、综合地评价一个人的能力，同时把注意力放在成员能做什么、最擅长做什么。要使用科学的人才测评方法来选才，同时注意在实际工作中发现人才。

第三，赋予教育组织各部门相应的责、权、利。为了实现教育组织的总目标，各部门应分层确定各自的分目标。为了激励和促进各部门发挥效率，需要给予相应的利益报酬（包括精神的和物质的）。总之，教育组织各部门应当权责统一，确保每个部门能够在其职责范围内发挥最大的作用。要做到这一点，每个部门都需要明确自己的职责、权利和义务，同时还要承担相应的责任和报酬。在教育组织中，应该鼓励每个部门积极发挥自己的专业优势，充分行使自己的权利，履行自己的职责，并取得相应的成果。对于表现优秀的部门，应当给予适当的奖励和表彰；对于表现不佳的部门，应当给予适当的批评和惩罚。通过这种方式，可以激励教育组织各部门不断提高自己的工作水平和效率，为教育组织的整体发展做出更大的贡献。

## 四、教育与社会和谐的有机统一

社会和谐是总体的和谐，和谐教育是其重要构成部分，两者密切关联且相互作用。立足社会和谐视角，审视两者的关系：第一，两者之间是面与点的关系。社会和谐是社会的整体和谐，制约着和谐教育，同时和谐教育也反作用于社会和谐。前者是面，后者是点，两者的互动诠释着面与点的关系。第二，两者之间是统分关系。就整个社会系统而言，社会和谐起到"纲"的作用，和谐教育则是"目"，社会和谐管方向，起到决定性作用；就局部而言，和谐教育是社会有机体的一部分，但局部的和谐在一定环境中会发生"涟漪"效应，进而反作用于社会有机体，因此在解读两者关系时，还要注重环境的因素。第三，两者之间是领导和被领导的关系。事实上，社会所施予的领导虽不明显，但确实是存在的。社会和谐是一个总体的目标，对其他方面起着指导性的作用，同时也是执政者所关注的焦点。和谐教育作为其中的一个组成部分，必须与整体和谐保持一致，应起到推动和促进的作用，而不是产生破坏。这是教育在社会中应承担的责任，也是教育工作者应有的使命和追求。第四，两者之间是互促关系。社会和谐能够为和谐教育生态的构建创造有利条件，对教育的进步和人才的培养产生积极的推动作用；后者为前者输送所需要的人才，进而在构建和谐社会中发挥着不可替代的作用。

立足和谐教育视角，审视两者关系：第一，和谐教育是社会和谐的缩影。和谐教育所反映的不仅仅是教育自身的状态，还反映社会对教育的全面影响以及社会系统的方方面面，包括政治开明、经济发达、文化繁荣等，因此，和谐教育是社会总体和谐的缩影。第二，持续的社会和谐依赖于和谐的教育生态。十年育树、百年育人，教育的规律昭示教育是一项长久的工程，它对社会和谐的作用不囿于当下，因为教育作用的发挥是一个持续化的过程，教育不断塑造、输出着一个社会发展所需的人才。然而，我们不能忽视的是，教育也会受到社会制度的制约。因此，在构建和谐社会的进程中，除了要努力营造良好的政治、经济和文化环境，我们还应该大力发展和谐的教育生态。通过培养和输送优秀的人才，为社会提供持续的支持和动力，为构建和谐社会奠定坚实的基础。

# 第四章

# 教育管理系统与统筹原理

万事万物皆存在于一定的组织结构中，皆存在于一定的系统之中。教育管理学原理中的系统与统筹原理通过顶层设计层面全局谋划，实现大系统与小系统、内部系统与外部系统间的最优组织结构。本章将深入阐释教育管理系统与统筹原理阐释、理论基础、运行机制、基本原则和实践向度，能够为广大教育管理工作者提供新的视野和方法。

## 第一节　教育管理系统与统筹原理的内涵阐释

### 一、系统的基本内涵

#### （一）系统的定义

系统是一个耳熟能详的名词，如"系统是许多要素保持有机的秩序，向同一目的行动的东西""系统是客体连同它们之间的关系和它们的属性之间的关系的集合""系统是本质或实物、有生命或无生命物体的集合，它接受某种输入并按照输入而产生某种输出，而其目的则在于使特定的输入和输出功能得到最佳的发挥""系统是用来表述动态现象模型的数学抽象"等。不同领域的系统实践在系统本质的认识上都存在领域的特征。学界对系统所下的具有代表性的定义如下。

1932 年提出的"抗体系统论"以及 1937 年提出的"一般系统论原理"奠定了系统论的理论基础。二者将系统定义为相互作用的元素的复合体，并强调多元性和相关性是系统概念最基本的规定性。贝塔朗菲于 1968 年发表的专著《一般系统论：基础、发展和应用》被公认为是系统论的代表作，该书一经出版便奠定了系统论在研究界的元知识基础。中国大多数学者认为，系统是由相互联系、相互依赖、相互制约、相互作用的事物和过程组织成的具有整体功能和综合行为的统一体。这种观点强调了系统内部不同部分之间的互动与关联，以及整体的功能和行为是由各部分协同作用而产生的。系统论被广泛应用于各个领域，如管理学、生态学、社会科学等，帮助人们理解和研究事物及其相互关系的复杂性。

从系统的种种定义中可以归纳出如下几个要点。

（1）系统总是由两个以上相互联系和相互影响的部分构成的集合体。系统的定义要求其中的元素之间具有相互作用和相互关联的特点，各元素通过相互作用和相互关联形成系统的整体性质。

（2）系统总是具有一定的界限，它能够将系统与其环境进行区分。系统与环境之间持续进行能量、信息和物质的交换，这种交换是系统与环境保持动态平衡和适应环境变化的基础。

（3）尽管系统是由相对独立的各个部分组成的，但它们却形成了一个具有一定功能和特性的有机整体。系统整体不仅仅是各个元素的简单堆积，而是通过各个部分之间的相互作用和协调而产生的新的属性和行为。

（二）系统的基本概念与范畴

在组织管理中，澄清以下几对关键概念对于深入理解教育系统范畴是十分重要的：系统与要素、结构与功能、系统与环境以及输入与输出。这些概念被认为是组织管理的基本范畴。本书的内容侧重于对教育系统范畴的讨论。

（1）系统与要素。系统由多个要素组成，这些要素相互联系和相互影响。要素是系统的基本构成单元，它们通过相互作用和相互关联形成系统的整体性质和功能。系统的行为和状态是由各个要素之间的相互作用所决定的。要素之间的联系可以是直接的相互作用，也可以是间接地通过中介要素进行的。系统从整体的视角出发，关注系统的整体行为和状态；要素从个体的视角出发，关注要素的特性和功能。

（2）结构与功能。社会系统是一种特殊的复杂系统，它由许多子系统组成，这些子系统可以是个人、家庭、组织、社群等。社会系统存在多个层次，每个层次都有其独特的结构和变量。为了描述这样的社会系统，我们需要至少与层次对应的组变量。通过引入熵的概念，可以揭示社会系统的结构和演化过程。物理学中的熵原理可以为理解和研究系统的结构提供一种有力的工具。熵可以用来测量系统的无序程度或复杂程度，从而帮助我们了解系统的性质和行为。在系统的不同层次上引入适当的状态变量，可以揭示系统的演化规律和变化过程。

（3）系统与环境。系统与环境之间的关系是相互依存、相互影响的。系统通过与环境的交互接收输入资源，并经过内部处理产生输出，同时也受到环境的影响和反馈。这种相互作用使得系统能够在不断变化的环境中存在和演化。这一观点也是系统论的基本概念之一。

（4）输入与输出。输入与输出是系统与外界之间存在的基本关系，它们是系统与外界进行信息交流和相互影响的手段。系统通过接收外界的输入信息来感知环境的变化，并根据这些输入信息进行相应的处理和决策，最终产生作为对外界的响应——输出。

### （三）组织管理体系

#### 1. 社会系统论

从社会学的角度认识系统，1967 年，本-波拉斯首次提出了系统理论的社会观，即从社会学的角度来阐述系统理论。巴克莱从社会学的角度对系统理论的探索曾引起当时众多学者的关注，其理论核心包括从社会学的角度阐述系统、边界、输入、输出以及反馈等概念，并强调这些概念在社会学研究中的重要性。他批判了社会的力学、有机体与生物学模型，认为对于社会系统来说，常态、稳定性、变迁、冲突与竞争应兼顾研究。

#### 2. 一般系统论

一般系统论（general system theory）是组织管理的基础理论之一，它从整体和综合的角度研究和分析系统。一般系统论起源于 20 世纪中叶，由奥地利生物学家贝塔朗菲首次提出。它提出了一种跨学科的系统思维方式，将不同学科的概念和方法整合起来，构建了一个通用的系统理论框架。

#### 3. 耗散结构理论

耗散结构理论（dissipative structure theory）是由比利时物理学家伊利亚·普里高津于 20 世纪 60 年代提出的一种系统动力学理论。它是对非平衡系统行为的研究，与传统的平衡态和线性系统的观点有所不同。耗散结构理论认为，自然界中的许多现象（如化学反应、生物进化、社会动态等）都涉及非平衡态条件下的复杂系统，而这些系统存在着自组织和演化的特点。

#### 4. 泛系理论

泛系理论的系统论区分出所谓子系统与分系统的概念。在泛系理论中，对子系统是可以更为数学化地定义的，可以推广集论的大多数局整关系及相关的集论运算，并容易论证系统的非加和，而不只是举例做解释性的描述。所谓分系统在泛系理论中表现为广义硬件相同，而广义软件不同的广义系统，是一类共硬系统。

#### 5. 哲学系统论

哲学系统论关注系统的构建及其内在结构和功能，并研究系统之间的相互关系和相互作用。哲学系统论是具体科学与哲学之间，具有横断科学性质的一种基本理论，其主要任务是以系统为对象，从整体出发来研究系统整体和组成系统整体各要素的相互关系，从本质上说明其结构、功能、行为和动态，以把握系统整体，达到最优的目标。同时，系统论的基本规律是关于系统存在基本状态和演化发展趋势的必然的、稳定的普遍联系和关系，是具有普遍性的一种对于系统的一般性的把握。

### （四）系统论特点

#### 1. 整体性

在许多学科中，如生物学、心理学、艺术学等，我们都可以看到整体性这个概念。通常来讲，整体性是指一种观察和理解事物的方式，它强调对事物全面性、连贯性的研究和理解，而非仅仅关注个别部分或者是部分的总和。系统论的整体性是指系统是相互联系的整体，系统的目的、功能、存在方式、运动规律都具有整体统一性。这是系统论最基本的观点，也是系统的基本性质。首先，系统具有明确的共同目标。其次，系统的功能具有整体性，系统的整体功能大于局部功能之和，不等于局部功能的简单相加。最后，系统整体的规律性必须是通过系统内部各要素的相互联系、相互运动、相互作用才表现出来的。

#### 2. 相关性

系统论的相关性是指系统内部各子系统之间存在相互影响、相互依赖和相互约束的关系。在一个系统中，不同的要素或变量之间存在着相互作用和相互影响的关联。相关性可以分为正相关和负相关。正相关表示两个变量之间的关系是正向的，即当一个变量增加时，另一个变量也随之增加；或者当一个变量减少时，另一个变量也随之减少。负相关则表示两个变量之间的关系是反向的，即当一个变量增加时，另一个变量会随之减少；或者当一个变量减少时，另一个变量会随之增加。

相关性的存在使得系统中的各个要素不是孤立存在的，它们之间相互连接、相互影响，在整个系统中形成一种协调的关系。当某个要素发生变化时，其他相关要素会相应变化，进而引起整个系统的变化。因此，了解和理解系统内部各子系统之间的相关性对于系统的稳定性和正确运行非常重要。

#### 3. 有序性

系统论的有序性是指系统结构和系统发展表现出来的秩序。结构有序就是系统内部的层次性，即系统是一个由系统—子系统—次级子系统所构成的等级层次体。例如，学校组织结构在纵向上往往分为老师、教研主管部门、校务处以及校长和学校教职工代表大会，在横向上往往由各职能部门（教研处、财务处、档案管理处以及基建管理处等）组成。发展有序就是系统的发展是按照一定的时间、空间顺序来进行的。

#### 4. 目的性

系统论的目的性是指系统具有明确的总体目的，而且在不同的发展阶段具体化为某种确定的目标。系统目的决定系统活动的方向，是系统功能的衡量标准。在生物系统和社会系统中，分系统有着各自的目的，这样系统也就显示出多目的或多目标。例如，由于组织中存在不同的价值，各子系统和个人具有不同的目标。而管理系统的作用就是，预先有意识地引导总目标，使之或同化为整体总目标，或服从于整体总目标，从而实现系统的总目的。

### 5. 环境适应性

系统论的环境适应性是指系统在与环境的物质、能量、信息的交换过程中，会自觉地或被动地改变内部结构、转换方式、产出等，从而适应环境的变化。需要说明的是，系统在适应环境的过程中并非完全被动，而是在一定程度和范围内改变环境，同时能够选择环境。这就是说，系统与环境之间的作用是双向的。

## 二、统筹的基本内涵

### （一）统筹的概念

"统"指"总起来；总括"。"筹"指计数的用具，多用竹子制成，作为动词意为计策、筹划等。因而统筹一词用作动词时，意思是通盘筹划。在管理和组织领域中，统筹是一个重要的概念，指的是对各种资源、活动或决策进行全面协调和整合，以达到预期的目标。

### （二）统筹方法

统筹方法又称网络计划法。统筹方法的核心就是：梳理出一件事情的执行流程，通过调整每个流程的执行逻辑顺序，有序地处理任务，以达到让效率最大化的目的。例如，你在烧水的过程中，把其他的事情做了，不需要等水烧开之后再手忙脚乱地去洗茶壶、茶杯和拿茶叶，如此一来，你做事的效率自然会大幅度地提升。统筹方法是运筹学的一个分支，属于管理科学的一部分。

统筹方法是一种管理方法，通过整合各种资源和要素，以达到协调、平衡和最优化的目标。在教育管理中，统筹方法可以用于解决复杂的教育管理问题，提高管理效能，实现教育发展的整体效果。统筹方法的中心内容是将工程任务的工作程序按照它们的内在逻辑依赖关系进行综合管理和计划安排。通过使用网络图，将工作程序用箭头线段直观地表示出来，并运用数学方法对网络进行计算优化，以达到最有效地完成工程任务的目标。同时，统筹方法还可以使管理指挥人员对整个工程任务有一个比较完整清晰的认识，能够分清工作的主次关系、缓急程度。基于统筹方法的管理和计划安排，可以提高工程项目的执行效率和质量，避免资源的浪费和重复劳动，有效地推动工程任务的顺利完成。

### （三）教育统筹理论基础

教育统筹理论基于系统论和综合学科的理念，旨在实现教育的全面发展和综合素质培养。

#### 1. 教育行政权力分配理论

教育行政权力分配理论是指研究和探讨教育行政机构在教育领域中的权力来源、权力性质、权力范围和权力分配方式的理论体系。这一理论旨在建立一个合理、高效、公正的教育行政机构权力运行模式，确保教育资源的合理配置和教育事业的有效发展。教育行政权力分配理论主要包括以下几个方面的内容。

（1）权力来源：研究教育行政机构的权力来源，即权力的合法性基础。一般来说，教育行政机构的权力来源可以包括宪法、法律、行政法规以及国家政策等。

（2）权力性质：研究教育行政机构的权力具有的性质和特点。这包括教育行政权力的公共性、专属性、强制性、约束性等方面的特征。

（3）权力范围：研究教育行政机构的权力范围，即行使权力的领域和范畴。这包括教育行政机构在教育政策制定、教育规划、课程设置、师资配置、学校管理等方面的职责与权限。

（4）权力分配方式：研究教育行政机构的权力在教育系统内的分配方式和机制。这包括权力的层级划分、权限的明确和分工、权责的协调与合作等方面的问题。

在实际操作中，教育行政权力分配理论提供了指导原则，有助于建立健全的教育行政管理体制，保障各级教育行政机构的合法权益和职责履行，促进教育事业的良性发展和优质教育资源的公平分配。教育行政权力分配理论的核心目的是通过合理的职责分工，确保各级政府部门在教育领域内能够发挥各自的职能和优势，并通过清晰的权责分工，形成一个协同推进教育事业发展的工作机制。该理论为教育领域的行政管理提供基本原则和指导方针，确保教育资源的合理配置和教育目标的实现。

### 2. 公平与效率理论

公平与效率是教育的核心价值观。教育的目标之一是提供一个公平的学习环境，确保每个学生都有平等的机会接受教育。同时，教育也需要高效地实现知识、技能和能力的培养，以促进个体和社会的发展。公平与效率既是教育的原则和目标，也是教育统筹的基础。公平与效率理论的逻辑出发点主要包括如下三个方面。一是基于教育资源的有限性和差异性。教育资源包括师资、教材、设施、经费等诸多方面，其分配在很大程度上受到资源的有限性和差异性的影响。在这种情况下，如何在有限的资源条件下既保证公平分配，又实现高效利用，需要根据公平与效率理论进行统筹考虑。二是基于教育改革的需要。教育改革的目标之一是建立公正的教育制度，通过提升教育质量和资源配置的效率来实现公平发展。公平与效率理论提供了一种科学地分析和解决教育领域中的矛盾问题的方法，为教育改革提供了理论支撑和指导。三是基于社会的需求和期望。教育是社会发展的重要组成部分，与社会发展密切相关。社会对教育公平和效率的需求和期望不断增加。教育统筹需要根据社会的需求和期望，既实现公平，又提高效率，以满足社会对教育的多样化需求和发展目标。

## 三、系统思想与统筹方法

### （一）系统思想的特征

#### 1. 综合性

系统思想强调了整体与局部之间的相互关系和相互影响。它关注各个组成部分之间的相互作用，以及整体在不同层次上的结构和功能。系统思想通过综合考虑各种要素，寻求整体的共同规律和机制，使得对问题的理解更加全面和准确。

### 2. 动态性

系统思想强调事物是处于不断变化和发展中的。它关注系统的演化过程和变化规律，通过研究系统的动态特征，揭示事物背后的内在规律。系统思想能够帮助我们理解和应对复杂的动态环境，预测和适应事物的变化。

### 3. 多层次性

系统思想注重从多个层次来观察和分析问题。它将系统划分为多个层次或多个子系统，并研究它们之间的层次关系和相互作用。系统思想能够帮助我们理解和处理复杂系统的结构和功能，找到系统中各个层次的问题和解决方案。

### 4. 非线性

系统思想反对简单的因果关系和线性思维方式。它认为，系统的行为和结果往往是非线性的，存在着反馈和相互作用的复杂关联。系统思想通过分析系统的非线性特征，揭示了事物之间错综复杂的相互作用和影响，有助于我们更好地理解系统的行为和结果。

### 5. 边界模糊性

系统思想认为，系统的边界是相对模糊的和动态的。它强调系统与环境之间的相互依赖和相互影响，系统内部、外部的交互作用是系统行为的重要因素。系统思想能够帮助我们明确问题的边界，并找到系统与环境之间的信息流动和能量转化。

## （二）统筹方法

统筹方法是现代管理理论中的重要概念，指在满足某种条件或达到某种目标的前提下，调整和分配有限的资源，以实现最优或最佳效益的一种方法。统筹方法的核心思想是全局观，强调将各个组成部分、各种因素、各个环节等视为一个整体来考虑，通过协调和调整各个部分的关系和状态，以达到整体的平衡和最优。

统筹方法是确保教育体系高效运行和实现教育目标的关键。在一个庞大且复杂的教育系统中，需要采取综合性的方法来协调各个方面的工作，并确保资源的合理分配和利用。首先，教育管理的统筹方法包括明确的教育目标和规划。通过制定明确的教育目标和规划，可以为整个教育体系提供一个共同的方向和框架。这些目标和规划应该与国家的发展战略和教育政策相一致，以确保教育系统的发展与社会需求相适应。其次，教育管理的统筹方法需要建立有效的沟通和协调机制。各级教育管理部门、学校和教师之间应建立起密切的联系和合作。这可以通过定期的会议、培训和信息共享来实现。同时，还需要建立跨部门和跨学科的合作机制，促进不同领域之间的交流和协作。再次，教育管理的统筹方法需要注重资源的合理配置和管理。教育资源的有限性要求我们进行有效的规划和分配。教育资源包括教育经费、教材和设备等方面的资源。通过科学的方法和数据分析，可以确保资源的合理利用，提高教育效益。最后，教育管理的统筹方法还需要注重监督和评估。建立有效的监督机制可以确保教育工作的质量和效果。同时，定期进行评估和反馈可以帮助我们了解教育体系的弱点和改进方向，并及时采取相应的措施。

### （三）系统思想与统筹方法的关系范式

系统思想与统筹方法的关系范式强调将教育管理视为一个复杂的系统，并通过统筹各个要素之间的关系来实现整体效益的最大化。

首先，系统思维是指将教育管理看作一个由各个组成部分相互关联而形成的整体。在这个框架下，教育管理者需要全面把握各个环节的相互影响和相互作用，以确保教育管理的顺利运行。例如，教育管理中的课程设计、师资配置、学生评估等方面都需要进行系统性思考，将各个环节有机地结合起来，以实现教育目标的有效达成。其次，统筹思维是指在系统思维的基础上，对各个环节进行整体性的协调和优化。教育管理者需要具备跨学科、跨领域的能力，能够平衡各个要素之间的矛盾与冲突，以达到整体效益的最大化。例如，在教育资源的分配中，教育管理者需要统筹考虑各个学校的师资、设施、经费等方面的差异，以确保资源的合理分配和利用。

在实践中，系统思维和统筹思维是相互依存、相互促进的。系统思维提供对教育管理问题的全面认识和分析能力，而统筹思维则为系统思维的实施提供指导和支持。只有将两者结合起来，才能更好地应对教育管理中的复杂性和多样性。

## 第二节　教育管理系统与统筹原理的理论基础

教育系统拥有独特的特点。通过综合考察管理对象之间的整体与要素关系以及整体与环境的互动联系，可以实现教育管理的整体、结构和目标的最优化。因此，教育管理者需要正确理解教育系统，并将系统分析方法作为协调、指挥和控制教育各项工作的手段。

### 一、组织管理的主流观点

#### （一）静态论集合论

##### 1. "三个层次一座桥梁"组织管理体系

钱学森通过研究分析自然科学知识的层次结构，由此提出了"三个层次一座桥梁"的学科体系一般框架，从社会实践出发，最基础、最直接的是"工程技术"层次，提供直接用于改造客观世界的知识，解决工程实践的具体问题；由此往上进一步抽象就是"技术科学"层次，提供指导工程技术实践的知识；往上继续抽象，提炼出相应领域的"基础科学"层次，提供指导技术科学的理论；再往上进一步抽象，提炼出相应领域的"哲学分论"，从而进一步上升到哲学层次，并接受哲学的指导。由此可见，哲学是人类知识体系中最为抽象的知识。系统论作为组织管理和马克思主义哲学之间的桥梁，最终通向唯物辩证主义。

2. "整体涌现性"组织管理体系

社会系统都具有整体涌现性。自然系统的整体涌现性，如苏轼《题西林壁》所说的"庐山真面目"是庐山这个自然系统的整体涌现性，仅横、侧、远、近、高、低的分别考察是不能识别的。社会系统的整体涌现性，如作战时期从散兵游勇到拥有明确指挥的军队。人工事物的整体涌现性，如一辆汽车的所有零件，分别存放则不具备汽车的任何特征，一旦完整组装就能够具备原有零部件不具备的特性和功能。因此，系统思维强调从整体上认识并解决问题，但反对笼统地谈论整体性。

## （二）动态论集合论

李曙华对超循环理论、分形理论与混沌学等组织管理的新进展进行了整合研究，进一步从"整体论"发展到"还元论"，以"生成元"为逻辑起点，"协同学"突破了经典科学线性的局限，探讨了在突变点上系统如何通过内部各子系统之间的协同、竞争，自己组织起来形成结构的内在机制，回答了在系统演化的变点上，各子系统是如何通过自组织形成新的有序结构的。

## （三）互补论

科尔提出的建构论思想是基于对科学发展的思考和探索，并试图提供一种与传统经典科学相互补充的科学观点。在这种观点中，他将第一维科学（即经典科学）与第二维科学联系起来，以组织复杂性和系统的关系性特征为研究对象进行研究，并构建了一种新型的组织管理。此外，切克兰德提出了"以系统为主题的学科"与"以科学为主题的学科"之间的互补关系。他认为，组织管理注重整体性、相互作用和综合性思考，通过关注系统的结构、功能和相互作用来揭示事物的本质。"以科学为主题的学科"则注重分析和解释现象，更侧重于细节和单个实体的研究。两个学科之间的互补性使得我们能够更全面地理解和解释复杂的现象。总体而言，以上这些思想和观点都试图超越传统的经典科学框架，通过引入系统性和综合性的思考方式，来提供更全面、更深入的对事物本质和变化规律的认识。它们相互补充，为我们研究复杂系统和解决实际问题提供了新的方法和思路。

## （四）数学方法论

贝塔朗菲将组织管理称为数学系统理论，强调了系统的不可还原性和突现性，这对近现代经典科学的分析传统产生了深刻的动摇。在贝塔朗菲的理论框架下，组织管理引入了一系列新的概念，如信息、反馈和突变等，这些概念揭示了以往科学未曾认识到的新规律。通过数学工具和方法，组织管理能够更好地描述和解释系统的特性和行为，揭示系统内部的相互作用和动态过程。同时，模型和定性分析方法成为组织管理研究的主要方法。通过建立合适的模型，可以对系统进行仿真和演化的预测，从而增加对系统行为的理解和控制。定性分析方法则是通过描述和解释系统的特征和关系，帮助我们认识系统的本质和相互作用的机制。总之，贝塔朗菲对组织管理的贡献在于提出了数学系统理论的概念，并强调了系统的不可还原性和突现性，引入了新的概念和方法，推动了组织管理的发展和应用。

## 二、组织管理理论的"老三论"

### （一）"老三论"的基本内容

组织管理是研究事物之间相互作用和组织关系的学科，其中包括系统论、信息论和控制论等几个主要分支，也被称为"老三论"。

#### 1. 系统论

系统论是一门研究系统的结构、特点、行为、动态、原则、规律以及系统间联系的学科，通过数学描述来分析和理解系统的功能。系统论认为，所有系统都具有开放性、自组织性、复杂性、整体性、关联性、等级结构性、动态平衡性和时序性等基本特征，这些特征具有逻辑和数学性质，也是系统分析的基本原则。科学的系统研究需要明确系统的元素，并划定系统的边界。从系统论的角度来看，任何事物都可以被视为一个系统，并以某种方式包含在某个更大的系统之内。因此，系统思维的基本要求是将研究对象视为一个整体系统。

#### 2. 信息论

信息论可以分为狭义信息论和广义信息论。狭义信息论是以通信技术为背景的一门理论，运用数学方法研究信息在通信中的传输和变换规律。在狭义信息论中，信息被量化为比特（bit）或香农熵等度量指标，通过编码、解码、信道传输等方式来实现有效的信息传输和存储。狭义信息论的发展为我们提供了通信系统中信息传输的优化方法和技术，它被广泛应用于无线通信、数据传输和网络通信等领域。广义信息论则研究各种系统以及各门科学中的信息。广义信息论的研究领域涵盖自然科学、社会科学以及工程技术等多个领域，它不仅包括通信技术中的信息，还涉及生物学、心理学、经济学、管理学等学科领域中的信息概念和信息处理方法。广义信息论的发展为控制论、自动化技术和现代通信技术等提供了理论基础，并为研究大脑结构、遗传密码和生命系统等开拓了新的探索途径，同时也为管理科学和决策科学提供了重要的分析工具和方法。总而言之，信息论在狭义上关注通信技术中的信息传输规律，而在广义上涉及各个领域中的信息概念和信息处理方法，为多个学科的发展和应用提供了理论基础和实用工具。

### 3. 控制论

控制论是研究各类系统的调控规律的科学理论，最早由美国数学家诺伯特·维纳（Norbert Wiener）提出。控制论主要关注如何通过在系统中引入反馈机制和控制算法来实现对系统行为的稳定和优化。他将工程中的调控概念与数学理论相结合，发展出了一套通用的控制方法和数学模型。维纳在其 1948 年的经典著作《控制论》中系统地阐述了控制论的核心理论基础和应用原则。控制论认为，一个系统可以通过反馈机制来感知其输出，并将这些信息与预设的目标进行比较，进而采取相应的控制措施来调节系统的行为。这种反馈机制可以是开环控制（只根据输入信号控制输出），也可以是闭环控制（根据输入和输出信号共同调节）。控制论的核心概念包括系统模型、控制器、传感器和执行器等。系统模型描述系统的物理特性和动态行为，控制器根据系统模型和反馈信息生成控制指令，传感器用于感知系统输出信号，执行器用于执行控制指令。控制论在各个领域，包括工业自动化、交通管理、电力系统、航空航天等，都有广泛的应用。通过控制论的方法，可以设计出稳定和高效的自动控制系统，提高系统的响应速度和精确度。

### （二）"老三论"的系统方法

"老三论"的系统方法是指按照事物本身的系统性把对象放在系统运行过程中来加以考察的一种方法，具有整体性、层次性、动态性等几方面的要求。

#### 1. 整体性

系统方法强调整体性，即将事物看作一个有机整体，并且该整体的特性和变化规律存在于各组成部分之间的相互联系和相互作用关系中。因此，在运用系统方法进行问题分析和处理时，应该始终从整体出发，努力把握整体与部分之间的相互联系和相互作用关系。要从整体出发，全面考虑各组成部分之间的相互联系和相互作用，通过对这种关系的分析和综合，揭示事物的整体特性和运动变化规律。

#### 2. 层次性

层次性是系统方法的核心要素。作为有机整体的系统，总是由不同层次的结构组成的。系统内部的各个组成要素按照相互联系和相互作用的方式，被有机地组织成为一个整体，而不是杂乱无章地堆砌在一起。从宏观的角度来看，系统的层次结构可以表现为物理结构、化学结构、社会结构、思维结构等多种形式。因此，系统的层次结构的划分是相对而言的。

#### 3. 动态性

动态性同样是系统方法的基本要素。任何系统都在不断的运动和变化之中，因此具有动态性。由于组成要素之间的相互联系和相互作用，以及系统内外的交互作用，系统常常伴随着随机性或不确定性，这使系统的运行过程出现动态变化。因此，系统的设计人员必须考虑到这种动态性，并以联系、发展的观点来看待系统，而不是以孤立、静止的观点来看待系统。只有这样，才能及时应对情况的变化并提供相应策略。

### （三）"老三论"对教育管理理论形成与发展的支持

用系统论原理进行学校管理，就是实现整体、结构、目标最优化的管理方法。要运用这种方法，管理者要对学校系统有正确认识，同时要注意层次性与动态性管理。

#### 1. 教育管理的整体性

教育管理的整体性是指对教育事业进行全面、系统、协调、持续的管理和运行的能力和特征，强调整体思维和全局观，旨在实现教育事业的发展目标和改进教育质量。教育管理的整体性包括如下五点。第一，综合管理。教育管理需要全面考虑各个层面和环节，如政策制定、资源配置、教学组织、教师培养、学生评价等，以确保教育工作各方面的有序协调和高效运行。第二，规划与评估。通过科学规划和有效评估，对教育目标、内容、方法和结果进行全面的分析和控制，以确保教育工作朝着预期目标前进，并及时进行调整和改进。第三，统筹资源。教育管理需要综合考虑教育工作所需的各种资源，如人力资源、物资设备、财务支持等，并进行合理的配置和利用，以最大程度地满足教育需求，并提供良好的教育服务。第四，人力资源管理。教育管理需要关注教育工作者的培养、激励、评价和发展，建立健全人力资源管理体系，以提升教育工作者的素质和能力，并保障他们的权益和福利。第五，信息化管理。教育管理需要借助现代信息技术的支持，建立信息化管理系统，实现教育资源的共享和教育管理的科学化、规范化和高效化。

#### 2. 教育管理的层次性

教育管理的层次性主要指的是对教育系统内部各种资源和活动进行组织、指导和控制的过程，以达到预定的教育目标。这个过程通常涉及多个不同的层次，每个层次都有其独特的管理责任和功能。教育管理可以从不同的层次进行划分和分类。通常可以将教育管理的层次划分为以下几个层次。

（1）教育系统层次：教育管理从整个教育系统的层面进行管理，包括国家、省、市等教育部门的管理和决策，制定的教育政策和法规等。在这个层次上，教育管理主要关注教育体系的发展规划、教育资源配置、教育改革和发展方向等重大决策和政策制定。

（2）学校组织层次：学校是教育的基本单位，教育管理也在学校层面展开。学校管理涉及学校的组织结构、行政管理、财务管理、教师管理、教学管理等方面。在学校层次上，教育管理重点关注学校的日常运营、教育质量保障、师资培养和教师发展等。

（3）班级组织层次：班级是教育过程的基本单元，教育管理也体现在班级层面。班级管理主要包括学生的考勤管理、学习成绩管理、课程安排管理、教学反馈管理等。在班级层次上，教育管理关注的主要是学生个体的成长和发展。

（4）学生个体层次：针对一些特殊的学生群体，如残疾儿童、特殊教育学生等，教育管理也需要从个别学生层面进行管理。这包括为这些学生提供特殊的教育服务、制定个性化的教育方案、关注他们的特殊需求和发展等。

上述层次相互关联，共同构成教育管理的全过程。

### 3. 教育管理的动态性

动态性强调事物的变化、发展、运动、不确定性与相关性等特性，是对事物发展过程和状态的一种描述。教育管理的动态性是指教育管理领域中不断变化和发展的特点。这种变化和发展主要受到政治、经济、科技和教育理念等方面的影响，表现在以下五个方面。

（1）教育政策与法规的变化：随着社会的发展，政府对教育领域的管理政策和法规也会相应地进行调整和更新。例如，教育课程的改革、招生政策的调整等都会直接影响教育管理实践。

（2）技术与信息化的推动：随着科技的发展，教育管理领域也逐渐向信息化、智能化的方向转变。例如，学校管理系统的引入、在线教育平台的兴起等都为教育管理带来了新的挑战和机遇。

（3）质量评估和改进的需求：教育管理需要不断关注教育质量，并通过评估和改进来提高教育水平。

（4）高效管理的追求：随着社会竞争的加剧，教育机构对高效管理的需求越来越高。教育管理者需要通过提升管理水平和方法，不断提高工作效率和质量。

（5）多元化的管理模式：现代教育管理需要面对多元的需求和背景，如城市和农村教育管理的差异、学校规模和特点的不同等。

因此，教育管理者需要灵活运用不同的管理模式和策略，以适应不同的情况和需求。教育管理的动态性要求教育管理者具备持续学习和适应变化的能力，不断创新和改进管理方法，以便推动教育发展和提高教育质量。

## 三、组织管理理论的"新三论"

### （一）"新三论"的基本内容

自 20 世纪 70 年代以来，组织管理本身又有了很大的发展，其基本内容已由原来的"老三论"（即系统论、信息论、控制论），发展到以耗散结构理论、协同论、突变论为代表的"新三论"。

### 1. 耗散结构理论

耗散结构理论最早由普里高津提出，所谓耗散结构是指与外界不断进行物质、能量、信息交换的开放系统，在远离平衡态的非线性区，因涨落而形成的宏观稳定有序结构。普里高津把系统运动的不同状态区分为平衡态、近平衡态和远平衡态三种，并在此基础上发展出耗散结构理论。[①]

为了保持教育系统的良好秩序，作为一个耗散结构的系统，教育系统必须建立和其他社会系统之间的互动反馈，从而有效地消除内部无序因素。只有这样，教育系统才能保持正常运行。实行教育开放，早已成了世界教育发展的一大趋势。教育开放意味着教育活动必须与社会各方面的活动紧密相连，以反映社会各界对教育的真正需求，其活动产品——文化科技和各种专门人才能够及时地进入社会，成为社会各界持续发展的推动力；教育要在实际上成为全社会的事业，要注意输入各种有用的社会文化信息，主动地争取社会各界的多种支持。从宏观上看，教育开放主要指整个教育系统面向社会各界乃至其他国家的学术界和部分企业界开放，即教育的社会化和国际化问题，例如，实行学校、家庭和社会三者的联盟，促进学校、企业和科研院所的结合，等等。从微观上看，教育开放主要指各学校间、师生间、教师与教师以及学生与学生之间的相互开放等。显然，教育开放实际上指的是教育系统内各个子系统之间的互动，以及教育与其他社会系统之间的协调和共同发展。这种开放性是耗散结构的教育系统发展的基本前提之一。

### 2. 协同论

协同论是研究不同事物间共同特征和协同机理的理论。它致力于探索各种系统在从无序状态到有序状态转变时的相似性和相互作用方式。它广泛应用于多个领域，帮助我们理解和解决复杂问题。它的创始人哈肯将其称为协同论。该学科的研究方法包括建模、仿真和实验等，旨在揭示各种系统内部和外部因素之间的相互作用。通过深入研究协同现象，在不同层次上理解和应用协同论的原理，有助于更好地管理和优化复杂系统，促进创新和协同发展。协同论已经在多个领域得到广泛应用，包括管理学、生态学、社会学、生物学以及信息技术等领域。它为我们认识和解决现实世界中的问题提供了新的视角和方法，推动了各学科之间的交叉合作和知识融合。

### 3. 突变论

突变论是利用形象、精确的数学模型来描述和预测事物连续性中断的质变过程的理论。它认为，系统的状态可以用一组参数来描述。当系统处于稳定状态时，描述系统状态的某个函数会有唯一的值。然而，当参数在某个范围内变化时，该函数的值可能会有不止一个极值，从而使系统必然处于不稳定状态。突变论强调在系统参数的某个范围内发生的"突变"现象，这是指系统经历了从一个稳定状态到另一个稳定状态的显著变化。这种质变过程可能会导致系统的性质、结构或行为发生重大变化。突变论的研究涉及多个学科领域，包括数学、物理学、生物学、社会学等。它的应用范围非常广泛，可以用于研究和解释自然界中的现象，也可以应用于工程、金融、经济等领域中的决策和预测，帮助我们更好地理解和应对系统的突变过程，从而提高对系统演化的认识和控制能力。

① 徐继生，陈文林，苑金龙. 系统科学概论[M]. 北京：科学技术文献出版社，1990：245-285.

（二）"新三论"的方法特征

1. 开放性

开放性对于系统形成耗散结构是一个重要条件。开放系统不仅能够吸收和交换外部的物质和能量，还可以获取外部的信息。通过与外部环境的物质、能量和信息的交换，系统可以引进负熵流来抵消熵增，从而使系统朝着有序的稳定状态发展。在一个开放系统中，总熵等于系统内部的熵以及来自外部的负熵之和。系统内部的熵是指系统内部的无序程度，而来自外部的负熵则是指外部环境向系统输送的有序程度较高的物质、能量和信息。根据熵的定义，系统的演化方向总是在一个封闭的系统中朝着熵增最大的方向努力。如果来自外部的负熵的绝对值大于系统内部的熵，即外部环境向系统输入的有序程度较高，那么二者相加的结果就有可能使该开放系统的总熵减小（即 ds < 0）。只有当总熵小于零时，系统才能从无序向有序转化，并形成新的有序结构。

因此，开放性使得系统能够从外部获取有序的物质、能量和信息，并通过引入负熵来抵消系统内部的熵增，从而推动系统向有序的稳定状态发展，形成耗散结构。

2. 非线性

在系统论中，非线性是一个重要的概念。研究非线性可以帮助我们更好地理解和描述现实世界中的各种复杂现象，从而为我们提供更深入的洞察力和解决问题的能力。简单来说，线性指的是系统的输入和输出之间存在着简单的比例关系，而非线性则表示系统的输入和输出之间不存在这种简单的比例关系。与线性相比，非线性的响应往往更加复杂，可能会出现周期性振荡、混沌等。非线性系统的一个重要特征是其相干效应。这意味着系统内部各子系统之间的相互作用导致了信息、能量或者其他影响的传递和交换，从而产生协同效应或相干效应。这种相干效应可以将微小的扰动或涨落放大，并引起系统从无序状态向有序状态演化。最终，系统会形成新的稳定有序结构，即耗散结构。同时，非线性具有耦合与反馈的特性。耦合指的是系统内部各个部分之间的相互影响。在非线性中，这种相互影响可能会导致系统整体行为的变化，甚至出现相互作用的效应。这种耦合可以使得非线性系统的行为更加复杂和丰富。反馈指的是系统的输出被重新引入系统的输入中，从而影响系统的行为。在非线性系统中，反馈机制可能会导致系统的稳定性发生变化，产生新的稳定状态或者不稳定状态。

3. 协同性

协同性是相干效应得以形成的关键所在，也是系统实现自组织的核心机制之一。在一个非线性系统中，各个组成要素之间存在着不同质的相互联系和相互作用。最初，这些联系和作用处于无序状态，缺乏统一的模式和协调一致的运动。然而，在支配原理的作用下，其中一方的属性开始同化另一方，使另一方的属性与自身相同。这种支配原理是协同学中的概念，它指的是一方的属性具有同化另一方的能力，从而实现相互联系和相互作用的协同效应。通过协同效应的作用，系统的各个组成要素开始按照某个统一的模式进行协调一致的运动。随着协同效应的发展，非线性系统逐渐从无序状态转变为有序状态，并形成一个新的有序结构。这个有序结构是稳定的、可持续的，并且能够自发地实现自组织和进化。通过协同效应的作用，不同质的组成要素能够相互影响、相互支配，最终实现系统的有序演化和稳定性。理解和研究协同性对揭示和理解自然界和社会系统中的复杂现象具有重要的意义。

**4. 涨落性**

涨落性是指系统一定要有适当的外界扰动或涨落才能导致有序。由于某种内部或外部的原因，系统的状态有可能发生一些小的起伏涨落，但是对处于不同状态的系统来说，涨落的影响是有区别的：对于处于平衡态的系统，虽然涨落可正、可负，但可以用求统计平均的方法消除它的影响。[①] 对于处于平衡态的系统，由于涨落的作用，系统的状态偏离会逐渐衰减，并最终回到稳定平衡状态。这是因为平衡态系统的内部存在一种恢复机制，可以通过各组成要素之间的相互作用来抵消外界扰动所引起的偏离。因此，涨落只是暂时性的，不会导致系统长期的状态变化。对于远平衡态的系统，涨落的作用则有所不同。在这种情况下，系统内部各组成要素之间存在非线性相互作用，涨落可以引起这些相互作用的协同效应，从而将微小的涨落迅速放大。这种放大效应会导致系统发生剧烈变化，最终形成一个新的稳定有序状态，这种有序状态被称为耗散结构。耗散结构是非平衡态系统的一种重要特征，它是系统对外界输入能量进行耗散并保持稳定的一种方式。耗散结构的形成是系统借助非线性相互作用和涨落所带来的放大效应，通过自组织过程达到的。例如，我们常见的自然界中的现象，如风暴、涡旋、生物体的形成等，都能通过耗散结构的概念来解释。这种机制在物理、化学、生物等领域都有广泛的应用和研究。

**（三）"新三论"对教育管理理论形成与发展的支持**

"新三论"的方法特征是在原来"老三论"所具有的整体性、动态性、层次性和最优化等四个方面特征的基础上，调整增加为整体性、非线性、协同性、整合教育系统的表层结构和深层结构四个方面的特征。

**1. 正确贯彻"整体性"**

"整体性"是"整体大于各个部分之和"，系统的各部分不是孤立存在的，而是通过相互联系和相互作用形成一个新的有机整体。这一概念在教育体系中尤为重要，因为教育的核心特性就是持久性和连续性，这决定了教育环节之间的连贯性。教育作为一个培养人的过程，应是一个连贯的整体。每个教育阶段不应孤立进行，而应前瞻后顾、彼此联系。这需要教育系统各个阶段之间实现协同和协调。对于更为系统化的顶尖创新人才培育过程来说，教育体系的整体性决定我们首先要将顶尖创新人才培育视为教育体系

---

① 冯国瑞. 系统论、信息论、控制论与马克思主义认识论[M]. 北京：北京大学出版社，1991：116-142.

的整体目标，这需要各个学段的教育进行协同努力。同时，各个学段的教育也需要消除过去狭隘和功利主义的目标导向，更加关注学生的长期发展，尤其是创新能力的培养。

2. 全面体现"非线性"

教育管理系统是一个复杂的构架，由许多部分组成。这些部分之间相互连接和相互互动，形成非线性的关系。它们可以分为宏观教育系统和微观学校系统两个层面。

在宏观教育系统层面，非线性关系主要指的是不同教育要素之间的相互影响和相互作用。例如，教育政策、教育经费、教育体制等要素会相互作用、相互影响，推动着整个教育系统的发展和运行。这种相互作用可能是非线性的，即某个要素的变化可能引起其他要素不同程度的变化，而不是简单的线性关系。

在微观学校系统层面，非线性关系主要指的是学校内部各个要素之间的相互作用和相互影响。例如，学校的教学内容、师资力量、学生特点等要素会相互作用、相互影响，影响着学校的教学效果和学生成长。这种相互作用也可能是非线性的，某个要素的微小变化可能引起整个学校系统的巨大变化，不同要素之间的相互作用关系可能是复杂且非线性的。

此外，教育管理系统中还存在着内部的非线性和表层与深层的非线性。内部的非线性指的是教育管理系统内部各个要素之间的非线性关系。表层与深层的非线性指的是教育管理系统内外要素之间和不同层次之间的非线性关系。这些非线性关系的存在使得教育管理系统的运行和发展更加复杂且难以预测，需要采取系统思维和综合措施来进行管理和决策。

3. 充分运用"协同性"

在协同过程中，当一个要素具有一种特定属性时，它会影响其他要素，使其他要素的属性逐渐与之趋同，最终实现协调一致的运动和有序结构的形成。也就是说，系统内原先处于无序状态、具有不同质的各组成要素（即各个子系统），后来在支配原理（协同论中的支配原理是指"一方的属性同化另一方，使另一方属性与自身相同"）的作用下，会因"同化"逐渐按照某个统一的模式协调一致地运动，这样系统就从无序变为有序，并形成一个新的有序结构。例如，在一个团队合作的过程中，原本每个成员可能具有不同的观点、能力和角色，初期的团队可能存在较大的无序性。但通过有效的沟通和协调，成员之间开始相互交流和理解，倾向于接受并采纳其他成员的观点和意见。这样，团队成员逐渐趋同，形成了共同的目标和工作方式，团队整体运转更加协调一致，从而实现了从无序到有序、形成新的有序结构的过程。社会建构理论所倡导的协作学习实际上是教学过程中协同现象的具体反映。例如，在一个教育管理活动中，当推行某个新政策或新原理时，各个教育系统对此的了解和认识是无序的——有些人知道得比较多，有些人知道得比较少，还有些人根本不知道。但通过教育管理者的引导和教育制度的改革，最终全班学生都能理解和掌握这个政策或原理，从而完成从无序到有序的转变。协同论可以应用于各个领域，如社会、经济、科学等，帮助理解和解释系统内各要素之间的相互作用和协同运动的规律。

#### 4. 整合教育系统的表层结构和深层结构

表层结构是常见于语言学和心理学中的概念，通常用于描述句子或表达方式在语法和表达上的表现形式。深层结构则与之相对应。教育系统的表层结构是指该系统的各个组成部分以及它们之间的关系。它主要包括学校、教师、学生、课程和教学资源等要素。学校作为教育系统的核心单位，承担着培养学生综合素质和知识技能的责任。教师作为教育系统的重要组成部分，负责教学和指导学生的学习。学生作为教育系统的受益者，通过学习和参与各种教育活动获得知识和技能。课程和教学资源则为教师提供教学内容和教学工具。教育系统的深层结构则指教育系统的核心理念、教育目标、教学方法和评估体系等方面。核心理念是指教育的理念和宗旨，如素质教育、全面发展等。教育目标是指教育系统要达到的目标和培养的能力，如知识、思维能力、创新能力等。教学方法是指教师在教学过程中所采用的方法和策略，包括讲授、讨论、实践等。评估体系则用于评估学生的学习成绩和教学效果，如考试、作业评价、学术评估等。

整合教育系统的表层结构和深层结构是为了使教育系统更加有效地实现其宗旨和目标。通过优化学校、教师、学生、课程和教学资源之间的关系，提升教育质量和效果。同时，关注教育系统的核心理念、教育目标、教学方法和评估体系，确保教育过程和结果能够符合预期目标。整合教育系统的表层结构和深层结构需要制定有效的管理机制和教育政策，并充分发挥各方面的积极作用，包括学校、教师、家长和社会等。

## 第三节　教育管理系统与统筹原理的运行机制

### 一、顶层设计机制

#### （一）顶层设计的概念

顶层设计一词在《中共中央关于制定国民经济和社会发展第十二个五年规划的建议》（以下简称《建议》）中首次被提出并加以明确。《建议》强调，"改革是加快转变经济发展方式的强大动力，必须以更大决心和勇气全面推进各领域改革。更加重视改革顶层设计和总体规划，明确改革优先顺序和重点任务"[①]。顶层设计的概念被提出以后，立刻引起经济学、公共管理学、社会学等领域专家学者的高度关注和热烈讨论。竹立家对顶层设计概念内涵的界定最为具体，并提出顶层设计的概念来自系统工程学，字面含义是"自高端开始的总体构想"。顶层设计是指理念与实践之间的"蓝图"，具有"整体的明确性"和"具体的可操作性"特点。他认为："这一工程学概念被西方国家广

---

① 中共中央关于制定国民经济和社会发展第十二个五年规划的建议[EB/OL]. (2010-10-18)[2024-03-20]. https://www.ndrc.gov.cn/fggz/fzzlgh/gjfzgh/201109/P020191029595698513164.pdf.

泛应用于军事与社会管理领域，是政府统筹内外政策和制定国家发展战略的重要思维方法。"①2013 年，习近平总书记在十八届中央政治局第十一次集体学习时的讲话中说道："必须加强顶层设计和整体谋划、整体谋划，增强各项改革的关联性、系统性、协同性。"②为落实改革内容，中央成立了全面深化改革领导小组，下设 6 个专项小组，2018 年 3 月，根据《深化党和国家机构改革方案》，该小组改为中国共产党中央全面深化改革委员会，负责全面深化改革工作的总体布局、统筹协调和督促落实。自 20 世纪 80 年代以来，世界上许多国家均不同程度地开始重视体系的建设，加大了对体系顶层设计的研究力度，这是新兴技术（特别是信息技术）的迅速发展及其在各个领域广泛应用的必然要求。

体系顶层设计是一个面向未来的战略规划，主要应用于各种大型、复杂系统的设计和架构。体系顶层设计考虑未来的需求和发展趋势，对未来可能的情况进行构想，并基于这些构想，制定中长期的发展规划。这些规划应该包括整个体系或体系内部的系统发展趋势，以及体系的战略、使命、模式、目标等方面。在进行体系顶层设计时，我们需要对未来的需求进行预测，并在此基础上构想未来可能的情况。未来的需求具有模糊性和不确定性，因此构想出的情况也存在一定的不确定性。然而，对未来的需求进行深入的分析和研究，可以大大减少不确定性，提高体系顶层设计的可靠性和有效性。体系顶层设计还需要考虑中长期的发展趋势，以便为体系或体系内部的系统建设提供方向和指导。这些发展趋势应该具有"虚"的成分，即它们应该是基于构想的未来情况下的推测，而不是具有具体业务需求的任务清单。这些发展趋势应该与体系或体系内部系统的核心业务和技术方向紧密相连，可以为体系或体系内部的系统建设提供重要的指导和支持。最后，体系顶层设计要具有指导当前和未来一段时期内的体系或体系内部的系统建设的实际用途。因此，体系顶层设计必须尽可能翔实和具体，以确保其能够直接指导实际建设工作。这些具体的规划应该涵盖体系或者体系内部系统的关键业务流程、技术支持和管理等方面，以确保体系或体系内部的系统建设与体系顶层设计的目标一致，能够有条不紊地推进。

体系顶层设计包含远期构想和中近期规划，具有虚实结合性。远期构想主要是环境发生的变化以及未来技术发展对体系提出的要求，具有模糊性、不确定性，是滚动的、构想式的战略思考；中近期规划主要是贯彻建设原则、满足需求的规划设计，内容明确、具体，是详尽的、计划规划式的顶层设计。本节主要针对体系顶层设计的中近期规划。

（二）顶层设计的内容

顶层设计是组织或系统成功实现其目标的基础，它提供了一个框架和指导原则，帮助确保各个部门、功能和资源在整体上有组织地协同工作，从而实现最优的绩效和效益。

① 竹立家. 改革需要什么样的"顶层设计" [J]. 人民论坛, 2011, (2): 32-33.
② 习近平. 全面深化改革开放，为中国式现代化持续注入强劲动力[J]. 当代广西, 2024, (10): 4-7.

体系顶层设计涉及需求工程技术、体系结构技术、建模与仿真技术、评估验证技术和信息资源战略规划等方面。在体系顶层设计的各阶段，相关支撑技术发挥重要作用。其中，需求工程技术和体系结构技术是体系顶层设计的核心支撑技术，它们为体系顶层设计提供直接的设计手段和方法。

### （三）顶层设计工程

#### 1. 需求工程

体系顶层设计中的需求工程是指运用有效的方法与技术，对目标体系进行需求分析，确定体系建设目标、作战需求、信息需求、系统需求及技术需求，并以规范化文档的形式描述出来，帮助分析设计人员理解问题并定义目标体系的所有外部特征的一项复杂的工程。从体系顶层设计中需求分析人员的具体活动来看，需求工程可以划分为体系需求获取、体系需求描述、体系需求检验、体系需求规格化、体系需求管理等多个方面的内容。[①]

体系需求获取是相关人员挖掘潜在的需求的活动。目前有许多成熟的方法、技术可以用于需求体系的获取，比较典型的有专家会谈、问卷调查、报表收集、快速原型的建立等。在体系需求获取中，最为重要的是选取关键人员。体系建设需要多个领域人员的集体智慧，通常应该尽可能多地包含各个层次、各个方面的关键人员。需求是人们的期望、要求的一种反映，而个人大脑里的期望、要求往往只是个人的看法和理解；对于体系的设计、建设来说，与需求相关人员交流获取的需求只是一种"零散的潜在需求"，不具备系统性、一致性、完备性、可跟踪性等特点，是需要进一步提炼、加工的。

体系需求描述是搭建体系时，对该体系在运作过程中必须满足的各项要求和条件所作出的描述，是体系设计和开发过程中的关键组成部分，其定义了体系的整体目标和要求，并提供了明确且全面的指导。自 20 世纪 80 年代以来，出现了多种具有实践意义的需求建模技术，其中结构化技术、面向对象技术、场景驱动技术、面向目标技术和基于形式化的技术最为典型。美军在 C4ISR 体系结构框架、国防部体系结构框架中主要使用了结构化技术和面向对象技术。虽然美军借鉴体系结构产品的形式来反映体系需求，但是体系需求建模与体系结构开发存在如下区别。第一，阶段不同。体系需求建模处于需求确定之前，体系结构开发通常在体系需求确定后。第二，目的不同。建立体系需求模型的目的是使相关人员对体系需求形成一致理解从而方便沟通，保证需求的全面、准确，而开发体系结构产品的目的是实现系统集成，保证系统能够互联、互通、互操作。第三，内容不同。体系需求模型描述体系必备的特征，而体系结构产品是根据体系需求对目标体系进行详细、具体的设计结果。[②]

① 田忠，钱乐秋. 需求工程综述[J]. 计算机应用与软件，1996，（5）：16-22，49.

② 刘忠宝，赵文娟. 需求工程现状和发展研究[J]. 电脑开发与应用，2011，24(11)：1-4.

体系需求检验是核实、评价体系需求，以保证体系需求的准确性、有效性。体系需求核实的内容主要包括一致性、完备性、优先级、可维护性、可跟踪性等，其中一致性问题最为突出。不同人员的工作经历、知识结构、专业技能、关注点以及使用习惯各不相同，这使得开发的体系需求存在着术语使用不一致、术语内涵不一致等一系列问题。体系需求核实的关键是对体系需求语句的表述形式进行要求，保证每一项需求可核实。体系需求评价包括体系需求回溯评价和体系需求追溯评价。体系需求回溯评价是评价下一层需求能否保证上一层需求。体系需求追溯评价是评价需求在技术、经费等方面的条件是否具备，包括：评价理论、实践上具备的技术条件、基础是否能够保证体系需求是可以达到的；评价人力、物力、财力等限制条件是否能够保证体系需求是可以实施的。基于测试的评价、基于仿真的评价、基于可执行模型（如 Petri 网、状态机）的评价、专家评审等是体系需求评价的重要手段。

　　体系需求规格化是形成体系需求规格，以指导、约束体系的发展建设。需求牵引实质是解决体系建设的有效性问题。开发体系需求的目的是将其用于指导、约束体系建设的方向、内容。因此，必须根据体系需求的不同的使用要求，对体系需求模型描述的内容进行提炼，按照特定的语法、模板，对体系需求进行划分、排序、分配，形成可以用于直接指导体系建设的需求规格。体系需求提炼是将体系需求建模所形成的"规范的潜在需求"的相关文档转化为体系需求规格的过程，用便于理解的表示形式、描述语言表示体系需求，需要定义体系需求规格的语法及术语。由于潜在的体系需求很多，各类、各层需求之间关系复杂，还必须对需求进行科学划分。需求分配是为各层次的需求提供解决途径，例如，把一个任务需求分配给对该任务提供支持的若干个功能需求，把一个功能需求分配给若干个子功能（或者子系统、系统组件）等。此外，体系需求规格化还需要借助需求管理手段在各阶段体系需求分析所得到的、各层次的需求相关文档之间建立联系，以保证规格化的需求的来源可知、依据可查。

　　体系需求管理是管理体系需求之间各种错综复杂的关系，包括关系管理、变更管理、版本管理等。体系需求关系管理的主要工作包括以下几个方面。第一，建立体系需求与人员之间的联系链，明确每项需求的责任人，确保每项需求都有相应的负责人，便于沟通和追踪。第二，建立体系需求各层次之间、同一层次需求之间的影响、依赖关系，是体系需求被系统、全面地理解、分析、设计与实现的基础。通过明确需求之间的关系，更好地进行分析和设计，保证需求的完备性和一致性。第三，建立体系需求与测试之间的联系，保证每项需求进行测试。在测试阶段，对每项需求进行验证，确保需求的正确性和可行性。第四，建立体系需求与设计之间的关联关系，以确定对每项需求都进行设计，确保体系需求的各项指标都被实现。在设计阶段，根据需求进行相应的设计，确保需求能够得到满足。

　　此外，体系需求的版本管理和变更管理也是非常重要的。体系需求的版本管理是通过基线定义，制定体系需求文档的主体；通过版本控制，对各个阶段体系需求文档进行定位。这样可以确保需求文档的更新和追溯，方便管理和查找相关信息。

2. 体系结构工程

体系结构是体系各部件的结构、它们之间的关系以及制约它们设计和随时间演化的原则和指南。体系结构设计是保证体系内部的系统之间可集成、可互操作的关键性工作。

体系顶层设计中的体系结构工程，是用工程化的原则、方法和手段来开发、维护体系结构。体系结构工程强调体系结构设计是一个组织良好、管理严密、协同配合的工程，要避免手工作坊式的体系结构设计，不能单纯依靠体系结构设计者的个人技巧和创造性。[①]体系结构工程包括方法、工具和过程三部分。方法是开发体系结构的技术手段，支持设计、验证、评价和维护等各个阶段的活动。工具是为体系结构设计者提供智力和体力扩展的支持，提供自动或半自动的软件环境。方法和工具统称为体系结构技术。过程是体系结构设计者在工具支持下完成的一系列工程活动。它综合使用方法和工具，合理地进行体系结构开发，包括工作顺序、文档资料、质量保证和协调变化等要求。体系结构技术本质上就是提供一种标准化的描述方法、语言和工具来进行体系顶层设计，从而辅助实现系统的互联、互通、互操作。体系结构设计包括一系列视图的设计，是体系顶层设计的核心组成部分，是体系满足需求的基本途径。体系结构设计是设计者以需求为依据，遵循体系结构的要求，有步骤地确立总体结构，确定体系与外界环境之间以及体系内各组成部分之间的接口、通信和信息交换关系，规定实现必须遵循的技术标准，并以体系结构产品的形式进行描述的过程。体系结构评价可以为体系结构设计决策提供定性和定量的技术支持。体系结构评价技术主要包括体系结构产品可执行模型的转换技术、体系结构功能验证技术、体系结构效能评估技术等。体系结构集成开发是在开发过程和指南的指导与驱动下，将体系结构设计的各个相关工具和资源集成一个统一的环境，使体系结构设计的相关资源能够被设计者所共享，为体系结构设计提供全过程支持，提高体系结构设计的效率和质量。体系结构技术从根本上保证体系设计质量，提高体系开发效率，节省体系建设、使用和维护费用。体系结构和体系结构技术的运用，可以解决体系的互联、互通、互操作问题，保障综合集成。[②]

过程包含问题定义、设计、验证、评价和维护五个阶段。在问题定义阶段，依据需求分析完成规格说明书，理解工程目标，在熟知体系和领域信息的基础上确定设计的范围、精度及时间安排，并制订具体的开发计划。该计划包括确定所需的资源（如开发工具）、定义任务，设计方案框架、验证与评价方案及细化进度安排等。设计阶段遵循工程原则，根据需求逐步建立总体结构，确定系统与外界和内部各组件间的关系，并遵守必要的技术标准。验证与评价方案的目标是确认设计是否满足需求，并依据决策者的需求设立评价指标体系，来评价不同设计方案的优劣，为决策者在众多备选方案中选择较

① 梅宏，申峻嵘. 软件体系结构研究进展[J]. 软件学报，2006，17（6）：1257-1275.

② 沈苏彬，范曲立，宗平，等. 物联网的体系结构与相关技术研究[J]. 南京邮电大学学报（自然科学版），2009，29（6）：1-11.

优的方案提供科学依据。最后，在维护阶段，将已设计好的体系结构用于特定目标，并对其进行进度修缮。

### 3. 评估与验证

体系顶层设计中的评估与验证主要依靠建模与仿真技术和评估验证技术。建模与仿真技术是一门多学科综合性技术，以控制理论、相似原理、计算技术、信息技术、系统技术及其应用领域的相关专业技术为基础。它利用计算机和多种专用物理效应设备作为工具，通过系统模型对实际的或设想的系统进行动态试验研究。该技术在军事信息系统的先期开发工作以及系统检验与评估方面发挥着重要作用。在 20 世纪 80 年代，国外广泛深入地展开了对体系的建模与仿真工作，既有理论研究，又有实际应用。从 20 世纪 90 年代以来，世界各国开始十分重视"分布式交互仿真"的发展。随后，"先进分布式仿真"成为"分布式交互仿真"的更高级形式，它实现了建模与仿真之间以及与指挥控制之间的互操作性，并支持建模与仿真组件的重复使用。引入"高层体系结构"（high level architecture，HLA）旨在将"先进分布式仿真"扩展至军事部门内的各个领域。HLA 技术成为建模与仿真的发展方向，它极大地推动了仿真向高度集成化、标准化、规范化、一体化、自动化和智能化发展。评估与验证是一个评估主体对评价对象（即客体）达到既定需求的评估验证过程。评估与验证指标是对系统达到规定目标程度的定量表示，也是对系统进行分析比较的基本标准。目前常用的方法有自顶向下法和自适应渐进法等来确定指标。

## 二、整分合机制

系统原理通过分解可以具体化为两个机制，即管理的整分合机制和相对封闭机制。

### （一）整分合机制的含义

管理的整分合原则是指为了实现管理目标必须在整体规划下科学分工，在分工的基础上进行有效的综合，即所谓的"整体把握、科学分解、等级结构、部门化"。

第一，整体把握。它要求在总体环境中把握住系统的目的、功能和性质。这样组织才能够一方面明确目的；另一方面，更好地适应环境，就是了解组织的目的、使命。目前，西方教育学提出的"回到本行"就是对学校治学目的的再认识。从逆向思维来看，明确组织是"干什么的"，同时就要求了解组织"能干什么"，即从组织内部能力的角度考虑，组织应如何更好地适应环境的变化。

第二，科学分解。它是在整体把握的基础上，按照组织的总体目的和功能，把组织分解为不同部分的过程。它实质上就是确定组织结构的过程。它要求把组织分解成由各种要素组成的不同的子系统。组织结构的状况取决于外部环境，一般来说，环境越动荡（即差异性、动态性、不稳定性越大），组织内部结构就越复杂，差异就越大。

第三，等级结构。它是指组织的层次及其关系。等级结构取决于劳动的垂直分工，如学校组织中校长—教导主任—教师的关系。等级结构规定组织内部基本的职权结构，即"指挥链"。垂直关系上的职位决定该职位的职权、影响、地位、奖酬。因此，在等级结构上的晋升往往具有实质性的奖励作用。

第四，部门化。它是指组织内部在水平方向上按工作特性区分为不同部门的过程。劳动的水平分工确立了组织的不同部门。例如，学校管理组织有校产管理、教学管理、德育管理、档案管理、基建管理等部门。职能型部门化是指把组织区分为不同的基本职能部门。

### （二）整分合机制的特点

实施整分合机制需要注意整体了解、科学分解和组织综合协作三个环节。首先，在整体了解的环节中，我们需要对整体进行详细的了解。这包括了解整体的功能目的、历史现状、作用地位以及运动规律等方面的信息。通过深入了解整体，可以更好地把握问题的核心，找到解决问题的关键路径。其次，在科学分解的环节中，需要明确各个局部，也就是明确分工。没有明确的分工，整体只是混沌不清的原始物，无法构成现代有序的系统。通过科学地分解整体，将复杂的问题拆解为可处理的小部分，可以提高工作效率和准确性。最后，在组织综合协作的环节中，需要进行强有力的组织管理，使各个环节同步协调、综合平衡地发展。这包括建立纵向的分工之间必要的横向联系，促进各个环节之间的沟通和协作。只有通过有效的组织和协作，整体才能实现协同效应，更好地完成工作。实施整分合机制可以帮助我们从整体和局部两个层面来思考和解决问题，从而提高工作效率和质量。通过详细的整体了解、科学分解和组织综合协作，我们可以更好地应对复杂的工作挑战，取得更好的工作成果。

## 三、相对封闭机制

### （一）相对封闭机制的概念

相对封闭机制是指任何一个组织系统内部从机构、指令、信息到管理手段都必须形成一个连续封闭的回路，以保证管理过程的顺利运转。如果组织系统内部不构成封闭回路，则活动之间就可能脱节，指令就会到不了执行单位，也就无法了解到管理过程的相关信息，从而可能实现不了有效控制。

一个组织的管理系统可以分解为指挥机构、执行机构、监督机构和反馈机构四个部分。它们之间必须形成一个封闭的回路，这样指令、信息等便可以在回路中连续传递，各部门之间的联系才能有效地进行。例如，指令由指挥机构发出，然后指令一方面下达到执行机构实施，另一方面传到监督机构，以监督执行情况。指令实施后的结果及接收单位反映的意见都通过反馈机构传回指挥机构，然后指挥机构根据新的情况重新发出指令。这个过程连续不断，往复进行，构成一个个的管理活动过程，形成封闭的回路。

（二）相对封闭机制的依据

第一，系统整体性的要求。管理系统之所以要形成相对封闭的回路，是因为它本身整体性的要求。如果组织系统内部不构成封闭的回路，组织就无法实现其特定功能，就不能成为一个系统。因为，系统本身是开放的，要与环境发生联系，管理的各项决定的形成都要考虑环境因素，受环境制约，但是决策方案一经确定，作为指令发出后系统内部就必须封闭，要尽量减少外界的干扰，保证决策的贯彻落实。

第二，信息反馈的需要。管理系统在执行指令的过程中，为了掌握执行效果并进行适当的修正，必须有信息反馈，否则无法对决策作出必要的调节。

第三，进行有效控制的需要。有效控制要求有控制标准、执行情况的准确反馈以及有力的控制措施。如果管理系统不相对封闭，则无法传递执行指令，不能建立起科学的控制标准；同时，无法从执行机构了解各种信息以供决策者参考，更无法监督执行机构是否虚报成绩，隐瞒失误，部门之间也缺少相互制约。所以，从有效控制、相互制约的要求出发，管理必须相对封闭。

（三）建立相对封闭组织系统的方法

第一，组织系统应具有相对封闭的基本条件。这就要求组织系统具有相对独立性，能够自主地完成组织自身的工作。

第二，组织系统内部结构应完备。形成相对封闭的组织系统，必须健全内部的各个部门。组织的指挥机构、执行机构、监督机构和反馈机构缺一不可。在实际过程中，上述四个基本机构的职能由哪些部门来完成，各个部门之间的关系如何确定，是管理者要考虑的重点。总之，组织内部要形成相互制约、相互促进的统一机构。

第三，建立高效的信息系统。组织的信息系统要能够及时获得信息，迅速将信息传递到有关部门，而且有关部门能利用信息做出正确的反应。

第四，及时堵漏补缺。管理的特点是存在着大量事先不可预测、难以预料的事件和问题。管理系统经过精心设计，似乎已经相对封闭。但是随着事物的发展，新情况会不断出现，从而导致管理过程存在偏离既定目标、出现漏洞的可能性。这要求管理者跟踪追迹，找出原因，采取相应措施，填补回路中的"断路"，使管理系统保持连续循环。

# 第四节　教育管理系统与统筹原理的基本原则

## 一、教育系统结构优化原则

（一）教育系统的类型

教育系统指一个地区或国家为提供学习机会和教育服务所组织的一套具备一定结

构和运行规则的系统。它通常包括多个层次和类型的教育机构（如幼儿园、小学、中学、大学等），涵盖从基础教育到职业技术教育、高等教育等各种类型的教育。教育系统的含义有三：第一是将教育作为一个复杂的开放系统来进行考察；第二是用组织管理的一些基本观点和方法来审视教育，力图使二者有机结合、融会贯通；第三，教育系统亦称"教育体系"，是为达到一定的教育目的，实现一定的教育、教学功能的教育组织形式整体。

### 1. 社会大系统与教育子系统

社会大系统是指由社会组织、制度、价值观念等各个方面共同构成的一个复杂系统。教育子系统则是社会大系统中的一个重要组成部分，主要负责人力资源供给、文化传承和社会化功能、社会需求与教育内容、回馈与反馈作用。

人力资源供给。教育子系统通过提供教育机会和培养人才，为社会大系统的各个领域提供所需的人力资源。教育系统的发展水平直接影响社会的整体人力资源素质和数量。

文化传承和社会化功能。教育子系统在社会大系统中承担着文化传承的重要职责。通过教育，社会价值观念、道德标准、文化传统等得以传承和延续，从而保持社会的稳定和连续性。同时，教育还承担着社会化的功能，将个体引入社会，塑造其行为方式和社会角色，使其适应社会规范和要求。

社会需求与教育内容。教育应该符合社会需求，通过开设相关专业和课程，培养适应社会产业结构变化和经济发展的人才。例如，在科技发展迅猛的时代，教育子系统应该关注 STEM 教育，培养科技人才。

回馈与反馈作用。教育子系统的发展也会对社会大系统产生回馈和反馈作用。高质量的教育可以提高劳动者的素质和技能水平，促进社会经济的发展和创新。同时，社会对教育的评价和反馈也会影响教育子系统的改革和发展。

### 2. 教育系统与社会政治系统

在西方，最早提出教育和政治的关系问题并从理论上加以论述的是柏拉图和亚里士多德。柏拉图在其《理想国》中提出，社会上存在三种人（即三个等级的人）：哲学家为第一等级，军人为第二等级，农民和手工业者为第三等级。教育应当由国家来组织，教育的对象应该是第一、第二等级的人（主要是第一等级的人），而不是第三等级的人。教育是培养国家的统治者和卫士的，教育有着鲜明的政治目的。柏拉图政治化的教育思想和精英统治的理论对后世具有深远的影响。亚里士多德在其《政治学》中明确提出，教育应由法律规定，并且应是国家的事务；教育要教育公民，使他们的生活适合政府的形式。亚里士多德特别强调，教育是国家的职责，必须由国家来统一管理。他认为，立法者（即国家的领导者）必须首先注意青少年的教育。因为忽视教育就会危害政治，抓好了教育，就能维护这个政体的实力。

教育是政治系统输出功能（分配）和公共政策（福利）的一个方面。教育开支是分配活动最重要的组成部分。一个国家中人民的教育水平是同该国人民的技能水平和生产力水平紧密相关的。教育作为一种政治资源，能够鼓励人们进入政治过程，并向政治系统提出要求，从而改善自己的处境。教育也是政治系统福利政策的重要组成部分，能使人们提高自己的福利。

教育系统具有下面几个特点：①社会性，教育系统处于社会环境中，是社会大系统的子系统；②开放性，教育系统是一个开放系统，与外界因素相联系，为外界因素所制约；③动态性，教育系统是一个动态系统，它随时间的推移而变化；④复杂性，教育系统具有层次性，包含各种子系统，如物质系统、观念系统。

构成教育系统的要素是教育者和受教育者。教育系统都有某种特定的结构，表现为组织结构、人员结构、人事结构、教学结构。教育系统是由输入和输出构成的开放系统。

### 3. 社会经济系统中的教育运行

把教育系统纳入社会经济系统来考察教育与经济的运行时，我们首先必须从教育系统的结构功能出发，分析教育运行的具体形式——教育供求。由于教育的功能是实现劳动力再生产，而社会再生产的前提又是劳动力再生产，教育的功能是通过教育所生产出来的产品——劳动力作用到社会经济各领域后才体现出来。因此，教育系统与社会经济系统是经由劳动力这一中介间接联系起来的。教育运行的具体形式便表现为教育系统对劳动力的供给和社会经济系统对劳动力的需求在结构上的协同问题。教育就其本身来说，无论兼具多少功能，如果教育系统不在结构上与社会经济系统协同发展，那么教育系统与社会经济系统之间就会在结构上出现涨落现象，致使教育系统陷入功能与结构无序的混乱状态，不能取得规模收益之效绩。

### （二）教育系统的结构

教育系统的形成不是随意的，它为一定社会的政治、经济、科学技术的发展和人的身心发展规律所制约。从整体上，教育系统可以区分为学校教育和非学校教育。从性质上，教育系统可以区分为制度化教育和非制度化教育。从存在形态上，教育可以分为社会教育、家庭教育和学校教育三种基本形态。

#### 1. 学校教育和非学校教育

##### 1）学校教育

学校教育是指在学校这一特定组织机构中进行的有组织、有计划地开展的教育活动。它是教育体系中最重要的一环，承担着培养学生综合素质和知识技能的责任。学校教育的目标是全面发展学生，培养他们的智力、道德、体质、审美和劳动等多个方面的能力。

##### 2）非学校教育

非学校教育是一种完全基于自我导向、自定进度的自学的教育形式。在非学校教育中，没有来自成人或课程标准的压力。非学校教育可以是集体的（如民主学校），也可以是个人的（如在家上学）。非学校教育主要指家庭教育和社会教育。

## 2. 制度化教育和非制度化教育

### 1）制度化教育

制度化是将一些行为、规则或者流程固定下来，变成一种制度，以便人们遵循和执行，减少混乱和不确定性，提高效率。制度化教育是指在一定的教育体系和框架下进行的有组织、有计划的教育活动。它是由国家或地区法律法规规定的教育制度所支持和推行的教育形式。它主要指的是正规教育，也就是指具有层次结构的、按年龄分级的教育制度。

### 2）非制度化教育

非制度化是指在社会或组织中存在的非正式规则、行为和习惯。这些行为可能没有明确的规定或者法规的支持，但是由于历史、文化、信仰或社会习俗的影响，人们普遍接受并践行这些非正式规则。非制度化教育是指在正式学校体系之外的教育形式和过程。它强调自主学习、实践探索和个人发展，不受传统教育机构和教学模式的限制。非制度化教育通常注重培养学生的创造力、批判性思维、合作能力和解决问题的能力。因此，非制度化教育包括所有正规教育之外的教育类型和形式，也称非正规教育。

## 3. 社会教育、家庭教育和学校教育

从教育的存在形态上，教育可以分为社会教育、家庭教育和学校教育三种基本形态。

### 1）社会教育

社会教育是指社会机构和组织通过各种形式和途径，为成年人提供的继续教育和培训服务。它是基于个人、家庭、职业和社会需求，以提高人们的综合素质、促进个人发展和适应社会变革为目标的一种教育形式。在中国，社会教育的主要机构为文化馆（站）、少年宫、图书馆、博物馆、纪念馆和现代媒体。

### 2）家庭教育

家庭教育是指父母或其他家庭成员对孩子进行的教育和培养活动，它是一个涵盖广泛、多元化的概念。家庭教育的内涵包括情感教育、价值观教育、学习与知识教育、自我管理与社会适应教育以及生活技能教育等。这些方面的教育相互交织，共同构建孩子的核心素养，促进孩子的综合发展，为他们未来的成长和成功打下坚实的基础。

### 3）学校教育

学校教育是指在正式教育机构中进行的有组织、有计划的教育活动。它是由政府或私立机构提供的教育服务，旨在培养学生的知识、技能、价值观和社会能力，以适应社会发展和个人成长的需要。

## （三）教育系统的特点

教育系统是社会大系统中的一个子系统，与政治、经济、科技、文化等其他子系统有着紧密的联系。同时，教育系统又具有相对独立的整体性，主要表现在其与其他子系统结构的区别上。

### 1. 相对稳定的基本构成部分

教育系统的主体构成包括体制、层次、科类、形式、区域、目标、教学、管理以及思想等关键领域。其中，体制部分主要涵盖教育方针（宗旨）、政策、制度、法规、规划与监督等要素；层次部分的核心为学前教育、初等教育、中等教育以及高等教育；科类部分则聚焦在普通基础学科、专业学科和职业训练学科，这些科目覆盖各种专业，如文学、理学、工程、农林科学、医药学、师范、艺术与体育等；形式部分主要包括学校教育、家庭教育、社会教育以及正规与非正规教育方式（如全日制、半日制、函授、夜校、自学等）；区域部分则关注各级各类型学校的布局、规模、比例以及发展速度等因素。不论教育系统如何变化或组合，这些基本部分和要素都是至关重要且必不可少的。它们共同构筑教育系统特有的质量和规模，并展示出独特的功能和运行机制。

### 2. 层次性和相对性

教育系统的构成方式呈现出层次性。从理论角度来看，教育系统可以划分为表层结构和深层结构。在社会大系统中，教育系统是一个子系统；在教育系统内部，表层结构和深层结构中的各部分又构成其子系统；这些子系统中的要素，又是相对较低一级系统的子系统。例如，教育管理系统作为教育系统的一部分，包含对教育（或学校）中的人员、财务、物资、时间、空间、信息等方面的管理。教育系统的构成方式呈现出相对性，具体表现在教育系统的构成方式是一个多维度的复杂体系，涉及多个方面的相互作用和影响。这些方面包括教育制度与政策、教育内容与课程、教师队伍与素质、教育目标与定位、教育资源与设施、教育方法与手段、教育评估与反馈以及教育环境与文化等。

### 3. 开放性和动态性

作为社会环境的一部分，教育系统通过与社会进行物质、能量和信息交换不断演进。各国的教育系统根据时间和地点的变化，与外界互动的性质和程度也随之变化，这影响了每个特定教育系统对外部世界的开放程度。在开放渠道有限、开放度较低的教育系统中，其组成部分及元素的活跃性相对较低，演化速度缓慢，可能会阻碍和影响社会的发展。反之，在开放渠道多样、开放度较高的教育系统中，其组成部分及元素更加活跃并有更多与内外部交流的机会，因此，这类教育系统可以借助内部调节与社会其他子系统进行紧密交流，从而适应外部世界的快速变化。

## 二、教学系统最优化原则

系统化的目的是使教学效率化。效率化是教育技术学的出发点，教学机器的出现就是适应了第二次世界大战以后因教育人口增多、教育内容在质与值上的变化、教学人员的不足等状况而产生的"教育效率化"的要求。教育技术学为教育的效率提供技术手段。当然，教育领域如果过分夸大教育技术学的作用，容易忽视教育的真正价值而陷入技术主义的危害中。但抛开价值问题，仅从实现既定目标的方法与手段考虑，教育技术学的效率观给教育方法所带来的启示是必须重视的。系统化的两大特点——"结构的最优化"与"目标的明细化"，是实现效率化的前提条件。

对教学系统中的各种要素（变量）作系统分析，使它们形成最优的组合，以最大效率地实现目标，这种最优化操作是系统化思想的中心点。根据教学目标和其他要素的特点，最优的思维方式被随时选用，以选择适当的教学方法和形式。教学方法和形式并非唯一的，不同的方法和形式将在系统分析中得到恰当的运用。教学最优化往往与教学个别化相联系。教学系统化为个别化教学的建立提供了可能，实际上教学系统化的结果就是形成个别化学习。

在教育史上，集体授课制的发明是一大进步。在师资缺乏、教学方法和教学媒体不发达的时代，为满足增长的教育要求，集体授课制是一种有效的教学方式。然而，集体授课制也越来越暴露出阻碍学生个性发展的弊病。面对不同特点的学生，以同样的方式，在同样的时间传授相同的知识，这实际上不能产生良好的学习效果。所以，建立个别化教学成为现代教育的改革方向。但是鉴于目前教师与学生的比例，不可能有足够的教师来承担个别化教学。为此，利用现代化的教学媒体和电脑以及特殊程序来促进个别化教学的实施就成了最佳途径。教育技术学就是研究和提供这套方法或步骤的学问。学生根据教师设计的学习程序，利用教学媒体或电脑进行学习。这种学习程序是一种具有修正性的程序，即当学习者的反应或表现符合标准时，就呈现富有挑战性的新教材；当学习者的反应或表现不符合标准时，则修正原教材的呈现规则，给予适合其能力的教材及弥补性教材。学习者的能力和学习态度均不相同，所以每个学习者都有自己特殊形式的学习程序，实现了个别化教学的理想。

教学系统化思想由于对个别化学习的偏重而招来了批判，有人认为它有阻碍学生的集体活动、忽视学生社会化过程的危害。对于这种批判，有学者作出这样的回答：教学系统化是一种根据既定的人性培养目标来设计最优的教学过程的技术，因此教学系统中教师的作用和学生的集体活动所处的位置也是根据教学目标来决定的。也就是说，最优化并不排斥集体教学，当教学目标要求培养学生的协作精神或交往能力时，集体活动的作用也就显而易见了。

## 三、目标管理明细化原则

目标管理明细化是将总目标分解成多个小目标，每个小目标都具备可量化、可考核的特性。教师需要在课程中思考的是"我希望学生表现出什么样的行为"。只有明确学生的目标行为并对其进行细致刻画，教师才能知道自己应该采取哪些措施，并根据学生达到目标的程度来评估教学效果。这种教育方法注重目标观，与现代管理学所推崇的目标管理相似，都以行为主义心理学为基础。

行为主义者把学习解释为"行为的变化过程"。这种目标观同教育技术学的"效率化"原则是相符的，因为效率是一种测定出来的东西。教学是否有效率，只能根据学生是否达到目标来判断。如果目标是抽象的，学生学习后的变化是不可观察的，就无法客观判断教学的实际效果。

不少研究人员对目标行为的分析方法作了探索。具体步骤为：①选定作为分析对象的事例和该行为的熟练者；②提取出事例中包含的要素行为；③制作要素行为的分类关系图（目标的结构化）。

其中"提取出事例中包含的要素行为"，其含义包括外显行为的观察与描述以及外显行为背后的内隐行为的提取。内隐行为的提取是通过对行为熟练者的提问并记录其回答来进行的。这种方式叫意义分析。最后一步就是将提取出来的要素行为按种类分组，并表明每一组内各要素间的依存关系，然后用结构图表示。

教育管理中的目标管理明细化是指将教育教学活动中的大致目标转化为具体、可量化的学习目标和行动步骤的过程。教学目标明细化帮助教师更加清晰地了解学生需要达到的具体学习结果，并且有助于确定实现这些结果所需的具体教学内容和教学方法。教学目标明细化还使教师能够更加有针对性地安排教学任务和课程内容，提高学生的学习效果和能力培养。同时，教学目标明细化也有助于提高教学的可操作性和可评估性，使教育教学活动更加科学和有效。

## 第五节　教育管理系统与统筹原理的实践向度

体系顶层设计是位于体系分析与设计阶段之前，从全方位角度，对体系建设过程进行规划和统筹，将人（专家）、信息（流程）、机器（设备单机到元器件）等要素结合起来，发挥综合优势、整体优势和智能优势，既超越局部得失，又主动防范和化解风险的过程。为保证体系顶层设计的科学性、规范性、设计数据共享性以及高效性，需要相应的技术。顶层设计技术是支持顶层设计完成的理论方法，包括体系需求分析技术、体系结构设计技术、顶层设计检验技术等。

目前，体系顶层设计在许多国家的信息化建设中都加以突出强调和重视。但是，关于体系顶层设计，缺乏具体的可指导性的理论框架，缺乏实际的可操作性，或者把体系顶层设计等同于信息化建设规划，缺乏可持续性。体系顶层设计是一个复杂的工程，如何界定顶层设计的概念与理论、提供有效可操作的方法体系是当前顶层设计研究面临的重大问题。

### 一、整体性与系统性的兼顾

顶层设计是在系统性和全局性的视角下进行的总体规划和设计，强调整体性和系统性。整体性强调将教育作为一个不可分割的完整系统进行考虑和管理，而非单独看待其各个部分。系统性强调教育系统中的各个组成部分是如何相互关联、相互影响的。"摸着石头过河"是我国的一种实践策略，指在没有完全明确或确定的情况下，边尝试，边探索，边前进的策略。"摸着石头过河"和"顶层设计"是我国改革开放中应用的两种截然不同的改革方法，二者在改革进程中相互作用，共同推进了改革开放。"摸着石头过河"的改革方法强调实践探索、问题导向，通过尝试和实践不断摸索出适合我国国情的改革路径。这种方法允许我们在实践中不断调整和改进，总结经验教训，逐步解决问题，推动改革的深入进行。顶层设计则注重对改革进行系统谋划和整体设计，强调从全局的高度审视问题，制定有针对性的政策和规划，为改革提供方向和支持。这种方法可以协调各方利益，统筹资源，减少走弯路，确保改革的顺利推进。随着改革进入深水期，我国面临的问题变得更加复杂和艰巨，"摸着石头过河"的改革方法的局限性也开始显现。因此，在全面深化改革中，我们需要正确把握这两种方法的关系，结合二者的优势。我们应继续发扬"摸着石头过河"的精神，注重实践和经验积累，通过实践来不断探索解决方案，并从中总结经验教训。同时，我们也要加强"顶层设计"，从整体上规划改革进程，协调各方利益，确保改革的方向和步骤符合实际需求。只有结合好这两种方法，我们才能更好地应对面临的挑战，推动改革取得新的成果。

## （一）改革进程中两种改革方法的相互作用

"摸着石头过河"这个概念最早由陈云同志在新中国成立初期提出，后来由邓小平同志进一步强调而成为改革的主要方法。在缺乏建设社会主义经验的情况下，我们通过大胆实践、不断总结经验，同时推广成功的做法来推进改革。这种方法对缺乏实践经验的新领域或新问题非常重要，通过实践中积累的经验性认识，为中央政府制定改革决策提供依据。因此，可以说改革中存在着根据实践进行制度设计的情况。在这种缺乏经验、不断试错的摸索中，党中央也做出了全局的把握，以确保改革走向和方向的正确性。另外，"顶层设计"为"摸着石头过河"提供了明确的方向。通过系统谋划和整体设计，中央政府能够从全局的高度审视问题，并制定有针对性的政策和规划，为改革提供方向和支持。这种顶层设计可以协调各方利益，统筹资源，减少走弯路，确保改革的顺利推进。因此，"摸着石头过河"和"顶层设计"相互促进、相互作用，共同推进了改革开放。在改革中，这两种方法密切结合，既充分发挥实践的灵活性和创造性，又注重改革的整体性和系统性，使得我国改革开放取得了巨大的成功。

## （二）党的十八大以来对两种改革方法的认识和应用

2020年10月26日，习近平总书记在《关于〈中共中央关于制定国民经济和社会发展第十四个五年规划和二〇三五年远景目标的建议〉的说明》中指出，"当前，我国社会主要矛盾已经转化为人民日益增长的美好生活需要和不平衡不充分的发展之间的矛盾，发展中的矛盾和问题集中体现在发展质量上。这就要求我们必须把发展质量问题摆在更为突出的位置，着力提升发展质量和效益"[①]。这些问题与"摸着石头过河"的改

① 汪晓东，李翔，王洲. 关系我国发展全局的一场深刻变革——习近平总书记关于完整准确全面贯彻新发展理念重要论述综述[EB/OL]. (2021-12-08)[2024-03-26]. https://www.gov.cn/xinwen/2021/12/08/content_5659205.htm.

革方法的局限性有一定的关系，因为"摸着石头过河"改革大多是单领域、单层次、单方位地推进，缺乏宏观性、系统性、全局性的规划，尤其在经济发展上造成了短视行为，例如过度追求经济增速造成了资源浪费和环境破坏，过多重视经济体制改革而忽略其他领域的改革，等等，导致留下了很多"难啃的硬骨头"。面对转变经济发展方式、推进城乡一体化进程、收入分配制度改革等复杂的目标和任务，单凭某一方面或领域，通过地方自主探索试验，自下而上地推进改革显然难以完成。这就需要一个全面组织管理的"顶层设计"，进行总体布局。因此，"摸着石头过河"和"顶层设计"这两种方法并非不能并存。在许多情况下，二者是相辅相成的。例如，可以通过顶层设计提出总体目标和规划，然后在执行过程中采用"摸着石头过河"的方法，边尝试，边调整，以应对实际情况的变化。

在未知情况较多或变化较快的领域，"摸着石头过河"可能相对更为有效，因为这种方法可以在实践中快速得到反馈并作出调整。然而如果过度依赖"摸着石头过河"，可能会导致缺乏长远规划，甚至陷入被动应对的境地。所以，"摸着石头过河"和"顶层设计"各有所长，有必要融合，需要根据具体情境灵活运用，发挥各自优势，以期在最大程度上推进工作或项目的进展。

"摸着石头过河"与"顶层设计"在教育管理中的体现，实际上反映了整体性和系统性的要求。从整体性来看，"顶层设计"强调全局思维和全面规划，在教育管理中，可以体现为对教学大纲、课程设置、师资力量配置等进行统一规划和设计，确保教育的整体性和连贯性。同时，"顶层设计"也要考虑诸多因素，如社会发展需求、学科发展趋势等，以满足复杂且多变的教育环境。从系统性来看，"摸着石头过河"强调尝试与反馈，在教育中，可能体现为不断尝试新的教学方法、评价方式，并及时获取反馈，对教学过程进行持续改进。在瞬息万变的教育环境中，"摸着石头过河"的思路允许教育工作者灵活调整，以适应和满足不同学生的需求，增强教育的系统性和针对性。如此，"摸着石头过河"与"顶层设计"在教育管理中并非是二者选其一，而是相辅相成的。"顶层设计"保证教育的整体性，使教育工作有方向、有目标；"摸着石头过河"则加强教育的系统性，使得教育可以在实践中不断进行适应和改进。

## 二、全面管理与合理分工

全面管理与合理分工是社会发展和科学技术进步对事务管理科学化、现代化的要求。管理在各个国家的经济发展中都起到了关键作用，无论是发达国家，还是发展中国家，都离不开科学管理的贡献。回顾我国的经济发展历程，不同阶段的起伏与管理密切相关，改革潮涌之中，那些取得较好经济效益的学校都与科学管理密不可分。作为社会大系统中的一个子系统，学校需要加强管理来提升教育管理的效能，管理在学校中的重要性不言而喻。优秀的管理可以帮助学校更好地规划和配置资源，提高教职员工的工作效率和满意度，促进教育教学的改善和创新。同时，科学管理还可以帮助学校更好地应对各种内部、外部的变化和挑战，提高学校整体竞争力。

整分合机制是一种常见的企业管理手段，通常用于提升企业效率、改进企业组织结构及内部管理等。具体来说，整是指企业通过整合分散的资源，进行资本和技术的重组，达到优化资源配置、提高运营效率的目的；分则是指将企业的部门或业务进行分化，使其各自负责盈亏，增强其自我竞争力；合则是指通过并购、联合等方式，整合优势资源，形成规模效应，实现企业的发展和扩张。在教育管理中，整分合机制主要通过合理调配教学资源、优化课程体系和校区结构等方式，来提高教学质量和教育效率。在整体规划的基础上，需要明确具体的分工任务，并确保分工任务之间的有效结合和协作。整分合机制认为，整体管理是前提，分工是关键。只有通过科学的分解和合理的分工，才能实现各部门的协同配合，实现整体目标。整分合的关系是以整体为前提，从整体出发，科学地分解任务，并将其分配给相应的部门、机构或个人，同时注重各个分工的协调性和相互支持性。为了实现优质教育管理，学校可以积极引入现代化管理理论。系统与统筹原理中整分合原则所强调的系统思维、整体规划与分工结合等观念，对学校管理具有重要指导意义。学校管理者可以将其应用于学校的各个方面，如教学资源配置、课程规划、师资队伍建设、学生管理和家校合作等，以提升整体管理效能。在教育管理中要全面管理，合理分工，正确运用这一原则。

（一）确立整体目标

　　学校作为一个管理部门，我们应该将其视为一个系统，并且认识到该系统是社会大系统的子系统。首先，学校可以被视为教育整体中的一个分解元素。整个教育系统包括社会教育、家庭教育和学校教育三个层面。学校教育作为其中的一部分，在整个教育过程中承担着重要的角色，占据着主导地位。学校通过提供系统化的课程、教学和评估，为学生提供知识、技能和价值观。其次，学校与外部的社会和家庭之间具有紧密的联系。学校是社会大系统中的一个组成部分，受到社会的法律、政策、文化等因素的影响。同时，学校也扮演着社会的一种角色，为社会提供有用的人才和资源。另外，家庭是学生最早的教育场所，学校需要与家庭进行密切的配合和合作，从而实现教育的无缝对接。最后，学校还需要与其他学校和教育机构进行横向联系。这包括与其他学校的交流合作、教育资源的共享，以及教师的专业发展。通过这种横向联系，学校可以吸收借鉴其他学校的优点和经验，共同推动教育体制的进步和发展。对于一个管理系统来说，整体目标是指组织或机构期望达到的总体成果或效益。确定整体目标需要考虑组织的愿景、使命和价值观，同时结合外部环境和内部资源等方面的因素。

　　确立整体目标的过程需要经过以下几个步骤。

　　（1）定义愿景和使命：明确组织的愿景，即未来所期望实现的理想状态；定义使命，即组织的核心目标和责任。教育管理者需要了解自己所管理的学校在整个教育系统中的位置和影响力。他们应该明确学校在社会大系统中的角色，并理解学校教育在整个教育体系中所扮演的角色和重要性。这有助于他们更好地把握学校的使命和定位，为学校提供明确的发展方向。

（2）分析环境和资源：评估外部环境的变化和趋势，了解市场需求、竞争态势等；同时对组织内部资源的状况进行评估，包括人力资源、财务资源、技术资源等。教育管理者需要进行科学的分解、分析和归纳。这意味着他们需要对学校的组织结构、管理流程、教学资源等进行全面的分析和研究，以便了解各个部分之间的相互关系和相互影响。通过科学的分解、分析和归纳，教育管理者可以更好地了解学校的运行机制，找出问题所在并制定相应的解决方案。

（3）制定目标和战略：根据分析结果，确定适应环境和资源的整体目标，并制定相应的战略和计划。在进行综合分析时，教育管理者需要将以上构成部分进行逐个分解，了解每个部分在整体中的作用和关系，并进行合理的分工。通过分工，不同部门和岗位可以更加专注地履行自己的职责，提高工作效率和质量。将分解和分工结合起来进行综合分析，教育管理者可以从整体上看效益，对学校的运行情况和管理效果进行全面的评估，并进行优化改进。战略应该考虑到学校的特点、竞争环境、资源状况等因素，例如，可以制定提升教师专业发展的战略、提高教学质量的战略、优化学校组织结构的战略等。战略制定需要综合考虑各种因素，确保战略的可行性和有效性。

（4）明确指标和时间：为整体目标设定明确的衡量指标，以便能够进行有效的监测和评估；同时，根据目标的重要性和紧迫性，安排适当的时间框架和阶段性目标。明确衡量指标是为了能够评估整体目标的达成程度。这些指标应该与整体目标密切相关，并具备可量化、可衡量、可追踪的特点。例如，在提高学生综合素质的整体目标中，可以将衡量指标设定为学生成绩的平均提升率、学生参与课外活动的比例等。在提高教学水平的整体目标中，可以将衡量指标设定为教师教学评估结果、学生满意度调查等。通过设定明确的衡量指标，可以更加客观地评估整体目标的实际达成情况。时间框架是将整体目标分解为不同阶段的时间安排，以便于管理和控制进度。阶段性目标是在不同阶段内实现的具体目标，有助于保持动力和跟踪进展。例如，在提高教学水平的整体目标中，可以制定时间框架为三年，同时设立每学年的阶段性目标，例如第一学年提升教师培训水平，第二学年改善教学资源配置，第三学年推广优质教育方法，等等。通过设定明确的阶段性目标，可以有序地推进整体目标的实现并掌握进度。

（5）沟通和共享：将整体目标与组织的各个层级进行沟通和共享，确保基层教师理解和认同整体目标，并能够将其转化为具体的行动计划。首先，清晰而直接地传达整体目标。教育管理者应该通过各种途径（如会议、邮件、内部网站等）清晰而直接地传达整体目标。其次，建立双向沟通渠道。沟通应该是双向的，学校管理者不仅向基层教师传达信息，也要接受基层教师的想法、意见和反馈。学校管理者应该鼓励基层教师提出问题、分享意见和建议，并及时回应。这可以通过定期召开团队会议、小组讨论或一对一会议来实现。双向沟通可以帮助员工更好地理解整体目标，并将其与自己的工作联系起来。

1. 对系统环境的分析

对系统环境的分析可以帮助组织了解和应对来自外部环境的各种挑战和机会。对系统环境进行分析时应注意以下四个方面。

（1）宏观环境分析：宏观环境包括政治、经济、社会、技术、环境和法律等因素。例如，政治因素可能涉及政府政策和法规变化，经济因素可能涉及市场增长率和通货膨胀率等。

（2）行业环境分析：行业环境分析有助于了解竞争力、供需关系以及行业趋势等因素。其中，麦肯锡的五力模型（竞争对手、供应商、买家、替代品和进入者）是一个常用的工具，可以帮助组织分析行业中的竞争力和潜在的利润空间。

（3）竞争对手分析：竞争对手分析有助于了解竞争对手的优劣势、市场份额和策略。通过分析竞争对手，组织可以更好地制定自身的竞争策略，并根据竞争对手的动向作出相应的应对。

（4）技术和创新分析：技术和创新是推动组织发展和提高竞争力的驱动因素。组织应该关注新兴技术和创新趋势，评估它们对组织业务模式和产品的影响，以及如何利用技术和创新来获得竞争优势。

通过对系统环境的综合分析，组织可以更好地了解内外部环境中的机会和挑战，从而为战略决策提供支持和指导。这将有助于组织在复杂和不确定的环境中做出明智的决策，在竞争中保持优势并实现长期可持续发展。

2. 对系统本身属性的分析

对于一个管理组织或系统本身属性的分析，涵盖以下几个方面。

（1）构成要素或子系统：首先需要确定管理组织中存在哪些构成要素或子系统。这些要素可能涉及部门、团队、流程、资源等。对这些要素进行分类和区分，可以清楚地了解整个系统的结构。

（2）结构和功能：包括确定它们的组成部分、职责和任务。例如，部门的结构可能由不同的职位和岗位组成，而流程的功能可能涉及各个环节和步骤。通过深入了解每个要素的结构和功能，可以更好地理解系统的运作方式。

（3）关系和相互作用：在分析系统本身属性时，还需要考虑不同构成要素或子系统之间的关系和相互作用。这可以通过绘制组织结构图、流程图或数据流图等来展示。通过观察和分析这些关系和相互作用，确定系统中信息、资源和决策的流动方式，并识别可能存在的瓶颈或优化机会。

系统本身属性的分析帮助我们理解管理组织的整体结构和运作方式。它可以揭示各要素或子系统之间的依赖性，帮助优化组织的运作效率和协同性。详细分析构成要素或子系统的结构、功能以及它们之间的关系和相互作用，可以为管理决策提供有力支持，并促使系统的持续改进和发展。

（二）系统分解

系统分解是一个将复杂的系统或任务划分为更小、更易于管理和执行的子系统的过程。这个过程对于项目的成功至关重要，因为它有助于提高工作效率、减少重复劳动并促进团队协作。系统分解通常包括正确分解、良好分工和建章立规三个方面，下面将分别进行介绍。

第一，正确分解。教育管理者在对教育管理的整体工作进行分解时，可以按照以下步骤进行。

（1）确定学校的总体目标：首先需要明确学校的总体目标，如提高教学质量、培养合格的新人等。这个目标是指导工作分解和组织的核心。

（2）把学校视为一个系统：将学校看作一个系统，其中包括不同的组成要素或子系统。这些子系统可以是党支部、政教处、校团委（支部）、班主任等组成的政工队伍，也可以是以教务处、教研组、年级组、班主任、任课教师为主线的教育、教学业务队伍建设及教学工作体系等。

（3）分解各个子系统：针对每个子系统，需要进一步分解其构成要素、结构和功能。例如，教育、教学业务队伍可以进一步分解为教务处、教研组、年级组、班主任、任课教师等。政工队伍则可以分解为党支部、政教处、校团委（支部）、班主任等。

（4）安排各项工作：根据子系统的结构和功能，教育管理者需要全面安排各项具体工作。例如，在教育、教学业务队伍中，可以制订教研计划、安排课程开展、评估教学质量等。

（5）确保协同合作：在分解各项工作的过程中，要确保各子系统之间的协同合作。不同子系统之间的工作要有效衔接和配合，共同为实现学校的总体目标努力。

第二，良好分工。在分解教育管理工作的基础上，进行明确的、合理的分工是非常重要的。在分工过程中应考虑以下几个方面。

（1）学校规模和领导班子：根据学校规模和领导班子的人数，可以确定各个层级的分工。大型学校可能需要更多的领导和管理岗位，而小型学校则可以合并一些职责。

（2）工作需要和职责权限：根据学校的工作需要，将不同的工作任务明确分配给合适的成员。每个成员应明确自己的职责权限范围，避免冲突和混乱。

（3）充分利用成员的能力：根据各成员的专业背景、技能和经验，合理安排他们的工作。充分发挥每个人的潜力和特长，使之发挥最大效益。

（4）协作与配合：在分工的过程中，要考虑各个部门、组织之间的协作与配合。明确各部门之间的衔接关系和责任分工，使各部门之间能够协同工作，形成有机的整体。

（5）岗位职责的衔接：在划分工作职责范围时，要注意不同岗位之间的衔接。各个岗位之间的工作要有效衔接和配合，确保整个学校运转良好。

通过明确合理的分工，使每个成员都清楚自己的职责范围，充分发挥其专长，实现资源的最大化利用，并促进学校内部的协作与配合。这将有助于学校的高效运行和目标的实现。

第三，建章立规。建章立规对于学校的正常秩序和有效管理非常重要。在建章立规过程中应考虑以下几个方面。

（1）结合学校的具体情况，建立科学的领导体制和组织机构。确保领导层次之间、各部门及其成员的职权相符，责任权利平衡。

（2）建立岗位责任制和奖惩制度。明确每个成员的岗位职责，制定具体的工作量化指标和目标。岗位责任制的建立有助于使每个成员明确自己的职责，同时也便于管理层对成员的工作进行评估。

（3）建立健全各项工作必要的规章制度。根据各项工作的特点和程序，制定相应的规章制度。这些规章制度包括学校行为准则、教师教学管理规定、学生管理规定等。规章制度的建立有助于约束和规范学校成员的行为，保障学校的正常运行。

（4）实施整分合的管理原则，调动全体教职工的积极性。通过激发教职工的参与热情，让他们能够在不同层次、不同岗位上参与学校的工作。建立良好的团队合作氛围，共同为学校的发展和管理贡献力量。

通过建章立规，确保学校内部的各项工作有条不紊、井然有序地进行。规章制度的制定和实施将使学校的管理更加规范化和制度化，增强全体成员的责任感和参与度，共同努力把学校办好。

（三）组织综合管理

组织综合管理是指对学校各个部门、岗位和成员进行统一协调的管理过程，以实现学校整体目标的达成。在组织综合管理中，需要考虑以下几个方面。

（1）明确组织结构和职责：建立清晰的组织结构，确定各部门之间的协作关系和职责分工。每个部门和岗位应明确自己的职责，保持协调合作，避免工作重复或疏漏。

（2）建立有效的沟通渠道：确保各级管理层之间和不同部门之间有畅通的沟通和信息共享渠道。可以通过定期会议、工作报告、电子邮件等形式进行沟通，及时传递管理决策和工作要求。

（3）设立绩效评估和激励机制：建立科学的绩效评估制度，根据岗位职责和工作目标进行评估，对表现优秀的成员给予奖励和激励，同时也对工作不到位或违规行为进行处罚，以提高工作绩效和责任感。

（4）建立规范的工作流程和规章制度：制定具体的工作流程和规章制度，明确工作程序和要求。这包括会议制度、文件传阅、报批程序等方面，确保工作流程规范且高效。

（5）培养和提升管理能力：通过培训和培养，提升各级管理人员的领导和管理能力，使其具备科学管理、决策和组织协调的能力，同时也要重视员工的培训和发展，提升团队的整体素质。

组织综合管理的目标是实现学校的整体发展和稳定运行。通过合理的组织架构、有效的沟通、科学的绩效激励机制、规范的工作流程和完善的管理能力，可以使学校的各项工作有条不紊、成员间相互协作，全面促进教育教学和学校管理水平的提升。

在教育管理中运用整分合机制十分必要。一是提高管理效率。整分合机制可以使学校管理工作更加科学、有序。通过明确分工、合理组织，能够避免职责重叠或任务冲突，减少资源的浪费，提高管理效率。二是优化资源配置。整分合机制可以帮助学校更好地进行资源配置。通过整体调控和细致分工，提高学校整体运作效果。三是促进协同合作。

整分合机制强调部门和岗位之间的联系和协作。通过明确的分工和合理的组合，可以建立起有效的沟通机制和信息共享平台，促进各部门之间的协同合作，加强团队的凝聚力和协作能力。四是优化决策制定。整分合机制可以帮助学校更好地进行决策制定。通过明确整体定位和分工，能够将决策与具体的工作联系起来，使决策更加切实可行，同时也能够更好地利用各部门的专业知识和能力，提高决策的质量和效果。五是促进个体发展。整分合机制可以激发各部门和岗位的主动性和责任感。通过明确的分工和工作要求，可以使每个个体更加专注和深入地进行工作，提高个体的工作能力和专业素养，促进个体的职业发展。总之，在教育管理中运用整分合机制可以使学校的组织结构更加清晰，任务分工更加科学，资源配备更加合理，从而提高管理效率和教育质量，为学校的可持续发展提供有力支撑。

## 三、闭环管理与跟踪问效

闭环管理与跟踪问效在教育管理的应用中，可以有效优化教育流程、提升教学质量并推动教育改革的进行。闭环管理是一种持续优化的管理模式，跟踪问效是在闭环管理的基础上，将跟踪问效的理念融入每一个环节中。跟踪问题的发生、进展和结果，通过及时的反馈和处理，最终实现问题的解决。这种方式可以让教育管理者了解到教学活动的实时情况，有针对性地进行改善和优化。相对封闭通常用来描述在一定的环境下，某些规则和程序的运作是相对封闭的，具有一定的自主性和封闭性，不易受外界因素的影响。在教育管理中，这也被应用于特定的教学环节，以保证教学质量和效率。

### （一）相对封闭原则的条件

相对封闭原则的运作必须在具备下列基本条件后才能在管理系统中顺利、有效地发挥作用。这些基本条件如下。

#### 1. 管理系统的相对独立性和相对权威性

管理系统具有相对独立性和相对权威性，可以在一定程度上保证管理指令的下达和执行，以及信息反馈的有效性。管理系统的相对性相比较于绝对性，强调的是在一定范围内管理系统的自主性和权威性，它是基于内部控制、规章制度、组织管理等方面综合作用的结果。与此同时，管理系统也需要对受到外部环境及市场变化的影响进行灵活应变，因此，管理系统的相对性也是动态可调的。

#### 2. 管理系统具有相互约束和相互促进的关系的封闭职能机构

管理系统是一个开放的、动态的和复杂的系统，不同的管理职能机构之间具有相互约束和相互促进的关系。虽然管理系统封闭职能机构在某些方面可以实现一定的自主性，但其实现过程中必须考虑到其他职能机构的影响和作用，以协调各职能机构之间的关系，达到整个管理系统的目标。相互约束是指不同职能机构之间彼此约束、互相监督，避免出现矛盾和错误。例如，学校财务部门需要审核其他部门提出的经费申请，如果申请内容不合理，财务部门可以向其提出质疑，并拒绝批准该项经费申请，从而保证了经费的合理使用。相互促进是指不同职能机构在相互协调合作的基础上，实现相互促进，推动学校的健康发展。

### 3. 管理系统具有能够灵敏捕捉信息和及时传递信息的功能

管理系统中的信息系统是保障管理工作正常进行的重要组成部分。信息系统具有能够灵敏捕捉信息和及时传递信息的功能，是确保管理系统有效运转的关键。首先，信息系统可以通过各种渠道灵敏地捕捉内部和外部的信息，包括教学需求变化、就业市场需求、学生表现、升学状况等，从而对教育内部和外部的环境进行及时的分析和判断。其次，信息系统可以将捕捉到的信息及时地传递给相关职能部门和管理人员，从而帮助他们了解学校的状况和问题，进而做出更为科学、合理的决策和规划。

## （二）封闭式管理

### 1. 从后果评估出发

在管理措施制定之前，需要对可能产生的后果进行评议和估计。"评"是指对后果进行质的评价，考虑该措施实施后产生的影响是否符合预期目标，是否会带来负面影响等。"估"则是对后果进行量化评估，包括执行该措施所需的成本，执行后可能获得的效益、可能带来的风险等。通过综合评估后果，可以为制定后续措施提供依据，从而避免产生偏离预期目标的后果。在制定管理措施时，需要充分考虑该措施可能产生的后果，并采取相应的对策措施进行封闭。对于与目标不完全一致的后果，需要采取相应的对策措施，避免偏离目标。对于可能带来的副作用，也需要采取对策措施进行封闭，减少副作用带来的负面影响。此外，在制定管理措施时，需要进行全面的后果评估，考虑执行该措施所需的成本、风险以及可能带来的收益等，从而制定出真正能够提高学校整体效益的措施。

### 2. 从各种后果中循踪追迹

从各种后果中循踪追迹，是管理者需要采取的一种重要管理方法。在组织长期管理混乱的情况下，为了封闭的管理回路，需要从反馈上来的问题中寻找主导线，对问题进行分析，找到问题产生的根本原因，并采取相应的对策措施解决问题。在进行问题分析时，需要全面考虑可能产生的各种后果，并根据实际情况进行循踪追迹。例如，在应用科学研究所扩大自主权的情况下，需要考虑到在外部关系上可能产生的专利法和经济法等问题，以保护科研成果的推广和出售；在内部关系上，还需要保证科研人才的选择和招聘，以保证科研成果的高质量、高价值。通过全面考虑各种可能产生的后果，并进行循踪追迹，可以找到问题产生的根本原因，提出针对性的对策措施，解决组织长期管理混乱的问题；同时，也可以保证管理措施的有效实施，构建封闭的管理回路，从而提高组织的管理水平和效益。

### 3. 封闭的专家顾问管理法

封闭的专家顾问管理法是建立在有效提高、改进管理基础上的一种重要措施。在这个管理方法中，首先需要将顾问团视为人才集聚的组织，而不是单纯的荣誉席位。同时，采取科学的方法进行信息的收集和整合，以便分析和评估各类专家的建议。封闭的专家顾问管理法也需要从后果出发，即建立赏罚制度。对于提出正确建议、建议获得有效采纳的专家，应当进行奖励。对于敢于直言、提出反对意见，并且意见是正确的专家，也应加倍进行奖励。然而，对于不负责任、犯下错误或造成重大损失的专家，应当进行惩罚。对于长期不提建议的专家，则应撤销其专家顾问的资格。

### （三）相对封闭机制的应用

相对封闭机制确实可以应用在教育管理中。相对封闭机制强调，在管理体系内部要形成完整的闭环，使得各个部门和环节能够充分协作，更好地发挥协同作用，达到高效运转的目的；同时也要对外开放，与相关系统相连接，实现资源共享和优势互补。

在教育管理中，相对封闭机制可以指导学校内部机构设置、人员分工、制度制定、经济责任体系建立等方面。建立完整的学校管理体系，使得各部门之间能够形成良好的协作，形成有机的整体。同时，学校也需要与外界保持开放的态度，不断地与相关政府部门、企业、非营利组织等有关方面沟通合作，建立良好的合作关系，实现资源共享，共同推动教育事业的发展。

#### 1. 在机构设置中的应用体制的首要因素是机构的调整

机构调整是教育管理发展的关键环节，应遵循精简化原则，明确各职责分配和权限界限，以规范工作流程和减少领导层级；同时，也要遵循相对封闭机制，即决策、执行、监督与反馈的分离。根据需求，可以进行教育管理机构的重组和调整，如有必要可进行合并或分离。机构调整不应该仅为精简而精简，而需要根据管理需求实际进行，以组织功能为衡量标准来进行优化。只有这样，才能构建有序合理的机构体系，更好地服务于教育管理和学生发展。

#### 2. 在人员分工中的应用

学校领导班子成员的分工也应该根据相对封闭机制进行规划，以便更好地发挥领导班子成员的作用，也能更好地协调整个机构的运转。例如在分工过程中，根据管理机构的性质和作用，将决策机构与信息反馈机构分配给经理（校长）负责，同时按照相对封闭机制，将执行机构和监督机构分别分配给副经理（副校长）负责，分管执行机构的副经理（副校长）不能兼管对这个执行机构的监督机构，否则监督机构就无法有效地发挥作用。因此，在学校领导班子分工时，合理划分职能和权力，按照相对封闭机制实施监督，是非常有必要的。

### 3. 在制定制度中的应用

在教育管理实践中，必须遵循相对封闭机制，才能对员工的观念和行为进行有效的约束与管理，从而建立起经济责任体系。具体而言，在制定制度时，需要明确责任实施单位和监督执行单位，并建立奖罚制度，保证制度的落实和经济责任体系的正常运作。因此，我们在教育管理中需要运用相对封闭机制，建立起教育管理机构、管理制度和管理人员的相对封闭，从而实现高效的教育管理。

第五章

# 教育管理动态与均衡原理

教育管理是一项系统性工程，有着动态性与均衡性的典型特征，动态性是样态，不均衡性是原因，均衡性是目的。在教育管理的探索与实践过程中，各个利益主体从自身利益出发，相互之间对抗与妥协，进行着显性与隐性的博弈。其中，教育管理各利益主体博弈的终极目标是达成最优博弈状态，即通过优化选择、正确制定并实施策略，兼顾教育行政部门、学校、教师、学生等多方利益，以共同利益诉求为根基，促使彼此实现自身的最大效用与最大利益，最终构建互利共赢的均衡模式。本章围绕教育管理动态与均衡原理，重点探讨了教育管理动态与均衡原理的内涵阐释、教育管理动态与均衡的理论基础、教育管理动态与均衡的运行机制、教育管理动态与均衡的基本原则以及教育管理动态与均衡原理的实践向度等相关问题，从理论到实践阐释了教育管理动态与均衡原理的作用机理。

## 第一节　教育管理动态与均衡原理的内涵阐释

### 一、动态的基本内涵

从唯物主义的基本观点来看，世界是物质的世界，世间万物都处在永不停息的运动变化之中，物质的运动变化不以人的意志为转移，既不能被创造，也不能被消灭。[①]在运动过程中，物质之间相互转化，因而拥有各异的具体形态，呈现出多样化的变化发展。现代系统理论指出，系统是物质存在的固有属性和普遍存在形态，是物质相互联系、相

---

① 马克思，恩格斯. 马克思恩格斯全集（第四十一卷）[M]. 中共中央马克思恩格斯列宁斯大林著作编译局译. 北京：人民出版社，1982.

互约束、相互作用所构成的统一有机整体。[①]因此，不可否认的是，系统作为物质存在的形式，遵循物质的运动状态和根本属性，时刻处于运动变化之中，并在协调发展中指向动态与均衡。

（一）动态管理原理

动态管理是我国管理科学的重大科学命题，现已广泛运用于现代科学研究的诸多领域。动态管理原理的底层逻辑是动态观念，即认识主体对实然客体的一种直觉意识，即以"世界是永恒运动"的观点认识世界、解释物质存在。简单来说，一切管理的核心是人，管理的主体是管理活动中承担管理或实施管理职能的人，管理的客体是不断变化的人、财、物。由于管理活动的动态性和复杂性，管理者在执行任务时需要具备敏锐的洞察力，需要密切关注组织内外部的微小变化，并快速应对各种冲突问题，例如妥善解决管理主体内部的冲突、管理客体内部的冲突以及两者之间的交叉冲突等。此外，管理者还应以发展的眼光看待管理中的人、财、物，并根据时、地、人的影响，以全局观念来设计管理策略。动态管理的最终目标是实现管理活动的最大效能，使管理效果达到最佳状态。为了实现这一目标，管理者需要通过开展常态化管理活动效能评析，根据外部环境预测和内部数据分析的结果，灵活调整教育策略和教育方法，及时对教育计划进行修订和完善，以确保其科学性、合理性和可行性。评析动态管理下的动态活动效能，主要依据管理者与被管理者、管理主体与管理客体之间的反馈信息。由于人无法完全把握管理的多维复杂系统，加之人本身又是最为复杂的自变因素，在制定决策目标和战略时，需预留一定的弹性，以供不断调控管理过程，获得理想的管理效能。在动态管理的框架下，评价管理活动的成效及效益依赖于信息的回馈。借助这些回馈的信息，管理者能够在原因与结果之间构建关联并且实施调节。唯有客观、准确且及时地提供信息，管理者才能迅速修改其管理流程以实现预期的管理效果。因此，动态观念、弹性管控与信息反馈共同构成动态管理原理的具体要求。[②]

（二）教育管理的动态原理

教育管理的动态原理是研究教育管理的动态发展规律的一般理论。其具体表现为教育管理主体在执行管理任务时，根据外部环境预测和内部数据分析，灵活调整教育策略和教育方法，对教育计划进行修订和完善，以谋求最大化实现教育管理的效果和利益。教育管理的动态管理要求教育管理主体需要根据内外部环境的变化，灵活地调整教育管理思路，快速适应不断变化发展着的复杂环境。毋庸置疑，教育管理既有一般管理的属性，也有教育领域的特殊性。在系统论视域下，教育管理是主体与客体、内部与外部的统一。教育管理主体（人）对教育管理客体（人）的管理，以及教育管理主体（人）对

① 李玉春. 系统是物质的固有属性和普遍存在形态[J]. 中国人民公安大学学报（社会科学版），1986，（4）：52-54.
② 韩晓玲. 管理原理对教育技术管理的借鉴与启示[J]. 山东教育学院学报，2006，（2）：7-8，39.

教育管理客体（财、物）的管理是教育管理的主客体关系。从教育管理的内部性来说，教育管理的对象包括人、财、物三种；从教育管理的外部性来说，教育管理的对象涵盖学校、社会、家庭。对此，值得注意的是，面对教育管理的复杂多变性，必须加以切实有效的动态管理以无限接近帕累托最优。

首先，教育活动的开展与教育投入、教育水平、管理水平、创新能力和开拓能力等密切相关[①]，因此教育投入、教育水平、管理水平、创新能力和开拓能力等也是教育管理的内容范畴。动态管理中的弹性原理要求管理主体在管理过程中保证充分的灵活性与机动性，以便及时根据情况做出适当调整。这意味着，教育管理中需要教职工充分发挥自身的主观能动性，能动地把握事物的本质规律，在管理过程中实现人尽其才、事得其人、人事相宜的最佳目标。

其次，教育实践不容失败，在教育管理过程中需要提前为"下一步"做出准备，预先针对可能会发生的问题设计出多种应对策略，从而保证在问题出现时能够及时、高效地调偏扶正，在预定周期内最大限度地利用相关资源，顺利完成规划的既定任务。

再次，办学方向决定着办学任务，办学任务决定着具体道路。明确的职能工作定位与权责划分是科学实施教育管理的重要前提。教育不仅仅是为了传递知识和技能，还有许多其他的目标和责任，并在多目标的协同引导下共同促进学生的全面发展（图 5-1）。

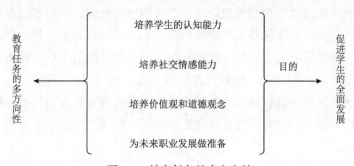

图 5-1　教育任务的多方向性

最后，人是教育管理的主体与核心要素。教育管理主体在实施教育管理中，需要重点关注教职人员群体。具体而言，在思想引领方面，重视落实新时代立德树人的根本任务；在教师队伍建设方面，重视教职人员结构与学科结构；在能力提升方面，重视教职人员智能结构的动态优化；在晋升体系方面，重视人才流动机制的横纵互通。

## 二、均衡的基本内涵

均衡源于物理学概念，用于描述一个物体在受到多个不同方向的外力作用时，如果合力为零，即此物体将处于静止或匀速直线运动的特殊状态。其后由英国新古典学派创始人 Alfred Marshall 引入经济学领域。于均衡的哲学意义而言，其首先是一种发展类型，

---

[①] 牛丽. 关于继续教育管理的基本原理的探讨[J]. 继续教育研究，2009，（1）：1-3.

是在对狭义经济发展观批判的基础上形成的一种以人为本的、促进共同发展的全新发展观，一种充分体现民主和公平的发展观。[①]均衡思想现已广泛应用于诸多研究领域，在均衡思想的启发性价值与教育管理的碰撞中，教育管理的均衡原理应运而生，并持续指导教育管理主体解决具体实践中的各种问题。

（一）均衡管理原理

均衡管理原理是一种通过深入理解系统内部各要素之间的逻辑关系，以及与外部环境之间的联系及变化规律，将管理过程中涉及的质、量、能控制在一个合理的范围内，从而使各要素在动态变化中达到平衡、协调的状态，以实现管理效能最大化的可持续管理原理[②]。均衡管理包含各要素之间的平衡，但不等同于平均管理，也并非简单的折中管理，而是强调将管理视作系统，实现管理系统内外部各要素"度"的合理性调控与和谐一体。[③]如果对质、量、能的调控失衡，便会导致系统失序，甚至演变发展为管理松弛与局面失控或管理过度与遏制创新能力的两极态势。因此，实现均衡管理的核心要义是在对"度"的把握与关系的调控中锚定均衡点，并保持好其均衡结构的稳定。

（二）教育管理的均衡原理

教育管理的均衡原理是均衡管理原理在教育领域的延伸，是指在教育管理过程中，通过把握教育管理系统内部各要素之间的逻辑关系，以及与外部环境之间的联系及变化规律，将教育管理各要素的质、量、能控制在一个合理的阈值之中，使得各要素在运动变化中达到平衡、协调的状态，使管理发挥最大效能的可持续管理原理。[④]在教育管理过程中，任何一项教育决策和目标的制订均遵循"教育管理是在内外部环境之间寻求均衡点的过程"这一观点，在考虑教育各要素的匹配、协调之中，于教育需求和教育供给之间谋求均衡点。

## 三、动态与均衡的辩证统一

动态与均衡是一组辩证统一的概念，它们在教育管理学的研究中有着重要的意义。探讨教育管理动态与均衡的关系之初，即通过溯源了解教育管理中的动态与均衡由来，知其所来，识其所在，明其所往。正如马克思指出，事物是不断发展和变化的，而非静止不变的[⑤]，动态指向系统或过程的变化和演进，通常表现为由于信息不对称、体制不完善等造成的供给-需求的均衡与非均衡的相互创生运动状态。它强调了时间维度和变化

① 于发友. 县域义务教育均衡发展研究[D]. 济南：山东师范大学，2005.
② 蒋泓峰. 均衡管理[M]. 北京：中国华侨出版社，2007.
③ 王夫亮. 关于企业均衡管理理论与方法的探讨[D]. 成都：西南交通大学，2006.
④ 孙绵涛，许航. 从管理到治理：新时代教育管理学发展面临的新选择[J]. 现代教育管理，2023，（7）：1-11.
⑤ 中共中央马克思恩格斯列宁斯大林著作编译局. 马克思恩格斯选集（第一卷）[M]. 2版. 北京：人民出版社，1995.

性，对动态的把握有助于管理主体在管理过程中更好地理解事物的演化轨迹、发展趋势与运作规律。均衡表示系统或过程达到一种相对稳定的状态，即系统中对立力量的相互抵消使各个因素之间的相互作用与相互影响所达到的统一平衡之境。具体来说，在系统动态变化中的各个组成要素会根据内外部环境条件的转变而进行相应的适应性调整，以维持系统的均衡状态。反之，系统的均衡状态也会受到动态变化的影响。当内外部环境条件发生变化时，原本的均衡状态将被打破，系统需要重新调整以适应新的情况并进入新的均衡状态。由此，动态与均衡共同构成对教育管理系统的演化和稳定性的全面理解。

在教育管理系统中，各个要素都在不断地运动和变化，这些要素之间存在着复杂的相互作用关系和普遍联系。这种复杂互动过程不仅仅存在于均衡状态，也存在并更为普遍存在于非均衡状态，即当系统受到外部干扰时，一种均衡机制会试图恢复系统的平衡，但其他均衡机制会相应受到干扰，导致整个系统的不稳定和不平衡。在教育管理系统各要素的运动中，不同层级之间存在着相互作用的普遍联系，这种复杂互动过程以均衡与非均衡的相互创生方式显现出来，当系统遭受干扰时，一种均衡机制的恢复力量对于其他均衡机制而言就成了扰动因素，从而产生了非均衡。当多种非均衡机制的扰动力量得以控制，从而顺应成为诸多和谐因素中的一员后，均衡便占据了系统的主导，产生了新的结构性均衡，并为新一轮教育管理中的均衡与非均衡传导奠定了基础。教育管理中的均衡与非均衡二者之间的"适应—扰动—破坏—调节—适应"的循环往复就是教育管理中动态的存在形式，教育管理主体在动态发展中追求均衡、形塑均衡、恢复均衡。可以说，教育管理中的动态是实现均衡的客观基础，均衡是驱动动态发展的目标导向。

值得注意的是，通过对教育管理中的动态与均衡关系的讨论，可以明显看出教育管理原理由从最初讲求规范设计、理性计划和定性思维，逐步转向关注人本因素，最终演进为强调系统观、动态观、均衡观，这种趋势的演变发展揭示了教育管理问题研究的价值转变。[1]

## 第二节　教育管理动态与均衡原理的理论基础

### 一、动态理论

#### （一）世界是运动的

世界是物质的，物质是运动的，整个世界就是永恒运动着的物质世界。古代希腊哲学家赫拉克利特曾提出过这样一句话："人们无法两次走进同一条河流。"它生动且深奥地表达了一个重要的道理。河水的流动是不停歇的，所以当我们再次进入同样的河流

① 杜丽虹. 基于"均衡观"的普适性战略管理：视角与模型研究[J]. 中国商界（下半月），2010，（5）：202-203.

时，我们遇到的是从源头涌出的新的流水。运动是所有事物转变与进程的总称，既是事物发展的本质特征，又是事物发展的存在形式。客观事物就像河水一样处于不停的运动之中，有些事物的运动是显而易见的，比如高速行驶的汽车、湍急流淌的河水以及划破夜空的流星等。然而，有些事物的变化却相对较慢，人们往往难以察觉。因此，从自然科学角度看，整个宇宙都处于不断的运动变化之中。地球围绕太阳运动，太阳系在银河系内运动，银河系在宇宙中运动。在微观层面，原子内的电子在不停运动。从生物学角度看，每个生物都在经历从生到死的过程，其过程本身也是一种运动。从社会学角度看，人类社会发展下的人民思维观念的不断变化，也是一种社会性质的运动。从哲学角度来看，根据黑格尔的辩证法哲学主张，宇宙间万物都处于不断运动和变化的过程中。任何事物都由相互对立且统一的两个方面构成，事物在对立统一的不断的斗争和矛盾中得以演变与发展。可以说，一切皆在运动，事物是不断发展变化的，一切事物都不断地发生、成长、消亡，无论是天体的运行、生物的生长、历史的发展、社会的变迁，还是人的思考，都可以被视为一种运动。

（二）静止是相对的

"静止是相对的"这一观念是相对于物理学中的绝对运动和相对运动而言的。在日常生活中，我们经常会遇到这样的例子。例如，当坐在一列火车里，如果火车是静止的，我们可能会感觉自己是静止的，周围的一切似乎也都是静止的。然而，如果注意观察窗外的景物，便会发现其实我们和火车都是相对于地面在移动的。这是因为地面被视为静止的参考系，而我们和火车相对于这个参考系是运动的。再比如，当我们乘坐飞机时，你可能会感觉自己是静止的，因为飞机内部的环境和设施都相对稳定，没有显著的运动。然而，从地球的角度来看，飞机同我们都是运动的，因为飞机在飞行中相对于地球表面在移动。

这些例子都说明了静止是相对的。在不同的参考系下，同一个物体可能会被视为静止或运动的。实际上没有所谓的绝对静止，只有相对静止，所谈及的相对静止只是在特定的参考系下讨论的，不可脱离参照系谈事物的静止。在物理学中，这种相对性原理被广泛应用于解释各种运动现象，并为我们提供了理解和描述世界运动规律的重要工具，让我们在日常生活中更加深入地认识到世界的复杂性和多样性。

## 二、均衡理论

（一）马克思、恩格斯关于均衡发展的思想

恩格斯在《反杜林论》中深刻地分析了当时资本主义生产力的布局问题，他明确指出，只有当社会按照统一的总计划协调地安排生产力时，工业才能得到最适合其发展的条件，并确保其他生产要素的保持或发展。有计划的均衡布局是消除城乡分离、实现全国经济均衡发展的必要条件。社会主义的生产力布局应该以全国范围内的均衡配置为主要原则，这不仅是社会主义与资本主义的生产力布局的主要区别之一，更是实现社会主义优越性的重要基础。这种均衡配置不仅有助于优化资源配置、提高生产效率，还能促进区域间的经济平衡发展，缩小地区间的差距。毛泽东的均衡发展思想正是基于马克思和恩格斯的均衡发展思想，结合中国的实际情况和实践经验，进行了进一步的创新和发展。他强调，在发展过程中要注重各地区的均衡发展，避免出现地区间的不平衡和差距。同时，他也提出了通过计划经济和工业化来实现这一目标的具体措施和策略。因此，马克思、恩格斯的均衡发展思想以及毛泽东的均衡发展思想，都是为了实现社会主义的优越性，促进全国范围内的均衡发展。

### （二）"公平""平等"思想

均衡发展思想首先来源于政治上的"公平""平等"理念。[1]在资本主义环境中，受剩余价值法则的影响，各地区的生产能力分布严重失衡，各地域间的经济增长程度存在显著差别，发达国家和欠发达国家之间存在着互为依赖的关系，这限制了后者的成长空间。因此，减少不同地方的经济增长落差，合理配置资源以实现生产的平衡，使得各个地方的经济发展速度与人均所得达到相对一致，一直都被视为社会的进步象征，并成为人们寻求"公平""平等"的社会经济目标。

此外，"公平""平等"是中国几千年来人民一直追求的理想目标。"不患寡而患不均，不患贫而患不安。盖均无贫，和无寡，安无倾"便是其突出表现。自古以来，如钟相、杨么提倡的"等贵贱，均贫富"、洪秀全主张的"天下一家，共享太平"，再到康有为倡导的"大同"理念，都反映了他们对于公平和平等的执着追求。在构建和谐社会的过程中，"公平""平等"是教育管理坚持的核心原则之一，面对中国教育发展中的区域差异、城乡差异、校际差异和群体差异，教育管理改革正着眼关键领域与薄弱环节，对现行义务教育、高等教育、职业教育、人才培养、教师管理、教育投入等体制机制进行调整，探索一系列理论创新成果。

## 第三节　教育管理动态与均衡原理的运行机制

### 一、韧性机制

韧性一词源于物理学，指的是物体在外力作用下所展现的形变恢复能力。具体来说，当一个物体的韧性越好，它发生脆性断裂的可能性就越小。在学术界，关于韧性理论的探讨最初出现在物理学、工程学和生态学等领域。后来，这一概念逐渐被引入社会科学和公共政策等领域。从管理系统的角度来看，韧性可以被定义为管理在客观环境的作用

---

① 陈富良. 政府规制的均衡分析[D]. 南昌：江西财经大学，2002.

下为实现管理目标所展现的应变能力。这种应变能力涉及学校的管理组织结构、制度、程序和标准等方面。一个具备韧性的管理系统既需要在空间上具有一定的伸缩幅度，以便及时适应复杂环境的变化，也需要随着时间的推移进行适度的调节和修正，即通过动态的管理方式，增强应变能力，从而更好地实现预定的管理目标。教育管理之所以需要韧性，是因为韧性管理能够保证教育管理体系具备演化进步和持续发展的能力。通过实施韧性管理，教育管理体系能够在建设发展中抵御各种随机性、突发性的冲击，确保其稳定和可持续发展。因此，韧性管理正是教育管理实现有效应对各种复杂环境和挑战这一目标的关键所在。

首先，教育管理的实施涵盖大量复杂的要素。面对这些繁复的情况，教育决策者无法保证作出的决定完全正确或精确，信息回馈也很难达到百分之百的实时性，并且决策与指示可能会因环境的变化产生变动。对于庞杂的教育管理体系而言，理解所有的相关要素是不现实的。即便关注到关键点，也不能确保对其他细节的掌握，甚至有时候会因为遗漏了一个要素而造成整体的崩盘。鉴于教育管理学是一门实践性的学科，其结果具有不可预测性，所以自始至终都需要具备调整能力，以避免在被忽略的问题上出错。因此，管理需要预留空间。

其次，教育管理过程中存在不可预测性。其涉及的人与事物是持续演进与转变的，这使得管理工作充满了较大程度的不稳定性。这种现象并非仅由复杂的管理要素引起，更主要的是源于人类的社会行为及思考方式的多变性。这通常表现为某一特定管理策略或许能应对某些情境，但在其他情况下却未必适用。

最后，教育管理的实施涉及诸多要素的协调与平衡，然而实际操作过程中很难实现最优状态，因此我们需要预留一定的空间以便进行调控。通过前述论证，我们可以看出"预留空间"是一个管理灵活度的显著标志，这意味着一个特定的灵活范围内存在着一个灵活区间。基于此区间的划分，我们将教育管理灵活度划分为部分和全局两个维度。具体来说，部分灵活度指的是所有类型的管理都需要在一系列的步骤中维持能够调适的空间，尤其是核心环节应确保充足的自由度；全局灵活度则代表整个管理体系的柔韧程度或者说其对变化的环境的适应力。全局灵活度依赖并建构在部分灵活度的基础上，只有具备部分灵活度才能形成全局灵活度。推行韧性管理的目的在于：第一，让组织的各个组成部分可以在一定的自由度下通过自主调整和自我管理来增强协同效应；第二，为了使组织作为一个整体能够随着外部环境的变化在一定的自由度内进行自我调适从而展现出适应性。

实行韧性的教育管理工作是必需的，这由实际状况来决定"弹性坐班制"或"坐班制"的具体细节，以此提升教师队伍的工作热情。然而更重要的一点在于，我们应该把这种韧性理念融入整体的教育管理流程中。从规划的角度来看，所有计划应当具备适应变化的能力。在设定目标和策略的过程中，需保证其有一定的可调节空间，以便各项因素能够自我调整、补足、协同和优化。执行过程中的每个步骤也应依据外部环境的变化而实时修改和完善，同时采用必要的方法保障计划的顺畅运行。在组织的运作层面，需要注意的是，在构建组织架构和配置人力资源方面要具有一定程度的韧性。在决策阶段上，教育决策者要做好科学预测，尽可能多地列出可供选择的方案，灵活机动地作出科学决断。在控制的各个环节，尤其是关键环节，要保持可塑性或可调性，注意工作的原则性和灵活性的统一。只有将韧性管理落到实处，才能更好地推动动态管理。

## 二、反馈机制

管理的反馈机制指在管理过程中，及时进行信息反馈，针对变化的情况实施反馈控制的运行方式。反馈控制包括以下两个主要部分：一是对环境实施严密监控，及时捕捉到变化的趋势并迅速做出调整以满足环境变化的实时需求；二是在组织体系内采取行动，消除实际操作和预期目标之间的差距，确保组织的目标得以达成。在整个管理过程中，为达到有效管理组织行为，我们必须遵循反馈的原则。为此，要抓好以下几项主要工作。

### （一）建立与完善信息接收和反馈部门

建立与完善信息接收和反馈部门在教育管理中具有重要的意义。教育管理是一个复杂而庞大的系统，其中涉及各种信息的传递和反馈。建立专门的部门来负责信息的接收和反馈，可以有效地提升整个教育管理的效率和质量。因此，准确、及时的信息反馈是做好反馈控制的首要工作，组织系统必须建立和完善其信息系统，以获取高质量的信息。通常，学校管理组织的信息搜集和反馈部门是档案管理部门、基建管理部门等教育管理部门。它们负责内外部信息的搜集和加工分析。它们内部又各自有着基层组织，层层落实信息的搜集和处理工作。除了这四个部门及其基层组织外，还有其他部门担负着搜集信息的工作，例如，学校的学生就业管理部门要搜集市场招工信息与毕业生就业信息，并反馈到各个学院与相关部门，以指导学生的就业选择；人事部门要按照各部门的用工需求，收集招工人员的岗位需求信息；等等。总之，组织内部应设立由专业信息部门和其他职能部门联合组成的信息反馈系统，它们之间应密切分工、相互联系，共同完成信息搜集和处理工作，使控制有据可依，做到及时、迅速、全面。

具体来说，首先，信息接收和反馈部门能够帮助教育管理者及时了解各种教育活动的进展情况。教育机构中存在着众多的教师、学生和家长，他们每天都会产生大量的信息。如果没有专门的部门来负责接收和整理这些信息，教育管理者很难及时了解到各种问题的发生和解决情况。建立信息接收和反馈部门，可以确保教育管理者及时获取各种关键信息，从而能够更好地做出决策。其次，信息接收和反馈部门能够促进教育管理者与教师、学生以及家长之间的沟通和交流。教育管理者需要与各方面的人员进行密切合作，共同推动教育事业的发展。建立信息接收和反馈部门，可以为各方提供一个沟通的平台，促进信息的交流和共享。这样一来，教育管理者能够更好地了解各方的需求和意见，从而更好地满足他们的期望。最后，信息接收和反馈部门能够帮助教育管理者及时发现和解决问题。在教育管理中，问题的及时发现和解决是非常重要的。建立信息接收和反馈部门，可以使得各种问题能够被及时上报和反馈给教育管理者，从而他们能够迅速采取相应的措施来处理。这样一来，可以有效地避免问题的扩大化和延误，保障教育工作的正常运行。

（二）切实抓好各项基础工作

教育管理是确保教育系统正常运行和优质教育实施的关键环节，而切实抓好各项基础工作对于提高教育管理的效能和质量至关重要。从反馈控制的角度来看，基础工作都是围绕提供准确、及时的管理信息，进行有效控制而展开的。因此，必须从组织管理目标出发，提高认识，认真做好这项基础性工作。要贯彻实用、有效、经济合理的原则，使之落到实处，防止片面追求形式完整、重内容。同时，应结合组织结构的合理化来开展此类工作。

具体来说，做好教育规划是切实抓好教育管理的基础。首先，教育规划要与国家发展战略相契合，明确教育目标和任务，科学确定教育资源配置和布局。只有通过科学规划，教育管理者才能准确把握教育需求，合理安排教育资源，为教育发展提供坚实的基础。其次，加强师资队伍建设是切实抓好教育管理的重要举措。教师是教育的中坚力量，他们的素质和能力直接影响着教育质量。因此，教育管理者应该注重提升教师的专业水平和教育教学能力，加强教师培训和进修，建立健全激励机制，为教师提供良好的发展环境和待遇，以吸引和留住优秀的教育人才。再次，加强教育质量监控与评估是切实抓好教育管理的重要手段。通过建立科学有效的评估体系，能够及时了解教育质量和改革进展情况，发现问题并采取相应措施加以解决。同时，要注重引入外部评估机构和专家，进行第三方评估，提高评估的客观性和公正性。最后，加强家校合作是切实抓好教育管理的关键环节。孩子成长的第一课堂是家庭，家长在孩子教育中起着极其重要的作用。教育管理者应该积极促进家庭和学校之间的合作，增强家长的教育意识和参与程度，与家长共同关注孩子的教育成长，形成一个共同的教育体系，共同推动孩子的全面发展。

（三）适时地进行有效调控

教育管理中的有效调控是确保教育系统正常运行和提高教育质量的关键。适时地进行有效调控可以帮助教育机构更好地满足学生和社会的需求，促进教育改革和发展。教育管理者应该根据不同阶段和不同需求制定合理的政策和规划，即基于当前教育环境和社会变革的趋势，以及学生的特点和需求，通过科学的研究和分析，确定教育目标，并制订相应的政策和计划，以确保教育系统能够适应社会的发展需求。同时，在掌握充分信息的基础上，教育管理部门要根据问题的原因，适时采取措施调控组织行动。一般来说，时机的把握越快越好。但是，有时却要等待时机成熟。同时，调控的有效性与否还取决于方法是否适当，针对问题调控过程要注意让组织的有关部门和教职工了解情况，在管理调控中达成共识，获取支持。

具体来说，教育管理者建立健全的监测和评估体系，有利于收集和分析各种数据，以了解教育过程和结果的情况。通过定期的评估和反馈，可以及时发现问题并采取相应的措施进行调整。同时，教育管理者还应注重对教师和学生的评估，以提供有针对性的支持和培训，帮助师生不断提高教学和学习效果。此外，教育管理者还需要积极推动教育创新和改革，关注教育技术的发展，积极引入新的教学方法和工具，以提高教学效果和学生的学习兴趣。教育管理者应鼓励教师进行专业发展和研究，促进教育理论和实践的不断创新。教育管理者应加强与社会各界的合作和沟通，与家长、学生、教师和其他相关利益方保持密切联系，了解不同群体的需求和意见，通过建立良好的合作关系，共同促进教育事业的蓬勃发展。

## 三、创新机制

提升学校管理的创新机制已成为教育管理改革的必经之路，锚定将学生转型为多元化人才的需求。作为培育未来领导者的摇篮，学校必须把握住教育改革的核心，努力推动自身的进步与超越，助力于塑造更多具备多项技能的人才。随着社会的持续繁荣，中国的教育体系也在不断调整。现阶段的教育管理强调以人为本的重要性，因此我们需要贯彻这一观念，并在教育管理者、教师及学生三方的基础上创新教育管理机制以应对教育新环境；同时在教育管理中需要尊重学生，构建一种人性化的教学策略，以此达到全体学子的全方位成长。

### （一）创新观念，牢固树立以人为本的教育管理思想

目前，不同学校所采用的教学管理模式仍然沿用传统的管理方式，并十分重视历史教学经验和管理经验，缺乏一定的创新意识，难以适应时代的变化和满足当代社会对创新人才的需求。为了有效改善这种情况，需要将以人为本的思想理念贯穿于教育管理的整个过程中，教育管理者必须转变过去的教育思想，从学生的实际需求角度出发，在管理过程中展现出人性化的特点。教育者需要对学生的个性、态度和行为进行积极引导，满足学生提出的合理要求，加强对学生的人文关怀和因材施教，充分提高学生的主动学习能力，并将学生培养成为适应社会和经济发展的人才。各级各类学校应当对教育管理模式进行创新，不断学习最新的教育方法和观念，提高教育管理的有效性和质量。同时，教师可以采用任务驱动式教学法，为学生提供丰富的实践平台，通过技能板块的学习不断提高自身的实践能力。此外，教师还可以采取分层式训练的方式，以满足学生的个性化发展和团队合作能力的提升。

### （二）树立创新管理目标，在每个阶段有所作为

教育管理中的创新机制是实现教育目标和提升教育质量的关键。教育管理目标并非固定且唯一的，而应随着教育的进步及时代的变迁不断更迭与完善。此外，创新的教育

管理方式需摒弃传统的一元化管理目标，在各个时间节点设定多元化的管理目标。具体而言，在每个学期开始、中旬、末尾都需要设立适当的管理目标，然后依据实际状况进行持续的修订和修正，以确保这些目标能满足学生的现实需求，适应他们的成长轨迹，从而推动教育管理的分阶段进展和提高其实施效果，最终有针对性地实施针对个体的多维度培育，进一步增强教育管理的效果。

首先，建立鼓励创新的文化氛围是至关重要的。教育机构应该鼓励教职工提出新的想法和方法，并给予他们充分的支持和奖励。同时，学生也应该被鼓励发展创造力和独立思考能力。其次，建立有效的创新管理机制是必要的。这包括制定明确的创新目标、规划创新项目、分配资源以及监测和评估创新成果。管理者需要与教师和其他教育从业人员密切合作，确保创新活动得到适当的支持和推动。再次，培养专业发展和继续学习的机会也是创新的重要方面。教师和管理人员应该有机会参加专业培训和研讨会，了解最新的教育趋势和创新实践。建立共享经验和知识的平台，促进教育从业人员之间的合作和学习。另外，创新管理还需要注重教育资源的合理配置。教育机构应该根据实际需求和创新目标，合理分配人力、物力和财力资源。同时，要鼓励与外部合作伙伴建立合作关系，共同开展创新项目，分享资源和经验。最后，持续改进反馈机制也是创新管理中不可或缺的一环。教育机构应该定期评估和反思创新成果，并根据评估结果进行调整和改进。要鼓励教师和学生提供反馈意见，以便及时纠正和改善创新活动。

（三）落实管理行动，确保学生全面发展

当教育管理的理论得到创新后，我们必须以实际行动验证其准确性并持续强化教育的成果。为了达到最佳的管理成效，关键在于培养学生形成优秀的习惯，鼓励他们自我学习和成长，拥有一定的独立性对于他们的长期进步至关重要。因此，可以通过设立奖励和惩罚机制，利用监控、指导及持续激发的方式提升他们的积极性和自尊感。教育管理者需要明确，学校的核心职责是在打下坚实的基础上，推动教学策略的革新和升级，以此保持与时代步伐同步，并确保学生能够凭借持久努力和个人品质塑造出优秀的人才。[①]此外，落实管理行动还需要关注学生的心理健康和情感需求。随着社会的发展和压力的增加，学生的心理健康问题日益突出，因此，学校应该建立完善的心理辅导机制，提供专业的心理咨询服务，帮助学生解决成长过程中遇到的各种心理问题。在关怀学生的情感需求方面，营造温馨、和谐的校园氛围，增强学生的归属感和安全感。通过组织丰富多彩的校园文化活动，促进学生之间的交流和互动，培养学生的团队协作精神和社交能力。同时，在管理实践中还需要注重教育的公平性和普及性。各级各类学校应该致力于改善教育资源的不均衡分布，为所有学生提供平等的教育机会和优质的教育资源。关注如残疾学生、贫困学生等特殊群体的教育需求，为他们提供有针对性的教育支持和服务。

---

① 孙霄兵.《教育规划纲要》关于推进高等教育改革的目标任务及其实践深化[J]. 中国高教研究，2020，（10）：16-20，41.

（四）以学生为主体，实施学分制管理

在我国，学分制这一新型的教学制度已经广泛获得公众认可，各级各类学校逐步在实际教学中应用该制度。现阶段，虽然学校在学分制方面投入了大量精力，但该制度依然存在着许多问题。究其原因主要是学校受到传统观念的不利影响，在日常的学分制管理工作中出现了一些偏差，无法充分发挥其真正价值。通过学分制的性质可以看出，它能够充分尊重学生的个性发展，实施因材施教的教育功能，为学生个体成长提供足够的发展空间。在教育管理过程中，学分制能够将学生个人的成才需求与学校教育有机结合，让学生根据自己的兴趣爱好和能力选择课程，培养学生的自主选择意识和自立能力，形成当代高校学生知识、能力和素质的全新发展体系。同时，灵活的学分制为学生提供了选修双学位和参与第二课堂的机会，为学生未来创业奠定了良好基础。因此，学校需要全面、多角度地设计和制定具体的制度内容，体现科学性和合理性。从学校课程建设的现状来看，大多数高校在必修课数量上设置较多，而在选修课数量上设置较少，这难以实现培养一专多能人才的目标。所以，学校需要从课程选择的角度出发，并考虑各种不同的因素，按照年级和阶段来设定相关的课程内容。同时，为了充分满足大学生的学习需求，我们需要对相关的课程进行科学且合理的规划，并制定出严格的课程标准。①

# 第四节　教育管理动态与均衡原理的基本原则

## 一、权变性原则

所谓权变是指权宜应变。权变理论学派认为，在管理中要根据环境和内外条件随机应变，没有一成不变、普遍适用的"最好的"管理理论和方法。权变理论学派企图通过对大量事例的研究和概括，把各种各样的情况归纳为几个基本类型，并给每一个类型找一种模式。因此，权变理论主要关注的是多个变量间的函数关系。权变管理的核心在于识别工作环境中的自变量（即影响因素）与管理理念及技巧等因变量之间存在的函数关系，从而制定科学有效的工作方案。从20世纪70年代开始，全球科技、经济和政治形势发生了巨大变化，组织的结构和人员素质也随之提升，这使权变理论更具实践意义，直到现在仍然备受推崇。权变理论学派的主要代表人物有弗雷德·卢桑斯（Fred Luthans）和弗雷德·菲德勒（Fred E. Fiedler）等人。

遵循权变性的准则意味着，教育管理过程应依据各种具体的环境而调整策略和手段，实施动态的管理方式，以确保其针对并符合教育发展的需求及外部环境的变化。对此，为了推动教育事业的进步，我们亟须理解并应对这些差异，为各类情境设计相应的

---

① 李凤娇，王旭波. 高校书院制视野下学生教育管理机制的创新与探索[J]. 理论观察，2020，（8）：140-142.

战略，实施灵活的管理模式。贯彻这个原则要求做到以下两个方面。

（一）要根据地区的不同情况进行管理

我国幅员辽阔，各地的经济与文化差异显著，因此教育的标准和内容需要依据各地的具体情况来制定。以义务教育为例，我们需要针对不同的空间地域作出相应的调整。《中共中央关于教育体制改革的决定》明确提出，在实行义务教育方面，全国可以大致划分为3类地区：一是约占全国人口四分之一的城市、沿海各省中的经济发达地区和内地少数发达地区，二是约占全国人口一半的中等发展程度的镇和农村，三是约占全国人口四分之一的经济落后地区。针对不同类型的地区，要随着经济的发展，采取各种形式，因地制宜地进行不同程度的普及基础教育的工作。

（二）要根据实然社会的变化调整相应的策略

随着世界经济从传统的"工业经济"向"知识经济"时代的转变，经济合作与发展组织提出了"知识经济"的概念，知识经济就是以现代科学技术为核心，建立在知识和信息的生产、存储、使用和消费之上的经济。为了应对知识经济发展提出的全新要求，我们需要全面调整教育理念、制度、结构、课程设置、教法和人才培育标准等。例如，随着科技的发展，计算机网络与多媒体技术日益成为高等教育和科研领域无法取代的基本工具和学习途径，也成为使用全球资源、实现全球范围内的教育服务的重要通道和形式。这种现象揭示了新型的全球性的资源共享型教育协作关系和全球网络大学的出现。因此，学习现代微电子科技、计算机技术、多媒体技术和全球互联网上网技术的知识日益关键，提升对信息科学与技术的关注度已成为当前教育改革的重要标志。

## 二、综合性原则

教育管理实践活动应当遵循综合性原则，这意味着我们需要科学地积极组织和激发教育系统内部各个方面的教育办学主动性，以便更有效地推进教育工作。

教育作为一个有序且分层的复杂体系，内部元素之间存在着密切联系和互相作用的关系。同时，教育系统处于社会的总体框架内，不可避免地会受到来自内外部不同系统要素的影响（例如社会政治经济的变化、特定历史阶段的教育理念和潮流等）。所以，为了实现有效的教育管理，我们必须既观察到教育内部各元素之间的互动如何影响教育发展，也要考虑到教育外部环境变化与教育发展的作用关系，从而让各类资源协同工作，以更好地推动教育事业的前进。

（一）统筹规划、通盘考量

从宏观层面出发，我们应该以全面、系统的视角深入理解大中小幼各个学段的衔接关系，而不能仅局限于某一阶段的教育。中小学教育作为基础教育的关键时期，不仅对个体的发展起到至关重要的作用,还对高一级的职业技术教育和高等教育的发展产生深远的影响。因此,各级师范教育必须得到足够的重视和投入,以确保培养出大量合格的教育师资。为了实现基础教育的普及和提高,必须深入落实九年制义务教育,并进一步优化各级师范教育体系。同时,我们不能忽视学前教育的重要性,因为它是整个教育体系的基石。学前教育对于培养学生的基本素质、激发学习兴趣和养成良好的学习习惯具有至关重要的作用。

在学校教育方面,中等教育、高等教育和职业教育等各级各类的教育都十分重要。在教育事业的管理中,不能有所偏颇或只注重某一方面,教育管理者需要深刻认识到教育的阶段是相互联系、相互影响的。如果某个阶段的教育被忽视或得不到足够的支持,那么整个教育事业的发展就会受到阻碍。同时,在每个时期、每个阶段的教育工作中,我们都需要制订明确的计划,设定工作重点,并兼顾其他各个阶段的教育需求。只有这样,我们才能确保整个教育事业协调、稳步地向前发展,为社会培养出更多的优秀人才。

（二）教育组织是一个开放系统

在理解教育的本质和功能时,我们应摒弃将其视为孤立系统的观念。教育是一个开放的体系,它不断地与外部环境进行物质、能量和信息的交换,与系统内部的诸多要素产生互动。外部要素对教育实践产生深远的影响,包括当地的工作性质、文化背景、经济状况、行为准则、宗教信仰、族群分布以及人口规模等。因此,教育管理的实施必须立足于整体视角,全面评估这些外部要素对教育事业发展的促进或阻碍作用。通过制定相应的策略,增强影响力,减少负面效应。例如,可以利用社区资源来丰富教学活动,与当地企业合作提供实践机会,或者借鉴当地的传统和文化来开发教育内容。

此外,教育管理的开放性还体现在如何运用多元化的社会力量来推动教育的进步。这需要建立中央政府与地方政府之间的协作关系,结合国家和非官方的力量共同参与教育建设。通过政策引导、资源共享和资金支持等方式,我们可以最大限度地激发各地各部门支持教育发展的积极性。在教育体系内部,平衡各方面的发展也是至关重要的。我们应充分发挥各级各类学校、教师、学生以及家长的作用,共同参与到教育质量的提升过程中。同时,我们还需要关注每一个学生的个性化需求,为他们提供多元化的教育选择和发展机会。

综上所述,教育的成功不仅仅取决于教育体系内部的优化,更需要全社会的共同参与和努力。通过全面、系统、开放的视角来理解和实施教育管理,我们可以更好地培养出适应社会需求的人才,为国家的繁荣和发展作出积极的贡献。

## 三、科学性原则

教育管理实践活动必须遵循科学性原则,即根据客观规律进行操作,并且要重视运用新的管理方法,以此确保教育管理活动建立在科学化的基石之上。

教育管理过程不仅是一个教育事件，同时也是一个管理案例，其受到教育法则的影响，同时也被管理规则所影响，这无疑是具有高度科学性的管理工作，例如设定教育策略与计划，实施教育预估，优化教育架构等，都要求有科学的理论和技巧作为指引。所以，对于教育管理的执行来说，我们需要遵守教育法则及管理规则，而且须特别关注使用科学的理论和技术。为了实现这一目标，应采取如下措施。

（一）教育管理活动必须按教育规律办事

两个主要的教育原则是：首先，教育应符合社会政治及经济的发展需求；其次，教育内容应遵循受教育者的身心发展规律。这两个原则指导着教育活动规模与人才培养质量。此外，我们还需要关注到教育对个体成长的主导影响，以确保受教育者在品行修养、知识技能、身体素质、审美观和劳动技能等方面都能获得全面、积极的提升，最终塑造出具有崇高信仰、优良品质、丰富学识、严明纪律和健康身体的新一代社会主义接班人。

对于国家的教育管理而言，遵循教育的管理原则是至关重要的。这包括准确厘清并及时处理教育管理的组织方式、制度的构建方法、运行模式和思维理念之间的问题，同时也要妥善应对这些问题背后深层所暗含的诸多要素之间的冗杂关系。

（二）重视系统论的原理和方法

首先，实施教育管理的系统化方法需要确立全局最佳化的理念。从系统的视角出发，通过提升各个部分和小规模单位的功能来整合并协调计划，使得整体系统的效益达到最大值。针对教育系统的纵向结构而言，我们必须坚持大中小幼一体化政策的顶层设计。针对教育系统的横向结构而言，我们需要统筹兼顾普通教育、职业教育、成人教育。针对教育资源配置的空间结构而言，我们需要关注区域均衡、城乡均衡、校际均衡等，并对教育的所有子系统制定全面且协同的策略，确保教育事业进一步取得最大的效果。其次，教育管理的有效与否取决于其构造是否合理。根据系统论，事物的功能与特性是由其构成决定的，因此改变内在架构能够引发整体性质的转变。目前，在我们的教育体系中，基础教育相对较弱，技术类教育并未充分发展，高等教育的学科设置、专业分布及等级配置存在问题，这阻碍了教育综合性能的体现。为了解决这一问题，我们需要着力强化基础教育，积极推动技术类教育的发展，重新平衡高等教育的结构配比，让教育系统内的构架更加合理、分配更符合实际需求，促进均衡发展，以便更好地履行教育培育人才的责任和服务于经济发展和社会发展的使命。最后，运用系统思维时需要注意教育管理的层级性。按照系统管理的要求，各级之间的工作责任明确，权责划分清晰。概括而言，这意味着教育管理者需要对教育管理的整体过程实施有效监控。具体来看，要实现各级别的学校独立运营与自我管理，让基层的基础教育任务及权力归属于当地政府。同时，应切实推行校长主导的管理模式，扩大学校的自主经营能力，确保教育体系中各个层级的职责、义务和权益相互匹配，从而最大限度地释放出教育系统的潜力与动力。

## 四、次序性原则

在教育管理实践中，次序性是一个核心的概念。它强调管理过程中不同阶段的重要性及其先后顺序。教育管理的次序性可以根据多种因素进行划分，其中生理需求、公平公正和平等是三层重要维度。这三层维度在教育管理中具有深远的影响，它们不仅决定管理的方式和效果，更关乎师生的成长和教育目标的实现。

### （一）底层维度是生理需求

教育管理的次序性划分的底层维度是生理需求。在教育管理中，生理需求主要涉及师生的基本生活需求和身体健康。师生的基本生活需求和健康状况直接影响其工作学习的效果和心理状态，因此，满足师生的生理需求是教育管理的基础。学校需要提供安全卫生的学习环境，保证学生有足够的营养摄入，提供充足的休息时间，以及必要的医疗保障。此外，对于一些有特殊需求的学生，如残疾学生或身体不适的学生，学校应提供相应的支持和帮助。满足师生的生理需求不仅是教育管理的首要任务，也是实现其他层面管理的基础。

### （二）中层维度是公平公正

公平公正是教育管理的中层维度。公平公正在教育领域中意味着每个学生都应得到平等的机会和待遇，不受种族、性别、宗教信仰、家庭背景等因素的歧视。公平公正的管理原则要求学校制定明确的规章制度，确保每个学生都能够获得公正的评价和平等的资源。例如，在课程设置、教师分配、教学资源等方面，学校应确保所有学生都能享受到相同的机会和待遇。此外，学校应建立有效的投诉和申诉机制，确保学生在受到不公正对待时能够得到及时的帮助和解决。

### （三）上层维度是平等

平等关注的是每个学生个体的发展和尊重，它要求学校在管理过程中充分考虑每个学生的独特性和差异性。平等的教育管理意味着学校不仅要提供均等的机会和资源，还要关注学生的个性化需求和特长。每个学生都有自己的兴趣、优势和潜力，学校应鼓励和支持学生充分发展自己的特长和兴趣。通过平等的对待和管理，学生能够更加自信、积极和创造性地参与学习活动，从而实现更好的个人发展。除此以外，为了更好地实现这三层维度的管理，学校需要制定科学合理的管理制度和管理措施。首先，学校应建立健全的管理机制，包括明确的管理流程、责任分工和监督机制等。这有助于确保管理工作的有序进行，提高管理效率和质量。其次，学校应注重管理人员的培训和教育。管理人员是教育管理工作的具体执行者，他们的素质和能力直接影响管理效果。通过培训和教育，可以提高管理人员的专业素养和管理水平，使他们更好地履行管理职责。最后，学校还应注重与家长、社会等各方面的沟通和合作。家长和社会是学校教育管理的合作伙伴，他们的支持和参与有助于提高教育管理的效果和质量。通过与家长、社会等的沟通和合作，可以更好地了解学生的需求和问题，共同解决教育管理中遇到的各种挑战和困难。

教育管理的次序性划分对于学生的成长和教育目标的实现具有重要意义。生理需求、公平公正和平等三个基本维度在教育管理中都具有不可替代的作用。为了更好地实现这三个基本维度的管理，学校需要制定科学合理的管理制度和管理措施，注重管理人员的培训和教育，以及加强与家长、社会等各方面的沟通和合作。只有这样，才能真正实现教育管理的目标，促进学生的全面发展和成长。同时，我们也需要认识到教育管理的次序性是一个动态的过程，随着社会的发展和教育的变革，它也会不断地发展和演变。因此，我们需要不断地对教育管理进行研究和探索，以适应时代发展的需要和教育改革的要求。通过不断地完善和创新教育管理的方式和方法，我们可以为学生提供更好的教育环境和条件，促进他们的全面发展和成长。

# 第五节    教育管理动态与均衡原理的实践向度

## 一、动态发展过程的均衡性

教育管理动态发展过程的均衡性是指教育管理系统能够在变化发展的环境中，不断产生新的思想、方法和实践能力，通过适应、调整与创新，促进各要素的协调与平衡，实现教育系统高效运行与教育管理最大效率。目前，我国正经历并长期处于社会变革的阶段。随着市场经济的进步，传统的教育管理方式面临着巨大的挑战，原本由学校和教育机构建立的单向外部联系也因为市场的加入而呈现出多元化。在此过程中，政府、市场和学校的互动关系陷入了一种模糊且缺乏规则的状态，亟须被重新构建。同时，学校内部层面的关系上也存在重大变动。例如，教师与学校的关联、教育工作者与学习者的关联等都必须在市场环境下得到新的评估。不可否认，现如今的学校管理的内外部环境已然产生了本质上的改变，学校管理无法再依赖现有标准与经验来执行，因此教育管理者需要根据事物的具体情况，针对人、财、物的管理作出适应性和创造性的决定。

在实践层面，动态发展中的教育管理均衡性涉及资源的合理配置、教育质量和效果的有效提升，以及多种变量的均衡协调。动态与均衡原理的实践应用是一个包含多种变量、途径及层级的庞大项目，因为参与要素盘根错节，作用环境错综复杂，需要系统地规划与执行。高质量的动态管理要求教育管理者具备全面性和整合性的思维方式，站位全局考量每个部门和个人的职责，明确优先级，重点关注关键部分以引导其余部分的发展，以发展的眼光实现各项工作的均衡进步，提升总体效果。教育管理者对于可能存在的问题或者会对整个局面造成影响的地方，应给予足够的重视，避免它们破坏大局。留意、明晰各类管理事务之间的关联，促进其如齿轮般互相支撑共进。除此以外，对教育管理动态发展过程的均衡性的探索需要重视思想的创新生成、方法的创新生成与实践的创新生成。教育管理者需要具备开放的思维方式，不断探索新的理念和观点。通过多边交流和合作，获得新的思维启发，更好地应对管理中的变化与挑战，推动组织的发展。教育管理者可将具有典型价值的成功教育管理经验与管理实践的新理论、新技术有机整合，使物为己所用，通过不断尝试和改进，寻找最适合本组织的管理方法，提高效率和绩效。在此过程中，教育管理者需要勇于尝试新的实践方式，并从中学习和成长，不断调整、改进，来适应不断变化的环境，积极鼓励团队成员参与实践创新，共同推动组织的发展。

在此，值得注意的是，事物总是在动态变化中寻求平衡，然而这种平衡状态往往只是暂时的，唯有通过不断调整优化才能无限接近理想的管理均衡。因此，我们在开展教育管理工作时，应该遵循"平衡—非平衡—平衡"循环往复的过程，以发展的目光推进教育管理高质量发展。

## 二、非均衡发展的创造性

教育中的非均衡指在教育管理中各要素力量未达到相等时的状态，即管理系统的不同层级之间存在相互作用的普遍联系，当系统遭受干扰时，一种均衡机制的恢复力量相对于其他均衡机制而言就成为扰动因素，从而产生了非均衡。根据马克思主义的基本观点，教育管理的改革发展必须在当今时代的教育环境中找到原因，找寻引发"蝴蝶效应"的源头与核心。在教育管理的视角下，面对非均衡的情况、非均衡的创造性，可以通过创新资源配置、引入新的教育模式和方法、鼓励创新思维和实践、制定包容性政策和措施，以及建立合作伙伴关系为提升教育质量和实现公平发展做出积极贡献。具体来说有如下五点。第一，创新资源配置。教育管理者可以寻找替代性资源，以缓解资源不足导致的非均衡问题，例如：利用数字技术和在线学习平台提供远程教育，扩大教育覆盖范围；与社区合作，共享设施和教育资源；通过公私合作伙伴关系引入外部支持。第二，引入新的教育模式和方法。教育管理者可以尝试引入创新的教育模式和方法，以适应不均衡情况下的需求和挑战。例如，个性化教育模式、跨学科教学、项目学习等能够更好地满足不同学生的需求并提高学习效果。第三，鼓励创新思维和实践。教育管理者可以鼓励教师和学生进行创新思维和实践，以推动教育的发展和改善，例如：建立创新教育培训机制，提供专业发展课程和学习机会；组织创造性的教学活动和项目，鼓励学生参与研究、调查和解决实际问题。第四，制定包容性政策和措施。教育管理者应采取包容性政策和措施，解决非均衡问题，例如：制订特殊群体的教育计划和支持措施，提供经济援助和奖学金；建立多样化的评估和评价机制，充分考虑学生的背景和特点。第五，建立合作伙伴关系。教育管理者可以积极建立合作伙伴关系，整合各方资源，共同解决非均衡问题。与政府部门、企业等合作，利用各方的专长和资源，在教育内容、基础设施建设、职业培训等方面取得共赢。

## 三、效率与效益追求的公平性

公平和效率是教育资源配置中最为核心的两个目标。教育，尤其是义务教育，作为一种准公共产品，具有其独特的属性。政府有责任确保公平地提供惠及全民的公共教育服务，因为公平的缺失可能会导致教育的"异化"，偏离其正确的发展方向。这种情况不仅会限制中国教育改革的发展空间，还会对中国社会的整体变革进程产生深远的影响。如何实现教育资源与教育机会分配的社会公平，已经成为中国教育改革面临的一大瓶颈。在当前的教育体系中，公平和效率往往是一对矛盾的追求。我们需要在这两者之间找到一个平衡点，以确保教育的健康和可持续发展。教育资源是有限的，具有稀缺性。因此，在配置教育资源时，我们必须充分考虑效率问题，以最大限度地发挥教育资源的使用效益。效率的缺失将导致教育资源的浪费，从而影响教育发展的可持续性和教育改革发展的活力。

从现实情况来看，当前的教育体系在公平和效率这两个方面都面临着诸多问题。例如，一些地区的教育资源配置不均，这导致优质教育资源过度集中于某些地区或学校，而其他地区或学校则资源匮乏。这不仅影响了教育的公平性，还可能导致教育资源的浪费和低效使用。此外，一些地区在追求教育效率的过程中，可能会忽略学生的个性化需求和教育质量，从而对教育的长远发展造成负面影响。

因此，为了实现教育的公平和效率，我们需要采取一系列的措施。首先，政府应加大对教育的投入，提高教育资源的配置效率。这包括优化教育资源的区域分布，确保每个地区都有足够的教育资源以满足当地学生的需求。其次，我们应推动教育的均衡发展，打破优质教育资源的垄断，鼓励学校之间的交流与合作，以实现教育资源的共享和优化配置。最后，我们还需要关注学生的个性化需求，提高教育质量，为每个学生提供平等的发展机会。同时，建立完善的教育评价体系也是实现教育公平和效率的重要手段之一。通过科学的评价机制，我们可以更好地监测和评估教育资源的利用情况，及时发现和解决存在的问题，从而推动教育的持续改进和发展。总之，实现教育的公平和效率是一个长期而复杂的过程，需要政府、学校、社会各界的共同努力。只有这样，我们才能真正地实现教育的可持续发展，培养出更多优秀的人才，从而为国家和社会的发展作出贡献。

## 四、多元管理方式的创新性

伴随着高等教育制度变革的推进，公众对于上大学的需求不断上升，高校随之大幅扩张以满足这些新增的学生数量。这种大规模的扩展也使得学校的生源变得多样化，学生层次参差不齐。对此，实施多元的管理策略正是应对这个变化的关键。各个学校，特别是负责基础教学管理的部门，需要深入理解并研究具体学生群体的情况，以便采取适当的工作措施，根据不同类型的学生采用各种灵活的管理手段。

自中国共产党第十八次全国代表大会以来，以习近平同志为核心的党中央深刻认识到世界经济深度调整带来的机遇与挑战，并富有创新性地为创新驱动发展战略作出了全面且重要的规划。这一战略不仅是推动国家和民族发展的重要力量，更是引领人类社会进步的关键因素。习近平总书记指出，"实施创新驱动发展战略，是立足全局、面向未来的重大战略，是加快转变经济发展方式、破解经济发展深层次矛盾和问题、增强经济发展内生动力和活力的根本措施"①。这一重要论述是在全面考虑全球科技革命与产业变革的机遇和挑战、经济发展新常态的趋势和特点，以及实现"两个一百年"奋斗目标的历史任务和要求的大背景下提出的，具有深远的理论和实践意义。通过实施创新驱动发展战略，我国能够更好地应对全球经济环境的变化，抓住新科技革命带来的机遇，并应对潜在的风险和挑战。这不仅是我国经济发展的迫切需求，也是实现可持续发展、提升国际竞争力的必然选择。要深入领悟、准确把握党对教育事业全面领导的核心理念、立德树人的根本任务、将教育优先发展战略落到实处、坚持社会主义办学方向的原则性要求、坚定立足于中国国情办教育的信心、坚持以人民为中心发展教育的价值观导向、深化教育改革创新的明确目标、为中华民族伟大复兴贡献教育的使命担当，以及强化教师队伍建设的基础作用。我们必须学以致用，坚定信念，付诸实践，努力开创教育工作新局面。

---

① 新华网. 习近平强调实施创新驱动发展战略[EB/OL]. (2013-03-04)[2024-03-20]. http://lianghui.people.com.cn/2013cppcc/n/2013/0304/c357111-20672856.html.

# 第六章

# 教育管理效益与共享原理

效益是衡量教育管理工作的标准，任何管理活动都是围绕着提高组织效益而展开的，成功的教育管理意味着获得更高的效益。在人类社会经济发展与生产实践的过程中，资源共享无处不在、无所不在，它是一个普遍存在的经济社会发展现象，彰显着社会主义和谐社会的价值关怀，映射于社会变迁与实践演进。在教育管理实践中，要始终站在最广大人民之中，始终把最广大人民根本利益放在心上，坚定不移增进民生福祉，把教育高质量发展同满足人民对美好教育需要紧密结合起来，按照效益与共享标准来实施教育管理，推动教育管理的高质量发展。本章在分析教育管理效益与共享的内涵阐释以及教育管理效益与共享的理论基础之上，凝练性地提出效益原则、公平原则、合作原则、共享原则、发展性原则是教育管理中效益与共享的五项基本原则，利益联动机制、公平分配机制、考核评价机制是在教育管理实践中将效益与共享原理运用于实践的运行机制，协调效益与规模的关系、办好人民满意的教育、推动教育高质量发展是教育管理中效益与共享原理的实践向度。

## 第一节　教育管理效益与共享原理的内涵阐释

### 一、教育成本

（一）教育成本的含义

1. 成本的内涵

成本是经济学研究的范畴，指生产一种产品所需要的全部费用，即生产成本。任何组织的产出、运作皆有成本。这包括制造产品的支出，同时也涉及组织的大小、结构的复杂度、环境因素、能力水平及规章制度等方面。换句话说，管理的成本其实就是内部资源分配所带来的消耗。然而，与其他类型的资源相比，管理资源并不能为组织提供直观的效益，它的作用在于协助整合其余各类资源，以达到最大的效用。所以，当固定资源保持稳定时，管理资源的好坏往往会极大地影响组织的业绩表现。这也是某些组织在更换管理者之后，能够重新振作，但另一些组织则走向衰败的原因所在。如果我们将管理视为向组织注入的一种资源，就必须考虑到使用该种资源可能产生的风险。尽管管理可能会提升学校的教育质量或者改善相关的机构状况，但是由于它是有限且特殊的资源，需要支付相应的价格来获取，即实现组织资源整合所需的成本。这些费用主要表现在规划、协调、指导和监控的过程中，同样也在管理资源的调配、奖励、限制和保障方面体现出来。

对于各级政府机构、教育行政主管、学生及其家庭成员以及相关研究者来说，教育成本是一个关键议题。这是决定学费定价、向学校提供财政支持的关键参考点。同时，它也为家庭、学校、社会做关于教育投入的决策提供重要信息，是提升教育资源使用效益、强化教育监管的有力手段。

根据教育经济学家盖浙生所述，教育行为不仅可以看作是一项公共服务的提供，也可以看作是一项生产的服务。他认为，教育产生的开销包括两个部分：一是由公私立学校等教育机构承担的部分；二是由接受教育的学生负担的部分。由此，教育成本就是指教育生产商的投入（即直接成本，如公私立学校的运营成本），加上教育消费品的支出（即间接成本，或称为机会成本）两者的总额。[①]

据王善迈教授阐述，教育成本是指培育学生的所有投入的资源的价格，也可以理解成是以金钱形式体现出来的，包括社会和个人或家庭的直接或间接对学生的培训所需的所有开支。同样地，靳希斌教授也持有相似的观点，他把教育成本定义为每个学生被训练时需要付出的全额开销，也就是涵盖各个阶段、各种类型学校的学生在学校学习过程中所消费的直接与间接的人力和物资之总量。[②]

从这个角度看，我们可以得出结论，即在教育经济学的范畴内，对教育的基本认识是统一的，也就是指培育学生所需的社会劳工，它涵盖实务工作与实际行动。具体来说，这种成本以货币形式反映出来，是由社会、接受教育的学生本人及他们的家庭通过直接或间接的方式承担的一切开支。

2. 教育成本的内涵

从经济学视角来看，教育过程包括对教育资源的投资、使用以及教育产品的产生，这是由教师和学生共同参与的双向工作流程。尽管此阶段的目标是增强学生的能力与技巧，而非直接产生实体商品或者创造实际价值，但从本质来看，它与其他的工作流程相似，都需要在一个特定时间内执行，都涉及对人体肌肉、神经、大脑等器官的消耗[③]，

① 盖浙生. 教育经济学[M]. 台北：三民书局，1982：100-105.

② 靳希斌. 教育经济学[M]. 北京：人民教育出版社，1997：272.

③ 马克思. 资本论（第一卷）[M]. 中共中央马克思恩格斯列宁斯大林著作编译局译. 北京：人民出版社，1975：194.

是一个自我体力及智力的消耗过程，也是教师和学生付出一定的活动性和固定劳动的过程。所以，如同生产物资一样，教学活动中同样有投资和回报的关系，也就是有关教育资源利用效率的问题。

在定义上，教育领域和经济领域的效率并无显著差异。简而言之，教育的有效性就是指通过合理的资源分配以实现效益的最优化，也就是我们所说的构建有利的资源分配模式。若能够恰当地利用有限的教育资源，那么它们将会产生巨大的影响，例如，运用这些资源来促进教育规模及教学品质的大幅提升。然而，倘若无法正确地应用或安排这些资源，则会导致效果微弱，例如花费了大量资金但并未带来教育规模的扩张或者教学质量的提升。

## （二）教育成本的类别

### 1. 教育的货币成本

教育的货币成本为直接用于教育的物化劳动和活劳动折合成货币表示的货币总额，一般分为社会货币成本和私人货币成本。教育的货币成本通常可以划分为两类：一是公共支出，如由政府承担的教育开支以及来自社会的捐赠款项等；二是私人的花费，即学生及其家人支付的教育相关费用，如图 6-1 所示。

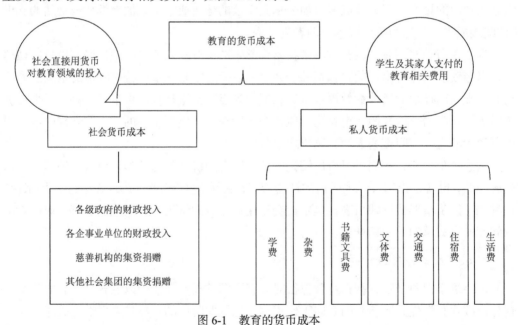

图 6-1　教育的货币成本

### 2. 机会成本

对于机会成本而言，存在着广义与狭义两种定义方式。广义的机会成本是为达到特定的目标而失去或放弃的资源的价值，例如用于教育的资源如果不用于教育，在其他最佳的使用状态下的价值。狭义的机会成本是为达到特定的目标而损失的价值，例如学校的固定资产损失的利息或租金收入，或者是学生因为学习而无法获得的工作报酬等。教育经济学中的机会成本通常是狭义的机会成本。当然，因上学而放弃的收入对城市和农村的孩子来讲，其差异是较大的。在农村家庭，决定孩子是否上学，不得不考虑到农村的儿童也是家庭的基本劳动力或辅助劳动力，他们也可以为家庭带来一定的收益，所以农村的孩子在上学时，不仅面临时间的机会成本，还面临由于上学而不再为家庭带来收益的损失。城里的孩子相对而言，则较少有此类困扰。因此，相较于城市学生来说，农村学生的教育投资风险往往更高，这也是为什么许多农村家庭选择不让孩子去接受高等教育的原因之一。

需要注意的是，教育机会成本并非实际支付的成本，而是一种潜在的、放弃的收益。因此，在评估教育机会成本时，需要综合考虑各种因素，包括教育资源的投入、教育政策的影响、个体的选择和期望等。教育机会成本可以分为教育的直接成本和教育的间接成本。

1）教育的直接成本

教育的直接成本指社会与受教育者个人直接支付的教育费用，它可以分为教育的社会直接成本和教育的个人直接成本。教育的社会直接成本指各级政府通过财政支付的教育费用，各种社会团体和个人通过集资、捐赠支付的教育费用；教育的个人直接成本指学生本人、家庭、亲友为学生受教育直接支付的学费、杂费、书籍文具费、文体费、交通费等。

2）教育的间接成本

教育的间接成本指社会与受教育者个人间接支付的教育费用。它可以分为教育的社会间接成本和教育的个人间接成本。教育的社会间接成本指教育使用的土地、建筑物、设备等如果不用于教育而用于其他方面可能获得的利息、租金收入，或用于教育而免除的税收，达到国家法定劳动年龄且符合就业条件的学生因上学而未就业可能放弃的就业收入。教育的个人间接成本指达到国家法定劳动年龄且符合就业条件的学生因上学而未就业可能放弃的就业收入，父母、亲友付出的时间和精力等，如图 6-2 所示。

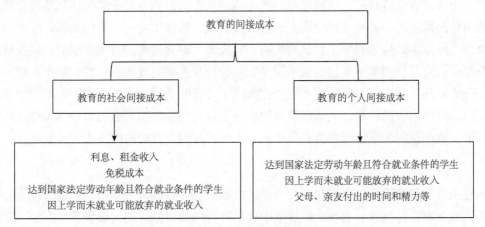

图 6-2　教育的间接成本

### 3. 生均教育成本

广义上，生均教育成本指在同等教育条件下为实现或达到相同的教育目标，培养一个学生所需的社会平均教育费用，即教育社会平均成本。狭义上，生均教育成本可以用同级同类教育的每一所学校或教育实体在校生每人平均教育费用来表示，即教育个别成本。

作为一种综合性的教育成本衡量标准，它既可以用学期来计算，也可以用整个学习周期来表达。从广泛的角度来看，这意味着为了达成或者维持同样的教育成果，社会必须投入到每位学生的教育上的平均花费，即所谓的教育社会平均成本。如果我们更深入地理解这个概念，那么也就是说对于同一类型的教学机构来说，其每位学生的平均教育支出构成"教育个体成本"，这是由教育资源的总体规模、在校生的数量、课程时长及教育管理的质量等因素决定的，最后还受到社会的经济发展程度和社会科技进步的影响。通常情况下，生均教育成本会呈现出持续增长的状态。

### 4. 边际成本

它是通过计算由于新增学生的投入所导致的总体成本增长得出的，这种额外的费用被定义为边际成本。研究者关注如何利用教育边际成本与边际效益提升教育投资的经济效果和效能。如果边际效益低于边际成本，那么就不应该继续增加教育支出；相反地，若边际效益超过了边际成本，则应当进一步加大教育投资。这个理念基于经济限制条件下的教育投资决定原则。在理想情况下，我们希望教育投资的边际成本能够达到或接近其边际效益；在资源有限的前提下，理论上需要确保所有层次的教育投资回报率均等，也就是在不同层级的教育投资回报率存在差异的时候，做出关于各层次教育投资选择的判断，以便实现最大的教育投资回报。

不同学校的生均教育成本与边际成本的关系各异，这主要由其成本函数形式决定。换言之，它们反映规模与成本之间的关联。显而易见的是，当入学人口增长时，总体的教育费用也会随之上升，然而，生均教育成本及边际成本可能会因为学生数量的变动而增长、下降或者维持稳定。这种现象的发生原因在于部分成本对于学校或其他教育机构来说可能是固定的，另外一部分则会因学生规模或人数发生变化。具体而言，生均教育成本和边际成本如何受到学生总数的影响，取决于大部分成本是否为固定的，以及所有的资源是否有足够的使用率，也就是说，无须额外投入固定成本即可扩大招生人数。

毫无疑问，成本的稳定性或者变动性取决于时间的长度。在短期内，教师和学校是不变的，然而书籍的数量、文具以及其他相关设备会随着学生人数的增加而调整。从长远来看，雇佣教师的数量可能会有所变化。因此，短期教育的边际成本大致如此。

### 5. 决策成本

它主要是教育管理做决策时需要考虑的成本。在进行教育活动时，教育管理者需要对不同的方案进行比较、选择，然后从中选出可行的或者最优的方案来具体实施。在评估各个方案的经济效益时，教育管理者都会以各个方案所产生的花费作为参考点。这个花费指的就是决策所需的花费。在作出决定的过程中，有很多因素需要教育管理者权衡，其中最为关键的是机遇成本，而这又会直接影响到教育管理者的决策是否正确且有效。所以，在决策过程中，财务工作人员应该能给出准确的机遇成本数据，以便于教育管理者作出明智的决策。

### 6. 控制成本

方案确定以后，各层级的教育组织或同校内的各个部门需协同合作以执行该方案设定的职责。为达到该目的，必须设定一系列预估指标及标准的费用支出，并将所有部门及其各自的工作内容整合到预算系统中，从而提升每个部门的工作效能。此外，对比各部门工作的实绩与预估值、标准花费后，可找出潜在问题并立即加以修正，确保目标得以达成。在管控环节，财务工作人员不但应积极参与预估指标和支出标准的制定，更应该充分运用他们对于成本信息的了解，实施全面的管理监控。管理会计的核心在于使用预算成本和实际支出标准来进行控制。

### 7. 责任成本

评估教学成果和投入的代价对于衡量各个管理部门的工作绩效至关重要。因此，我们必须对所有产生的开销进行审查以确定它们的职责范围。根据"谁负有责任，就由他们负担"的标准去评定，这个标准的参考标准便是每个管理部门的责任成本。然而，当我们对管理者进行工作表现评估的时候，不能仅凭总体成本，而是应该基于他们能掌控的成本来做判断。这是因为唯有基于个人可以掌握的成本进行的评估才算合理，所以，责任成本的关键在于可控成本。

## （三）教育成本的特点

### 1. 教育成本的主体是人力成本

在当今社会，教育早已成为国家与个体发展的重要基石。其中，教育成本的主体问题一直是教育经济学领域关注的焦点。提及教育成本，首先映入脑海的往往是教学楼的建设费用、教学设备的采购，以及各种教育软件的投入。然而，在这些显而易见的物质投入背后，有一个不容忽视的核心要素——人力成本。教育成本的主体是人力成本，这是基于对教育系统深入理解和分析后的结论。当回顾教育的本质和过程时，不难发现教育的核心是人的培养与发展，而这一过程离不开教育工作者的辛勤付出。

首先，教师是教育过程中最为关键的角色。他们不仅传授知识，还承担着引导学生品格形成、激发学生潜力、解答学生疑惑等多重任务。为了完成这些任务，教师需要不断地进行专业学习和进修，以确保其教学方法和知识储备与时俱进。这期间产生的费用构成教育成本中不可或缺的一部分。

其次，除了教师外，还有其他为教育提供支持的服务人员，如学校管理者、行政人员、后勤保障人员等。他们各自承担着不同的职责，共同确保教育活动的顺利进行。他们的工资、福利以及相关的培训费用同样是教育成本的重要组成部分。

最后，为了确保教师和相关服务人员的素质和能力，教育机构还需要投入大量的资源进行人员培训和进修。这不仅包括对新入职员工的培训，也包括对在职员工的继续教育和专业发展支持。这些投入对于提升教育质量、推动教育创新具有重要意义，因此也是教育成本的重要组成部分。进一步来讲，当我们考虑到教育的长远发展时，更会发现人力成本的重要性。教育是一项持续不断的工作，需要不断地投入资源和精力来更新教材、改进教学方法、提高教育设施等。这些工作的实施者都是人，他们的专业素养和工作态度直接影响教育的质量和效果。因此，重视人力成本的管理和控制，实际上是为了确保教育的持续健康发展。

综上所述，人力成本在教育成本中占据着绝对的主导地位。无论是教师的工资、福利、培训费用，还是其他服务人员的投入，都是确保教育活动顺利进行的关键因素。随着社会的发展和教育的变革，人力成本在教育成本中所占的比例可能会进一步增加。因此，对于教育机构和政策制定者来说，如何合理配置和有效利用人力成本，将是他们在未来需要面临和解决的重要问题。

### 2. 教育成本管理不以营利为目的

教育的开销控制方式有别于商业领域中的类似操作模式。对于公司而言，其所耗费的所有支出都需要能带来收益并尽可能地降低花费来实现最大化的回报率；如果无法达到这个目标的话，公司的生存将会受到威胁，甚至可能面临失败的风险。然而在学校环境下，我们并不追求盈余或利益，而是专注于教学质量和服务水平的发展。即便是由个人出钱创办的教育项目也应该避免过分关注获益情况，学费定价应当适度超前投入资金即可（而不是像其他商品那样）。在美国等发达的市场化国家的背景之下，无论是公共还是民营的高级中学或者大学都不应该只是为了获取更多的收入才成立起来的。然而，面临的一个挑战在于：对于社会组织和个体投资者而言，除捐款外，其他的教育投资能否产生收益？如果能，那么这种行为是否违背了非营利的准则？依据《中华人民共和国民办教育促进法》的相关条款，在当前阶段，鉴于教育资源短缺并且国家无法提供更多的财政支持以满足教育发展需求，我们既应激励外部投资者参与，原因是我们急需他们的投资来推动教育的进步；也应明确规定他们不得追求利润，尽管教育确实是一种商业领域，但是其首要任务应当是公共利益，因此，他们在考虑投资教育时，必须优先考虑到这是为了公共福利而做出的奉献。此外，我们也应该容忍他们获取合理的回报，只要这些回报是在合法规定的范围内，并且不超过银行利率水平，就不能被视为追求利润的行为。政府可以通过法律手段，根据不同时期的具体状况设定最高限额，例如稍高过银行利率，坚决不允许出现暴利的情况，这就是坚守非营利原则的表现。

### 3. 教育单位成本呈递增趋势

就教育的本质而言，学校是一项具有高额固定开支且逐年增加的教育事业。这种现象的发生由多种因素决定并有着内在逻辑性。具体来说,它包括以下几个方面的原因:首先,学校的资金使用主要是为了满足教师薪资及学生补助金的需求;其次,社会进步对高质量人力的需求日益迫切导致我们不得不花费更多的时间来培训他们以适应这一变化趋势;最后,大部分老师都是具备高技能的专业人士并且也是其他领域所需要的优秀人员,因此他们的薪酬会随之上涨从而使得整体人力资本价格提升。另外值得注意的是,在科技创新的影响下,我们的学习设施和生活条件的优化也需要大量的额外经费支持。然而,随着教育深度的发展,其单位成本也在逐渐上升。此外,深化后的教育改革更注重提升学生的实践经验和理解知识创造的方法及流程,同时强化学生作为学习主体的重要性。这种教育变革也将进一步提高教育的单位成本。鉴于此,我们有理由认为,教育的特性使得其单位成本呈上升态势,并且学校的学生平均教育支出也需要每年逐步上涨。

## 二、教育效益

### (一)教育效益的概念

效益是指效果和收益,可以是劳动(包括物化劳动与活劳动)占用、劳动消耗与获得的劳动成果之间的比较,也可以是项目对国民经济所做的贡献。效益是衡量管理成效的标准。它一般是指组织的有效产出(有用成果)与所花费的投入之间的比较关系,是组织通过内部转换向社会提供的特定功能。例如,学校的有效产出主要是合格人才,高校甚至还包括高质量的科技服务和有价值的科研成果。经济效益这个词语起初源于经济学领域,指的是在特定环境下及时间段内,满足社会需求的劳动产品与其所需的物质劳动和人力劳动之间的比较关系。其含义可以被理解为:①投入与产出的比照(花费与收益、耗损与结果);②产出应满足社会的需要。部分研究者把这一词语扩展到三个方面:①提升生产效益,例如提高了工作效率;②减少开支的影响效果,此种影响能使资源得到更有效的使用,从而刺激更多的生产活动,例如增加了就业岗位,有助于减少犯罪行为并节约用于惩罚犯罪的相关费用;③改善社会福祉的效果,例如增强个人公共道德和社会价值观念的发展。由此可见,经济效益不仅是相对概念,也是具有社会性的概念,也就是我们对其作出评价时会考虑到人们的期望目标,并且产品的产生应该符合社会的目的性和实用性。

教育经济学对教育效益进行了扩展及深化,这种效益包含两个层面:①教育资源的使用效率;②教育产品满足社会需求的程度。值得注意的是,这个需求不仅仅指的是品质,还应涵盖结构和数量限制。只有当教育产品在这些方面都满足社会的期望时,才能够真正体现教育效益的存在。

依据上述研究成果,我们可以这样理解教育经济效益,它是指经过教育培养出的具有满足社会需求的能力与品质的人才,他们在社会再生产中创造出来的新增价值,扣除掉所有相关的教育费用后剩余的部分或者纯粹的利润。由此可见,教育的经济效用包含两方面的含义:一方面是教育对于社会进步和经济发展产生的推动力和影响程度的大小;另一方面则是教育给予受教育者的利益及其数量。

### (二)教育效益的类型

#### 1. 经济效益和非经济效益

教育的经济效益指的是借助对教育的投入生产出的特定品质及规模的劳动力人才,这些劳动力人才能在工作流程中提升效率,从而给社会的进步带来益处。这构成教育效益的一个重要元素。其涵盖私人和公共两个层面,前者是以个体作为起点来评估学习费用与其产生的回报的关系,后者是从全局的角度去衡量学习的支出及其产出的价值。

教育的非经济效益是指培训出的劳动者和专业人才在流入经济社会部门时,对于国民经济和整个社会经济发展所形成的积极因素。

#### 2. 直接效益和间接效益

教育的直接效益是指教育行为对学生个人和社会所带来的直接影响。

(1)教育对受教育者来说,其直接效益包括:在道德、智力、身体、审美和劳动等方面的知识、技能和技巧的增长,个人收入的提升,消费能力的增强以及职业选择和市场适应性的提高等。

(2)社会的直接效益源于教育所带来的提升,这主要体现在以下几个方面,即受过教育的群体的知识水平、技能能力、价值观和健康状况都有显著改善。"教育外部效应"指的是那些并非立即显现于受教育者自身的益处。这些也是教育效果不可或缺的部分。例如,教育在缓解普遍失业问题、调整产业结构、优化个人的工作选择、推动经济发展以及实施人口控制策略等方面都起到了积极作用。

教育的间接效益是指教育行为对学生个人和社会所带来的间接影响。

(1)教育的货币(金钱)效益和非货币(非金钱)效益:教育的货币效益通常以劳动收入的多少来衡量。由于受教育者接受教育,在未来劳动中会带来金钱收入的增加。教育的非货币效益通常是指受教育者在社会、政治、文化等方面所获得的利益等。

(2)教育的私人效益和社会效益(主体):任何通过教育所获得的效益如果仅为个人所有者享有,则被视为私人效益;由社会多数人享有的,则属于社会效益。

### (三)教育效益的特征

#### 1. 间接性

众所周知,用于生产领域的投资一旦进入到生产阶段,就能立刻带来实物产量的增加与价值提升。但是,教育是一个塑造人才的过程,它的直接结果就是人们知识和技能的提高。唯有这些知识和技能才能被融入实际生产的流程当中,并转化成生产力,才有可能创造更多的新财富，这样一来，教育的经济效果才会真实体现出来。所以，对教育的资金投入不会马上产生实体产品及现金回报，而是在教育任务结束后，通过间接方式展现出来，也就是我们常说的间接特性。再者，教育支出并非直接投向物质资源的生成环节，而是注入教育本身。故而，无法在教育进程中完整实现经济回馈和经济利益，也无法仅凭教育开支来精确计算教育的经济效应。

### 2. 迟效性

一般意义上的投入与产出过程是从投资开始的，直到回收全部资本并获得经济效益。在此过程中，不同类型的制造单位及特定的投资方案所需要完成这一进程的时间可能有所差异。一般来说，常规产品的生产周期相对较短，自各类原料投入到商品出售再到赚取盈余、盈利，最短只需数月，最多可达数年。然而，相比之下，教育的投资周期相对较长，教育的投资回报要滞后很多，基本的教育需求为12年的学习，高等教育至少需要3年，若进一步深造，又得花费3～6年。此外，部分领域仍需额外的专业培训，如此一来，个体或者整个社会投资教育所得出的回报往往会延迟很久。所以，对于个体甚至全社会而言，对教育的投资所能得到的回报都是长期性的。"十年树木，百年树人"，这个说法正是基于此理。

### 3. 长效性

与其他领域内的经济投入相比较，教育的回报往往需要在较长的时间段中体现出效果，这一特性是由教育投资的持久性所决定的。一般而言，制造类投资产生的实物产品因其物理属性导致其在使用过程中的消耗逐步增加，从而使得其利用价值逐年减少。然而，对教育类的投入却截然不同，无论是基础教育还是高等教育，学校教授的内容及培养出的技能能让人们终身受益，并在此后的几十年职业生涯里继续起着重要的作用。不仅如此，这些学识和技巧可以作为个体未来发展的基石，如同雪球般随着时间的推移不断地扩大和增强，为他们的生活、事业和社会进步提供无尽的益处，这也说明对教育的投资带来了长久且增值的效果。再有，科技的发展依赖于教育普及并且在工业化进程中得到广泛且长期的使用，这种方式会对经济发展造成深远的冲击，进而为整个社会的繁荣创造永久的经济利益。

### 4. 多效性

教育效益的多效性指的是教育所带来的经济效果是多元化的，且影响深远而广泛。这种多元化体现在以下多个层面。首先，对于个人而言，教育能够直接提升个人的工作技能和知识水平，从而增强其在劳动力市场上的竞争力，获得更好的就业机会和更高的收入。这种技能的提升和知识的积累是个人直接受益的体现。其次，教育对于社会和经济的影响也是多方面的。例如，通过培养各种人才，教育可以推动科学技术的发展，从而促进生产力的提高和经济的增长。教育还能够提升决策者和管理者的素质，改善经济管理和宏观与微观管理水平，进一步促进经济的健康发展。此外，教育效益的多效性还体现在对人口质量和国家竞争力的提升上。教育能够提高人口素质，降低人口数量，从而优化人口结构，为国家的长期发展提供有力的人才保障。同时，高素质的人才和创新能力是国家竞争力的重要组成部分，教育的普及和提高有助于增强国家的整体竞争力。最后，教育作为精神文明的重要组成部分和基础，其普及和提高还有助于推动社会的公平正义与和谐发展，从而创造更加良好的社会环境和发展条件。

因此，教育效益的多效性不仅体现在个人的经济收益上，更体现在对整个社会和经济发展的推动上。这种多元化的效益使得教育成为一项具有深远影响的社会投资。

## 三、教育共享

在教育管理中，共享是指资源、知识和信息的共享与利用。它涉及不同参与者之间的合作与交流，以实现更高效和可持续的教育管理。共享的范围包括以下几个方面。

（1）资源共享。教育机构可以共享设备、教材、教具和其他教学资源，以提高资源的利用率和效益。这可以通过建立共享平台或合作网络来实现，使得各方能够互相借用、共享和交换资源。

（2）知识共享。教育管理者、教师和学生可以共享他们的专业知识和经验。这有助于促进教学方法和最佳实践的传播，并提供支持和指导。知识共享可以通过研讨会、培训课程、社区论坛和在线平台等方式进行。

（3）信息共享。教育管理者可以共享重要的信息和数据，以便更好地了解教育系统的运行情况和问题。它包括学生的学术成绩、出勤记录，教师的评估结果、教学计划等。信息共享可以帮助决策者做出更明智的决策，并改进教育管理的效率和质量。

（4）教学经验共享。教师可以共享他们的教学经验和教学方法，以促进教学的改进和创新。这可以通过教研活动、教学交流会议和教师社区等方式来实现。教学经验共享有助于提高教学质量，激发教师的专业发展，并推动整个教育系统的高质量发展。

## 四、效益与共享的关系

"共享"意味着"共有"与"共富"。这个概念由来已久，最早出现在原始社会中，那时人们通过集体劳作平等地分享资源，这是一种基本的社会共享形式，也就是财产公共占有。随着时代的变迁，私人产权逐渐形成，原本用于共享的所有权体系也随之崩溃。伴随着社会的专业化及贸易活动，物品的使用权而非所有权成为新的共享方式，例如借贷、租赁或交换等都属于为了使用目的所做的共享行动。广义上说，"互联网+教育"及现代学校教学模式、教育均衡发展目标等，都是以不同的方式在演绎着共享的理念。效益指的是某种资源或行动所产生的利益或效果，教育的效益是指通过教育所达到的预期目标和效果，包括学生的学习成绩提高、知识技能的增长、思维能力的培养等。共享则是指教育资源和成果在教育系统内部以及社会各个层面的分享和交流。可以说，效益是教育管理的最终价值目标。

（一）效益是一切管理活动竭力追求的目标

当代世界的竞争本质上都是对管理效益的争夺。效益是每个管理工作最基础的起点与终极的目标，因此，效益的高低好坏就成为评判管理成效的关键指标。在这个现代化时代，我们面临的是来自各行各业如经济、政治、军事、科技等方面愈发严峻的竞争压力，各国、各区域以及各团体都在关注管理的提升。在管理领域中，效益通常指的是对资产、资源或投资的有效利用，以实现预期的目标和效果。通过实施科学化的管理，以确保其在严酷的竞争环境下始终保持领先地位，有效地达成组织的管理目标，从而使整个管理系统的运作更加高效，是研究者聚焦在此研究领域的主要动因。

对于管理活动的效益，可以从多个角度进行评估和衡量，如经济效果、社会影响力及环境保护等。常见的经济效益包括利润、回报率、成本控制等，主要关注的是组织的经济表现和财务目标的实现。社会效益则侧重于管理活动对社会各方面的影响，如雇佣就业、社会责任、公共利益等。环境效益则关注管理活动对环境资源的保护和可持续发展的影响。通过追求效益，管理者可以使组织在有限的资源和条件下取得最大的效果。这意味着管理者需要进行有效的资源配置、决策和控制，以达到预期的目标并实现最佳的效益。为了实现效益，管理者需要关注和平衡各个利益相关者的需求和利益，制订有效的战略和计划，并采取适当的措施和行动来提高效率和效果。然而，效益不是唯一的管理目标。在不同的组织和情境中，管理者还需考虑其他因素，如组织的使命和价值观、员工的满意度和发展、顾客的需求和满意度等。综合考虑这些因素，管理者可以制定综合性的目标体系，追求综合效益和可持续发展。

（二）要缩小发展差距必须遵循共享原则

共享发展是一种关于发展的观念，其主要含义在于使全体社会成员都能享有经济增长和社会进步的结果，旨在提升他们对社会的满意度和生活品质，增进他们的福利，并激发他们对推动经济社会发展的高度热情、主动精神和创新能力。共享原则强调公平、平等和共同发展的理念，即将社会和经济的发展成果公平地分享给所有人，并确保每个人都能享受到发展的机会和福利。共享发展被视为达到效果的方法和途径，而达成成效则是共享发展的终极目标，唯有坚定地执行共享原则，我们才有可能逐渐实现达成成效的目的。当下，世界发展差距日益明显，一些地区和人群面临着贫穷、不平等和社会不公正等问题。例如，我国在城乡之间、地区之间和群体之间都有比较明显的差距。首先是城乡差距，无论是教育、医疗服务，还是社会保障和养老服务，城乡差距都很大。其次是地区差距，地区差距在拉大。前些年主要关注东西差距，现在还需要关注南北差距。最后是收入差距，群体之间的收入差距不小，基尼系数在 0.46～0.47。为了有效地解决这些问题，必须坚持共享原则，将社会和经济的发展成果公平地分享给所有人。若没有共享发展，则会造成居民间的贫富差距加大，基础公共服务的供应在不同的社群间、城乡及地区中呈现出失衡的状态。

坚持共享原则旨在社会和经济活动中，要确保发展的成果能够公平、公正地惠及全体人民，让每个人都有机会参与并从中受益，主要体现为如下三点。一是有助于实现社会公平与正义。共享原则的关注点在公平、平等和社会正义上。通过公平的资源分配和机会均等，可以减少贫困，缩小贫富差距，实现教育公平与社会公平。二是促进可持续发展。资源的合理使用和环境的保护是实现可持续发展的重要因素，同时也为未来世代留下良好的发展条件。三是增加社会凝聚力。共享原则有助于增加社会的凝聚力和稳定性。当每个人都能从社会发展中受益时，将减少社会的分裂和不公平感，促进社会成员之间的团结与和谐。

### （三）效益是衡量改革是否成功的标准

要缩小与发达国家的差距，管理工作就必须创造更高的经济效益和社会效益。改革的过程本质上是一个重新配置利益的过程，不可避免地会导致冲突与反抗，并且伴随着巨大的挑战和风险。为了确保改革的顺畅推进并获得最大范围的支持，我们需要先看到它的成果，这是推动改革的关键前提，同时也是持续实施改革的基础。然而，任何改革的效果都需要透过各类管理的效益来显现。所以，判断中国改革未来走向及成功程度的标准在于它能否激发生产力增长，能否带来良好的经济和社会效益。以下是一些常见的衡量改革效益的标准。

（1）经济效益。经济效益意味着生产更多的产品和服务，从而有利于满足人民不断增长的物质和文化生活需要，如经济增长率、就业率、投资吸引力、企业利润等。经济效益的提升反映改革政策促进经济的增长和可持续发展。

（2）社会效益。社会效益指社会再生产的过程中满足社会对物质和精神财富需求程度及其满足需求以后的后续社会结果。衡量改革对社会公共利益的影响，如减少贫困、改善社会福利、提高教育和医疗水平、增加公共安全等。社会效益的提升可以反映改革政策能够提高社会的生活质量。

（3）制度效益。制度效益是指制度收益与制度成本之间的相互比较和评估。简单来说，它衡量的是一个制度在实施过程中所获得的收益与所需支付的成本之间的关系。制度效益是评价制度是否具有现实性和有效性的重要指标。制度收益是指制度通过降低交易费用、减少外部性和不确定性等给经济人提供激励与约束的程度。这些收益可以表现为生产力的提高、资源的合理配置、社会福利的增加等。

教育改革的过程是教育与社会相互承担责任的过程，教育只有承担社会责任，才能为社会发展做出教育贡献，发挥教育的社会功能。和所有改革一样，教育改革也要借助各种各样的事情、事件和事务，依托诸多具体的项目、工程和方案来实现，最终也要通过成事的效率和效益来衡量改革的成效。通过有效衡量改革效益，可以评估和调整改革措施和政策的有效性，进一步优化改革过程和结果。然而，效益评估也需要综合考虑其他因素，如社会公众的满意度、长期影响和可持续发展等，才能全面、准确地判断改革是否成功。

# 第二节　教育管理效益与共享原理的理论基础

简而言之，经济效益是一个抽象的经济概念，它代表经济活动中资源输入与输出、人力消耗与回报间的比较关系。在这个视角下，马克思主义政治经济学赋予其关键性的角色。马克思和恩格斯将其归纳为"生产成本与效果的关系"，旨在解答某项商品是否有必要制造的问题——该产品的功效能否弥补制造成本的问题。虽然马克思本人并未专著论述过经济效益这一主题，但在他的众多作品里，我们总能找到他有关此问题的思考。深入研究这些分散于各部作品里的经济效益观点，有助于提升社会主义市场环境下的经济效率。①

## 一、效益理论

### （一）人力资本投资理论

由舒尔茨等人所引领的人力资本投资理论指出：对教育的投入被视为一种投资活动，而不是消耗品。这种方式能够提升个人的人力资源并带来持续且终生的利益，这与一次性回馈有所不同。相较于传统物质资本，现代社会的知识和技能积累增速更快，其产生的经济效益也更高。

人力资本投资理论打破了传统观念中资本仅限于物质资本的局限，将资本划分为人力资本和物质资本两大类。这一理论提供了一个全新的视角，有助于更深入地探究经济理论与实践。按照该理论的定义，物质资本指的是已转化为物质产品的资本，如厂房、机器、设备、原材料、土地、货币和其他有价证券等。相比之下，人力资本则是体现在个体身上的资本，其价值源自对生产者的教育和培训投入及其相应的机会成本。它具体表现为个人所拥有的各类生产知识、劳动技能和健康素质的总和。在这一观点下，人类在参与经济活动的过程中，一方面持续地投入资源进行生产，创造出满足市场需求的商品；另一方面则致力于提升个人的智力、体力和道德素质，进而形成更高的生产能力。这一理论的核心观点在于，人的生产能力形成机制与物质资本是类似的，因此应当将人力视为一种资本——个体所拥有的各种生产知识与技能的集合。

### （二）成本与收益理论

成本与收益理论是与市场经济相对应的产物。在市场经济条件下，如果学校管理者缺乏学校管理经验，不能亲自管理学校，就会找人代理，这时委托人购买的是代理人的

---

① 马克思，恩格斯. 马克思恩格斯全集（第二十五卷）[M]. 中共中央马克思恩格斯列宁斯大林著作编译局译. 北京：人民出版社，1974：625.

服务与管理才能。但由于代理人具体管理着企业，掌握着比委托人更多的信息，从而有条件凭借这个优势来获得更多的私人利益，由此造成委托人的损失。

美国著名教育经济学家亨利·莱文教授将经济学中的资源稀缺性假设引入教育领域，系统阐述了在教育领域如何进行严谨的经济评价，以帮助我们探寻"将有限的资源投入到哪里可能收获更好的教育结果"等资源效率问题的答案。教育成本收益概念的提出与教育资源实际耗费的计量分析和教育投资收益率的计量分析密切相关。市场经济的一些基本规律，如价值规律、竞争规律等，在提高学校投资效益中也发挥了举足轻重的作用。

（三）新增长理论

作为经济学的一大领域，新增长理论（new growth theory）致力于解答经济学中的核心问题——增长的基本驱动因素。其诞生象征着新古典经济增长理论与发展经济学的整合。这种结合的主要特征在于，强调经济增长并非由外界要素（例如外源性的科技进步）所驱使，而主要源于经济系统自身的动力（例如内在的技术创新）。此外，该理论还关注诸如知识扩散、人力资本投入、研发活动、收益增加、劳动分工及专业化、实践学习、开放市场和垄断效应等问题的新视角，并以此来全面解释经济增长速度与人均收入之间的全球范围内的巨大差距，为我们描绘出一幅新的长远经济发展的画卷。

新增长理论强调创新和知识的积累对经济增长的重要性。该理论认为，政府政策、知识产权保护和研究投资可以促进创新和经济增长。根据新增长理论，在 20 世纪最快速发展的要素是人力资源。专业知识和人力资本投入具备逐渐提高收益的特性，而专业知识的溢出效应来自人力资本的溢出效应。

（四）教育学理论

教育的本质是培养人的一种社会活动。我国教育的宗旨是把年轻一代培养成为德、智、体全面发展的、符合革命和建设需要的接班人。提升教育投资效益不能违背这一宗旨，只有在遵循这个宗旨的基础上，才能真正实现增加教育投资收益的愿景。教育学理论进一步支持和解释了教育改革中效益的实现途径和路径。它们强调学生的个体发展、社会交互、实践经验和反思能力等因素对教育效益的重要性。在实际的教育实践中，可以根据这些理论原则，选择合适的教育方法和策略，以实现教育改革的效益最大化。

在教育学领域，效益理论主要关注教育活动和教育政策对教育结果和效果的影响。效益理论基于多种教育学理论和观点，如认知发展理论、教育评估理论、社会公平理论、教育经济学理论等，这些教育学理论和观点为效益理论提供了理论基础和指导。效益理论帮助我们理解教育改革和政策的目标，并提供评估教育效果的方法和工具。基于教育学理论和观点的研究和实践，可以优化教育活动和政策，实现教育的效益最大化和可持续发展。

## 二、共享发展理论

　　共享发展理论并非凭空而来或毫无根基，它源于深厚的基础理论体系。历史唯物主义认为，人民群众是历史的主体和创造者，是社会赖以存续和发展的物质财富和精神财富的创造者，也是社会变革的决定力量。这为人民群众共享发展成果提供了可能。这种可能性转变成直接现实性决定于生产资料所有制，因为生产资料所有制决定着产品的分配。显然，溯源到马克思本人对社会发展与需要辩证关系的基本论断，"共享"意指社会生产资料、社会资源财富、发展成果以及劳动产品的公平分配和供给，反映出通过"在协作和对土地及靠劳动本身生产的生产资料的共同占有的基础上，重新建立个人所有制"[①]。"发展"则意指以人为主体的全面发展，是"人以一种全面的方式，就是说，作为一个完整的人，占有自己的全面的本质"[②]，而在社会组织结构的整体视域当中，"发展"意指社会生产力整体质量和水平的提高，亦指社会生产和社会分配的深化变迁变革。马克思生动地将人类社会生产和需要的关系用理论概括为"已经得到满足的第一个需要本身、满足需要的活动和已经获得的为满足需要而用的工具又引起新的需要"[③]。因此，社会共享为社会发展提供了科学的实践目标和推进路径。

　　十一届三中全会以来，在接续探索中国特色社会主义道路的伟大征程中，在总结我国社会主义胜利和挫折的历史经验，借鉴其他社会主义国家兴衰成败的历史教训、发展中国家谋求发展的得失经验的基础上，我们对共建共享社会主义的认识逐步深化。这集中体现在邓小平提出的社会主义本质论、江泽民对社会主义本质论的丰富和发展、胡锦涛提出的构建社会主义和谐社会以及十八大以来习近平总书记提出的一系列新思想新观点新论断中。2015年8月，习近平总书记在中共中央为征求"十三五"规划建议意见召开的党外人士座谈会上指出，"广大人民群众共享改革发展成果，是社会主义的本质要求，是我们党坚持全心全意为人民服务根本宗旨的重要体现"[④]。

　　中国古代典籍和思想家对民本思想有过深入系统的阐释。《尚书》就有"民为邦本，本固邦宁"的思想。此后无数先贤都大力宣扬民本思想。千百年来"大道之行也，天下为公""不患寡而患不均""民为贵，社稷次之，君为轻""老吾老，以及人之老；幼吾幼，以及人之幼"等民本思想滋养着一代又一代的中华儿女。共享思想始终是激励中华儿女自强不息、团结奋进、不懈奋斗的强大力量，是中华优秀传统文化的重要基因。独特的文化传统，独特的历史命运，独特的基本国情，注定了我们必然要走共享发展的道路。

　　① 马克思. 资本论（第一卷）[M]. 中共中央马克思恩格斯列宁斯大林著作编译局译. 北京：人民出版社，2004：874.

　　② 马克思，恩格斯. 马克思恩格斯文集（第一卷）[M]. 中共中央马克思恩格斯列宁斯大林著作编译局编译. 北京：人民出版社，2009：189.

　　③ 马克思，恩格斯. 马克思恩格斯文集（第一卷）[M]. 中共中央马克思恩格斯列宁斯大林著作编译局编译. 北京：人民出版社，2009：531.

　　④ 新华社. 征求对中共中央关于制定国民经济和社会发展第十三个五年规划的建议的意见[EB/OL]. (2015-10-30) [2024-03-20]. https://www.gov.cn/xinwen/2015-10/30/content_2956946.htm.

共享发展是我国推动社会进步的重要发展理念，是提升我国全民获得感的根本需要。国家"十三五"规划纲要明确指出，民生问题一直是我国经济社会发展的重要短板，坚持共享发展理念，坚持发展成果全民共享，才能全面提高全国人民的获得感。深刻理解共享发展理念，坚持共享发展，对全面促进经济社会进步、提高全民获得感都具有深远意义。①共享发展作为"新发展理念"的落脚点和归宿点，要求促进发展成果人民共享，不仅要求社会利益关系的不断调整和分配秩序的不断改进，更重要的是要确立一种获得所有社会成员理性认知赞许的制度规范和价值理念——社会公正，即以时代问题为导向、以人民为中心、以社会公平正义为依托，旨在构建以"共享"为核心的公共理性价值，是告别相对剥夺感、寻求人的获得感的价值真义。共享发展作为"新发展理念"的先导和根本追求，其基本的理念内涵颇为丰富。

（一）全民共享，全员覆盖

人民被视为共同进步的主要推动者，这意味着他们不仅仅是创新与发展的主要力量，同时也是其受益方。首先，全面性的含义是指所有的社会个体，既包含对社会作出巨大贡献的社会精英，也包含那些处于社会边缘的人群；不仅仅局限于知识或体力的劳动者，还包括身体和生活上有缺陷的人们及贫困人口，这是全方位扩展至全部社会成员的一种方式。其次，全人类都可以成为分享的主角，它甚至能触达全球各地的所有人，无论是富裕的城市还是落后的乡村，都应享有平等的机会，这就是跨越地理界线并超出国界的概念。最后，在深度方面，共享发展是一个世代间的共享，也就是说，仅仅满足当前一代的需求是不完整的，我们还需要考虑到未来一代，从世代的角度来理解，共享发展的观念要求我们在考虑今天的进展的同时也要兼顾明天的情况，唯有保持持续发展的可能性，才能确保社会的历史车轮不会陷入无法预知的困境中。

（二）全面共享，保障权益

全局化的共享发展主要体现在其涵盖的内容广泛上。首先，这不仅仅意味着所有社会成员都应享有经济发展带来的收益，还包括基于经济共享之上而形成的政治、文化和社会的共享，甚至延伸到环境保护等方面。这一含义下的共享发展更注重的是各类发展结果应该尽可能多地造福大众。人们的需求并不仅仅是生活必需品如食物、衣物、住房和交通工具，当这些基本的需求得到满足后，他们还会追求更高层次的需求，例如参与政治活动或欣赏艺术作品等。在这个不断变化的过程中，人们明确了自己的成长方向，感受到社会发展的温暖。其次，这个概念也强调各方利益相关者应共同分享发展权、条件和成果，以确保他们在各个方面都有充分的保障。作为个体的人们，在他们的发展道路上，可能会遇到各种不同的挑战和未知的风险，因此，对于公正的社会制度设计和有效管理方法的呼声越来越强烈，期望所有人能在全方位的发展中享受到同等的机会，并

---

① 王维平，张娜娜．"共享"发展理念下的社会分配[J]．西南民族大学学报（人文社会科学版），2016，（6）：192-197．

在众多机遇面前有同样的权力去掌握它们，从而实现自我生存和发展的权益，使所得更为丰厚，幸福感更加强烈。

（三）差异共享，各得其所

共享进步的多样化意味着每个社会成员在同一进步过程中因其自身的独特性和特定性，从而产生出各种形式的共享进展水平。他们各自尽管达到的进度有所区别，但最终都可以达成自我最大的共享可能性。依据马克思关于劳动价值的理论，所有物品都是以固定数量的凝固劳动时间为基础的，更为复杂的工作仅仅是简单的重复工作或者说是多次的简单工作，所以，较少的复杂工作就相当于大量的简单工作。每个人的实际情况受制于主观条件和个人的特点，无法做到完全统一的社会劳动者，也无法取得等量齐观的劳动成果，当然也就不能期望有同等程度的进步。因此，我们必须基于各人群的具体状况来实行多元化的共享方式，也就是要在保障每一个人劳动价值的前提下实施差别的共享，并在符合付出、回报、奉献和职位匹配的原则上，确保经济发展和社会财富的同步提升。这就是所说的共享进步，它并非指平等主义下的共享，而是在尊重个体差异的前提下，实现包括社会公平正义在内的各种不同之处共享，尽力让每一个人都能充分发挥自己的价值。

## 三、效益与共享理论整合

发展的观念引导行为的前进方向，所有的进步都受到相应的思维模式的影响并被其所驱动。面对中国经济转型关键时期及全球化的压力，中国共产党十八届五中全会明确强调要深刻认识构建发展新体制的重大意义，坚定支持创新、协调、绿色、开放、共享等五大发展理念。上述理论的提出反映出中国的现实状况并且满足新时代的需求——它们为解决未来的问题提供了重要的指引作用并对推动高质量发展有着深远的影响。

全民共享指的是共享的范围是全民，人人共享。我国作为社会主义国家，其特性使得经济和社会发展的目标是更广泛地惠及人民，全身心地服务于人民，让所有的人都能共享到改革和发展的成果。

全面共享指的是共享的内容要全面，人人均衡。马克思主义理论指出，共产主义社会的最终目标是全体人民的自由和全面进步。在这里，"人的自由全面发展"中的人指的不是某一个人，而是全社会的每一个人；指的不是抽象的、孤立的人，而是具体的、社会的人。共享并不仅仅局限于社会成员之间的财富共享。人类发展的全面性和需求的多元化都决定共享的广泛性。

共同拥有和分享意味着所有人都需要一起创建并参与其中。根据马克思主义理论，经济发展和社会进步的结果应被所有人享有。这种观念反映了中国共产党的宗旨：全心全意为人民服务。然而，我们也需明确，只有当每个人都积极投入到改革发展历程及国家和社区的具体行动当中时，才有可能让全体社会成员共享经济和社会的发展成果。单凭个别人的努力无法推动社会主义建设这个宏伟任务，唯有通过全民团结一致的力量方能达成目标。因为首先得有好的基础，然后才能把蛋糕切好并且分配均匀。共建是共享的前提，没有共建，共享只能是"镜中月水中花"。

渐进共享指的是共享的进程要渐进，人人尽力。国家统计局 2022 年 1 月 17 日发布的数据显示，经初步核算，2022 年全年国内生产总值（GDP）1210207 亿元，按不变价格计算，比上年增长 3%。我国经济总量达 18 万亿美元，稳居世界第二位[①]，其他各项事业也都取得了长足的进步。但是，我们也应该意识到，实现共享不可能是一蹴而就的。无论是从共享发展的历程来看，还是考虑到人民对于共享发展持续不断的追求，我们应该认为在一个较长的时间段内，共享发展应该呈现出由低级向高级、由不平衡到均衡的螺旋式进步。

第一，我们需要采用一种以人为核心的管理方法来提高大学教育的管理效果。为了达到这一目标，我们必须遵循当前管理的主要潮流，也就是建立以人为核心的人文主义管理模式，并将其应用于实际操作过程中。从理论上看，无论是否基于经济学或社会学的观点，所有这些研究都在强调实施以人为本的重要性及其对改善管理效能的作用。许多专家也指出，其中一条有效提高管理效率的方法就是通过引入人性化元素，尽可能地激发员工的主动性和增加团队凝聚力。此外，从大学的管理实践来看，关注和尊重教职工及学生的需求可以减轻管理过程中的障碍和冲突，推动管理人员持续进步，丰富他们的管理知识体系，以便更好地应对繁杂的高等教育工作环境。此外，人本管理的原则要求每个员工都能充分发挥自己的才华。领导者有能力将具备不同知识、专业和技术的人员安置在所需职位上，并通过系统化的培训提升相关人员的管理水平，从而进一步提高管理效率。

第二，我们需要对管理思维和理念进行升级。为了提高高等教育的管理效果，我们必须遵循科学发展的原则并形成科学化的管理观点，强调社会主义管理制度的基本特性，提倡充分发挥每个人的潜力，实施法治管理。一是确立高等教育管理的核心价值观——人性主义，这意味着恢复教职工及学生的主导角色，使他们成为大学管理系统的一部分，激励他们的主动性和减少管理障碍，从而降低管理费用，提高管理效率。二是确立高等教育管理的原则——法治。随着我国全面推进依法治国的进程，高等教育管理也需要适应这一主流趋势，把法治视为主要的管理概念，强化管理人员的法律意识，持续推动大学的法治建设，确保学校工作可以依据法律法规来执行，并且有一定的规则可供参考，以此实现法治管理的常规化。三是确立高等教育管理的核心理念——民主。在学校管理过程中，倡导通过民主方式解决问题，特别是在赋予教职工一定的发言权方面，创建了教师参与和决策管理的机制，并将民主精神融入学校的管理工作中去，提高了管理的效果，实现了科学化和民主化的管理。

---

① 魏玉坤，周圆. 2022 年我国 GDP 突破 120 万亿元 增长 3%[EB/OL]. (2023-01-17)[2024-05-09]. https://www.gov.cn/xinwen/2023-01/17/content_5737514.htm.

# 第三节　教育管理效益与共享原理的运行机制

## 一、利益联动机制

与其他领域相比，教育发展进程具有基础性、先导性和战略性地位。如何利用教育协同机制来推动区域的全面一体化，是未来教育政策创新急需解决的改革难题。

### （一）资源配置

推动教育资源的区域化分配，并加强共建共享机制。从资源分配的视角来看，通过共享机制进行整合和使用教育资源以实现最大的资源效益，是教育一体化发展的关键所在。

长久以来，教育资源的配置与迁移受到严密的地域限制，然而科技的发展使得教育资源的共享和地域间的互动有了更广阔的可能性。通过利用先进的技术构建一体化的高效教育资源整合服务平台，可以充分运用本地有限的教育资源并推动地区的优秀资源相互补充。使用现代的信息技术和云计算等方式来实现高质量的教育资源共享共用，建立起以教学为中心的一体化高效教育资源整合共享系统。

加强教育合作共赢内容的构建与体制保护，深化并扩大地域教育资源协作共享的深度、密度及宽度。地方教育资源分配发展的观念已经提倡了多年，然而其实际操作中的深远影响、密集程度和广泛覆盖仍需进一步提高。就深度而言，目前的教育合作主要体现在初级学校的互动上，而真正的联合研究项目却尚未取得重大突破；就密度而言，当前的教育资源分享更注重形式而不是内涵，各地区的共同发展缺少稳定且持续的政策支持；就宽度而言，现亟须扩展地域内的教育资源共享的范畴和范围，已有现状只是局限于建立联谊会或举办研讨会等表面工作。

### （二）制度壁垒

关键在于打破以行政管理界限为体制基石的各种传统为政模式，推动高等教育协调发展和创新成长。所以，构建一个利益共享与创新开发相结合的机制变得尤其重要。

首先，在系统的教育联合进步过程中，解决教育的权益与矛盾冲突问题，并在此基础之上提升地区教育协作的细致化制度供应。由于发展的不均衡，地区的教育变革中产生了各种不同的问题和需求。构建教育整合性的权益谈判体系必须以促进地区全面进步的思路来处理地区教育发展的实际矛盾。对各参与者来说，教育融合过程中的权益与矛盾冲突都是真实存在的，关键在于怎样根据这些实际情况达成地区教育合作的最广泛共识，这是检验领导者的策略智力的主要挑战。

其次，我们需要扩大多方参与者的交流途径，以寻找能够推动整个区域教育的最佳共同点。有效的沟通与对话为利益协调奠定基础。所以，为了实现教育联动的区域化，应该确保各地区的交通运输条件相对良好，教师及学生的移动频率较高，但是这种状况往往伴随着对个人需求的满足。怎样才能更好地从政策角度构建由各个层级政府、学校和其他相关人员组成的多方参与者之间的有效沟通平台，以便消除阻碍教育一体化的体制障碍呢？

最后，我们需要建立并完善一套系统化的、规范性的地区教育利益协调机制，以确保教育协作可以在合规且合理的法律体系内顺利展开。这种合规性和合理性正是推动教育合作走向健康发展的重要保证，也是现代化教育法治理念的核心需求与表现形式。在推进教育联动的过程中，如何构建出符合法律法规的教育利益谈判准则变得尤为关键。通过优化并提升这一系统的有效性，可以为我们解决未来的潜在争议及利益纷争提供坚实的法律依据。

（三）治理能力

在区域治理的视角下，提升教育管理能力不仅需要充分利用政府在整合过程中的策略导向和激励作用，还应根据现代化管理能力的标准来刺激各级各类学校的协同创新活动，促进社会各方面力量的共同参与。

另外，我们需要建立各种层次的、支持教育一体化的行业协会与专业团体，以便能充分利用其在地区教育管理中独特的贡献。目前的教育互动主要受制于上级的教育政策驱动力。依据多元化主体参与的现代化治理理念，地方教育的治理水平提高被视为国家教育治理能力的必要发展方向，并且社会的力量对于增强当地教育治理的能力至关重要。完善由行业协会与专业团体主导的社会力量介入将会变成推进教育联动的机构运作变革的需求。

同时，我们需要激活各层级院校在整合过程中的协作创新动力，并指导它们积极寻找由内向外的合作进步路径。本质而言，教育的融合关键在于促进所有类型的院校共同创新与发展。然而，在实际操作中，各个层次的教育机构并未充分利用其自身的热情、自主性和创意。作为构建教育联合发展的基本单位，每个种类的学校都有各自的需求和特性，因此如何调动这些学校的协作创新能力成为推动教育互动发展的紧要问题。

## 二、公平分配机制

在新时期的环境中，地方教育的进步遭遇了新的冲突和困难，怎样通过效率与共赢的方式来处理教育的不均衡性已然成为推进地域联合发展的迫切需求。有条理地促进各地区间的教学方法一直是落实公平分配机制的关键因素及必要条件。在拟定实施策略的时候，需要全面考虑各地区的教学进展平衡，以防止出现地域间的发展失衡现象。

（一）合作与博弈

长期以来，中国教育的进步受到内部分配问题的困扰。这种问题源于在资源有限的环境下，各方的需求持续增长所产生的冲突。平衡内部资源并非指完全平分所有资源，而是基于各个利益相关者之间的竞争和妥协达到的一种均衡状态。教育资源的数量不足并且质量上乘的教育资源更是匮乏，使得如何实现资源分配的公正性和效益成为一个亟待解决的问题。

通过实施教育管理的策略，我们可以把收益分派的过程转化为内在资产调度流程，即从"资源稀缺—资源替代—资源合作"的角度来理解这个博弈过程。各个权益方需要克服教育的资源限制，寻找并利用能够支持学校的其他替代性的教育资源，以此建立起强大的协同约束机制。

### 1. 资源稀缺博弈

教育的珍贵特性导致其资源配置问题的出现。当教育资源有限时，争夺这些资源就是不可避免的事情。这种现象背后的原因主要是两点：一是教育资源的数量有限；二是需求方的无限制扩张。各个学校的间接竞争也加剧了对于教学资源的抢占。随着资源越来越少，各个利益相关者之间的资源斗争可能导致利益分配失衡，从而影响到教育资源的使用效率和各类参与者的积极性、自主性和创新能力。

通常情况下，资源稀缺博弈表现为无约束协定下的对抗形式，也就是没有强制性的协议参与其中。当不同的利益相关者在争夺教育资源的过程中，他们主要关注的是自己的权益和怎样才能让这些权益达到最大的价值。在学校内部分配教育资源的时候，每个管理单元都会试图获得尽可能多的且高质量的资源，以此来提高学校的声誉并增强其竞争力，进而实现自我教育的最佳效果。然而，所有学校都是独立的个体，它们会过分地强调自己利益的最大化，因此难以解决教育资源优化配置的问题。这是因为它们在处理有限的教育资源分配问题上，并没有充分考虑到如何使得资源能够更好地满足多个使用者的需求，而是把重点放在确保某个特定地点或场所拥有足够的资源上。那些已经获取了足够资源的人们常常持有一种"为自己所用"的态度，这导致他们在面临资源短缺竞争时，倾向于推动资源进入而不是离开。

### 2. 资源替代博弈

由于教育的匮乏，各个利益相关者都在努力争取更多的教育资源的支持。通过创造并挑选出能够替换现有教育资源的方法，克服原有资源不足的问题，突破资源限制。在以教育为基础的发展过程中，有一种内置的选择规则，即某种教育资源有可能由其他的教育资源代替。如果现有的教育资源分配不均衡，则需要利用有效的替代品来自行弥补。

资源替代是一种资源分配的行为，其过程总是受到各个利益相关者的不同形式的竞争。使用相对富裕的资源来取代相对匮乏的资源被视为资源替代博弈的策略之一。各类资源在学校发展的支持下发挥各自的功能，从而产生不同的影响效果。"稀缺性"和"成本—收益"是资源替代博弈的关键因素。虽然资源稀缺导致了资源替代的需求或者可能性，但是仅有这个并不足以让它变成实际存在的事实。要确保资源替代的发生并且能够持续下去，就必须冲破"成本—收益"对于资源替代的影响。因为存在成本问题，学校的资源分享并非自然而然地就能发生。各个利益相关者在考虑成本大小和资源替代能否成功的过程中不断地展开争夺。

### 3. 资源合作博弈

在分配资源的过程中，我们必须寻求双赢的结果。如果缺乏健全的教育权益共享体系，那么它将会违背教育的公正原则，也无法确保资源能真实满足各方的需求。经由对教育资源的竞逐和有效的替代，内部分配资源的过程中的各个利益相关者的互动更倾向于协作方式，也就是通过一种有约束力的协定来实施原本不可能实现的资源分配策略。在这个协作框架里，教育资源的争夺被视为一种资源共享的竞赛。多方利益相关者的协同行动有助于减少资源调度的费用并提升总体资源分配的效果。资源共享竞赛表明，当不同的利益相关者互相竞争的时候，他们会采用最佳的竞争策略——协作。参加到这个竞赛里的每个角色都能共同制定出一份具备约束力和强制性的合约，其核心是群体理智。在一个内部的博弈过程中，两个或更多的角色的教育资源交接应该遵循已经达成的协议以保证每一个角色的利益都得到增长，或者至少有一方的利益有所增益而不影响其他人的利益。在资源共享竞赛中，只要内部资源分配的各个利益相关者通过自由谈判达成一致意见，每个人都可以获取最大的收益，$1+1 \geq 2$ 便是资源合作博弈的理想状态。

### （二）激励与约束

效益和分享构成教育资源分配平衡的方式，这是一种涉及各个利益相关者的竞争行为。为了达到资源分配平衡的目标，我们需要建立起高效的奖励和限制系统，也就是要在内部资源分配的过程中构建出能够把个人理性和团队理性融合在一起的体系，这样可以使得资源分配的参与者在强大的限制下做出对提升资源分配平衡有益的行为。这个系统的激励和限制部分由四个部分组成：激励与约束的主客体、激励与约束的方式、激励与约束的目标、激励与约束的环境。

### 1. 激励与约束的主客体

激励与约束机制的核心部分由负责内部资源分配决定的机构组成，它们构成这个机制的执行者。但是，当这些机构进行资源分配选择时，并未对各种情况下应采取何种行动给出明确的规定。若决策产生严重的错误或执行过程偏离计划，这有可能引发内部分配资源的不平衡状态。建立激励与约束机制的第一步就是给定资源分配决策制定的标准，遵循职责、权力及收益相协调的原则，并充分考虑各方利益，联合策划出一套适合决策者的激励与约束策略，使得他们的资源分配任务的目标责任、业绩评估和奖励惩罚能够有效地融合在一起，以此达到教育资源公平分配的目的。

作为由各种资源元素构成的有机整体，内部资源配置的激励与约束对象就是这个系统本身。在学校等各个利益相关者中，它们是最重要的目标和实施资源分配的核心。学校的可用教育资源数量及其稀缺度影响着它们的竞争策略和方法。对于学校资源配置的激励与约束来说，首先可以调整固定的内部分配资源，以提高获取稀有资源的可能性；其次，必须构建有效的约束合同，确保它们在竞争中的行动合规且不会侵犯他人的权益。

### 2. 激励与约束的方式

内部分配策略的主要驱动因素包括两点。第一是刺激。这可以通过各种形式如物质奖赏或心理鼓励来提升参与者（即激励对象）及施加影响者（即约束方）的主动性和效率，从而有效、迅速地达到预期的资源平衡分配的目标。为了确保教育各相关方的"竞合有序"，并促使它们更紧密协作以避免无益的竞争，我们需让它们从中获取更多实质性的和精神上的回报。第二是限制。签署了资源共享协议的各个机构应承诺相互配合，但如果其中任何一方出于个人私利而试图违背约定或者违规操作，那么根据该协议的条款可采取相应的处罚手段，以此把所有参与者的行动范围限定在一个合理的区间，使得他们的每个举动都要为其带来的结果负责并承受由此产生的代价。因此，构建一种能连接激励与约束的主客体间的有机联系至关重要，对于每种激励元素来说，都需要设定与其相对应的惩罚方案，绝不可只有激励而不谈惩罚。

### 3. 激励与约束的目标

对内部资源配置的奖励和限制目的在于决定如何去鼓励或制约问题。内部资源是一种教育工具，所以它们的平衡配置的目标因观察角度的不同而有所差异。从微观层面来看，这个目标旨在学校已设定的资源下，通过有效地使用各种人力、物资及财务手段，使学校的运作得以顺利进行，同时保障教学任务的达成。从宏观层面来看，合理地在各校间分配内部的教育资源并确保它们被用到最大化，这是资源平衡配置的奖励和限制目标。以内部人力的配置为例，我们应该明晰此项工作的目的是提升人员的工作效率，推动人员构成元素的全面升级，改进人员的空间分布状况。

### 4. 激励与约束的环境

制度作为一个重要的环境因素，影响教育资源分配，是一个自我维持的信念体系，用于规定博弈规则。在教育资源分配过程中，关注制度的设计能有效地限制教育团体内的资源平衡。首先，创建适当的教育资源分配制度环境，并设定清晰的规定来界定参与者的责任与权益，以确保他们能在制度框架内合理地执行资源分配任务。其次，利用制度规划，调整稀有及替代性的教育资源投资比例。为了达到合理的资源配比，必须遵守特定的制度标准。最后，借助制度优化，达成教育资源的公平分配。这主要依赖于评估和对比各个机构对各类资源的需求强度，以便让有限的资源能够被更需要的学校所使用。

## 三、考核评价机制

为了评估教育的成效、达到社会的成果和社会的教育效果的平衡，我们需要采取以下策略。首先，我们要坚定地遵循"双效"的原则。这意味着要保证教育内容的准确性和持续性发展。其次，我们要坚守差别化的评价准则。考虑到一般情况和特定情况之间的关联，合理设定评分规则，实施分级和区别化的评估方法。再次，我们要贯彻鼓励和限制结合的原则。按照权利、义务和责任统一的要求，建立激励和约束相结合的考核评价制度。最后，我们要坚守公平、透明和公正的准则。以公司的社会效益和经济效益为基础，对评估内容、准则、流程和成果进行透明化，确保标准公正、评价公平、过程透明、结果公正。

目前，我们需要妥善解决教育改革中涉及的社会利益和社会财富之间的关系，同时也要平衡社会利益与经济利益之间的关系。如果社会利益和经济利益之间出现冲突，那么应优先考虑社会利益；市场价值观则要以社会价值观为基础。随着改革的深入推进和对创新发展的寻求，我们更应该重视社会利益的重要性。此外，我们也需明确教育中的思想观念特性与其本身的教育性质，并且要加强对党派领导力的提升及优化教育管理的策略，实施分级指导，探索新的教育管理方式，创建一套能够兼顾社会利益和社会收益且能达到两者和谐共存的评估体系。只有通过增强政策导向力，确保法律监督严谨，关注伦理调整，坚持履行社会职责等措施，才有可能真正落实这两个目标的一致性要求。

# 第四节　教育管理效益与共享原理的基本原则

效益与共享原理的基本原则是指在各类组织和社会交往中，追求效益最大化和资源共享。这些原则旨在促进公正、合作和可持续发展，确保资源合理利用和效益最大化。

## 一、效益原则

根据效益原则，组织和个人应追求效益最大化。这意味着在作出决策和行动时，应权衡各种因素，选择能够带来最大效益的方案。效益可以是经济效益、社会效益、环境效益等多种形式，但都应该考虑到各方的利益和可持续性。在教育管理中，效益原则是指追求教育资源的有效利用和教育质量的最大化，以提高教育组织的绩效和学生的学习成果。具体体现在以下五点。第一，资源优化利用。教育管理者应该以最少的资源获得最大的效益。这包括在教育资源的分配和利用过程中，考虑资源的充分利用、合理配置和优先级的确定。通过科学的资源管理和规划，确保教育资源的高效利用，最大程度地满足教育组织的需求。第二，效果评估与改进。教育管理者应该进行有效的教育评估和效果监测，以评估教育活动的成效和效益。通过评估数据，可以了解教育组织的强项和改进点，及时调整和优化教育管理策略，提高教育质量和效果。第三，教育投入与产出的平衡。教育管理者需要确保教育投入与产出的平衡，即在教育资源的投入方面，要确保合理的预算分配和资源规划，避免资源过度投入或浪费。在教育产出方面，要关注学生的学习成果、能力培养和综合发展，确保教育的效果和社会价值。第四，效率和效能提升。教育管理者应该追求教育管理的效率和效能的提升。效率是指在有限的资源下实现最大产出的能力，效能指事物发挥作用或产生效果的能力或效率。通过采用科学的管理方法、合理的管理流程和切实的绩效考核机制，提高教育管理的效率和效能，使教育活动能够更好地实现预期目标。第五，持续改进。教育管理中的效益原则强调不断改进和创新。教育管理者应该持续关注教育环境和需求的变化，及时调整管理策略和方法，积极引进创新的教育理念和技术手段，提高教育的效益和质量。

## 二、公平原则

公平原则强调资源的公平分配和公正交换。在追求效益的过程中，应确保资源分配的公正性，避免不正当竞争或剥夺他人权益。公平原则要求各方平等参与，享有平等的机会和权利，并且根据贡献或需求进行合理的资源分配。在教育管理中，公平原则是指确保教育资源的公平分配和公正交流，以实现教育的公平性和平等机会。具体体现在以下五点。第一，公平的机会。教育管理者应确保所有学生都有平等的教育机会。这意味着不论学生的社会背景、种族、性别、贫富等差异，都应该有平等地接受教育的权利和机会。教育管理者应采取措施，避免歧视和偏见，为所有学生提供平等的学习环境和资源支持。第二，公正的评价和认可。教育管理者应确保教育评价的公正性和客观性。评价标准应该建立在学术能力、个人才能和全面发展的基础上，避免主观偏见和不公平的评价标准。公正的评价能够帮助学生真实地了解自己的学习成果和进步，并提供公正的认可和奖励机制。第三，包容性教育。推动包容性教育，确保有不同背景和特殊需求的学生能够获得公平的教育机会和支持。这包括为残障学生提供适当的教育资源和支持，为少数族裔和弱势群体提供平等的教育机会和教育资源，消除教育中的不平等现象。第四，公平的资源分配。确保教育资源的公平分配和合理利用，这包括公正地分配教育经费、设备和师资，确保资源的公平配置和高效利用。公平的资源分配能够减少不同学校和地区之间的差距，提高教育的公平性和质量。第五，公正的决策和管理。教育管理者应以公正和客观的态度进行决策和管理。决策过程应该透明、民主，保证各方利益的代表性和公正性。同时，教育管理者还应确保教育管理活动的公正性，避免权力滥用和不当行为。

## 三、合作原则

合作原则强调通过合作和协作实现效益和共同利益。在现代社会中，单一个体或组织很难独立取得最大效益，需要借助合作伙伴的力量和资源。合作原则强调相互依存和相互支持，通过合作共赢的方式实现资源的共享和效益的最大化。在教育管理中，合作原则指的是通过各方之间的合作与协作，共同推进教育管理工作，实现教育目标和持续改进。合作原则在教育管理中起到了至关重要的作用，具体体现在以下几个方面。第一，教育管理团队的合作。教育管理涉及多个层级和领域的参与者，包括学校领导、行政管理人员以及各个部门的工作人员等。这些人员需要紧密协作，共同制定教育目标、规划策略、资源分配和各项管理决策等，确保教育管理的一致性和协调性。第二，学校与教师的合作。学校领导需要与教师紧密合作，共同制订教学计划、教学内容和评估方式等。同时，学校还需要提供支持和资源，以促进教师的专业发展和教学实践创新。教师之间也应该进行合作，分享经验和教学资源，共同提高教学效果。第三，学校与家长的合作。学校与家长之间的紧密合作是实现教育目标的重要环节。学校应积极与家长沟通和互动，了解学生的需求和家庭背景，协调家校之间的合作，共同促进学生的学习和发展。第四，学校与社区的合作。学校与社区之间的合作可以为学生提供更广泛的学习资源和机会。学校可以与社区组织、企业等建立合作伙伴关系，共同开展教育项目和活动，提供实践机会和社会参与经验，促进学生全面发展。第五，学校之间的合作。不同学校之间的合作可以促进教育资源的共享和优势互补。学校可以进行联合研究、师资培训和教学经验交流等，共同提高教育质量和管理水平。

## 四、共享原则

共享原则强调资源和知识的共享，通过共享和交流促进协同创新和共同发展。共享原则倡导开放、透明和包容的文化，鼓励各方分享资源、信息和经验，推动共同进步和社会共享。教育管理的共享原则是指在教育管理过程中，各方之间共同分享和利用资源、信息和经验的原则。共享原则有助于提高教育管理的效率和质量，促进教育系统的创新和发展。共享原则具体体现在以下几方面。第一，资源共享。鼓励各学校和机构之间共享教育资源，包括教材、教学设备、图书馆资源、实验室设施等。通过资源共享，可以最大化地利用资源，提供更广泛和丰富的学习机会，促进教育的公平性和普及性。第二，信息共享。教育管理者应建立健全的信息共享机制，确保各方之间能够共享教育管理相关的信息。这包括教育政策、教学经验、教育研究成果、学生评估数据等。通过信息共享，可以加强学校和教育机构之间的沟通和合作，提高决策的科学性和有效性。第三，经验共享。教育管理者应鼓励学校和教育机构之间分享成功的经验和最佳实践。教育管理者可以通过经验交流、研讨会和专业网络等形式，分享教育创新案例和有效的管理经验。通过经验共享，可以培养学习型组织的文化，促进教育管理的不断改进和创新。第四，学科间共享。教育管理者应鼓励不同学科之间的跨学科合作和共享资源。教育管理者可以促进不同学科教师之间的合作和交流，建立跨学科教学团队，开展跨学科教学和研究项目。通过学科间的共享，可以促进知识的综合应用，培养学生的综合素养和创新能力。第五，多方合作共享。教育管理者应鼓励学校、家长、社区、政府和非政府组织等多方合作共享资源和信息。这包括建立学校与家长、社区组织、行业企业之间的伙伴关系，共同推动教育发展和学生的全面成长。

### 五、发展性原则

发展性原则强调在追求效益和共享的过程中，要考虑资源的持续利用和环境的可持续发展。其中，资源的持续利用是一种关注如何在现有资源条件下实现长期、稳定和高效的生产方式。它要求在开发利用资源时，要有长远的眼光，考虑到资源的可持续性，通过提高资源利用效率、开发新的资源利用技术、实施资源循环利用等策略，确保资源的利用不仅满足当代人的需求，同时也能够满足后代人的需求。环境的可持续发展则是指，在经济发展的同时，要保护好生态环境，确保环境质量不下降，甚至有所改善。这需要在发展过程中，采取如推行绿色生产方式、发展环保产业、实施环境治理等一系列的环境保护措施。发展性原则兼顾长期利益和整体利益，避免过度开发和资源枯竭，注重生态环境保护和社会责任。教育管理视域下的发展性原则是指在教育管理的各个方面，运用发展的理念和方法，追求长期的、综合的、全面的发展，可具体体现为如下几个方面。第一，教育经济发展性。教育管理应注重合理利用和管理教育资源，确保教育经费的合理分配和利用，实现教育经济的可持续发展。这包括制定可持续的财务管理政策、建立经济透明度和问责机制、优化资源配置和资金利用效率、确保教育经费的可持续性。第二，社会发展性。教育管理应促进教育的社会发展和公平机会，确保教育资源的公平分配和普惠性。教育管理者应关注社会的多元性和包容性，重视少数群体和弱势群体的权益和需求，推动教育的社会公正和社会和谐。第三，教育品质发展性。教育管理应注重提高教育质量，确保教育活动和教学的可持续改进。教育管理者应关注教学评估和教育质量监控，促进教师的专业发展和教学创新，持续提高学生的学习成果和综合素质。第四，教育领导力发展性。教育管理需要具备可持续的领导力和管理能力。教育领导者应具备战略思维和长远眼光，能够熟悉教育管理的最新理论和实践，不断更新知识和技能。同时，教育领导者还应具备良好的沟通和协调能力，能够与各方合作，推动教育管理的可持续发展。

# 第五节　教育管理效益与共享原理的实践向度

## 一、协调效益与规模的关系

### （一）马克思主义经济效益观的基本内涵及启示

马克思主义经济效益观的基本内涵是指在社会主义制度下，经济活动应当以满足人民群众的物质和精神需求为根本目标，追求经济效益与社会效益的有机统一。这一观点强调经济发展应该以人为本，注重提高人民群众的生活水平和幸福感。对于教育管理而言，马克思主义经济效益观提供了重要的启示。教育管理应当注重培养全面发展的人才。

马克思主义认为，人是社会的根本力量，只有通过全面的教育培养人的综合素质，人才能更好地适应社会发展的需要。所以，教育管理者应该重视学生的全方位成长，注意提升他们的创新思维、实践技能和社会责任感。教育管理应当注重公平与效益的统一。马克思主义经济效益观强调社会效益与经济效益的有机统一，这同样适用于教育领域。教育管理者应当坚持公平原则，确保每个学生都能享有平等的受教育机会，并且注重培养学生的实际能力和就业竞争力，以提高教育的社会效益。教育管理应当注重可持续发展。马克思主义经济效益观强调长远的发展目标，教育管理也应该具备这种思维方式。教育管理者应当注重培养学生的可持续发展能力，使他们具备适应未来社会发展的能力和素质。同时，教育管理也应当关注教育资源的合理配置和利用，以确保教育的可持续发展。总之，马克思主义经济效益观给教育管理提供了重要的启示，即注重培养全面发展的人才，统一公平与效益，以及注重可持续发展。只有在这样的指导下，教育管理才能更好地为社会主义建设服务，从而促进人民群众的幸福和社会的进步。

（二）正确处理效率和效益的关系，有效提高教育经济效益

效率和效益是相互依存且矛盾的存在。它们之间的共通点在于：若要达到高效益，需要同时兼顾效率的需求。当同样的成本被用于制造更多数量的产品时，这表明资源利用得更有效率，从而产生了更好的经济效果；反之亦然，即通过降低成本来提升产量也是一种体现高效率的方式。然而，两者的冲突之处在于：过于关注效率可能会导致低效益的结果；同样地，过分重视效益可能使我们无法适当地加快进度，进而影响我们的收益。发展经济的速度必须保持在一个合理的水平上，以确保经济的健康成长。但我们应该避免盲目追赶或虚报数据的情况发生。所以，发展的速度应该是在提高效能基础上的实际并适宜的速度。

具体而言，首先，正确处理效率和效益的关系需要注重个体差异。每个学生都有不同的学习节奏和能力水平。一味追求效率可能导致部分学生跟不上，进而影响他们的学习效果。因此，教育工作者应该根据学生的实际情况，采用灵活的教学方法和个性化的辅导，以满足不同学生的需求。其次，科学、合理地安排教学进度也是提高教育经济效益的关键。教学进度过快可能会导致知识的浅尝辄止，学生只能掌握表面的知识而无法深入理解；相反，进度过慢则会浪费时间和资源。因此，教育工作者应当根据学科的特性和学生的学习能力，恰当地规划教学进度，以确保学生不仅能够掌握基础知识，还能拥有足够的时间进行思考和巩固所学。最后，提高教育经济效益还需要注重教育投入的有效利用。教育资源有限，因此必须在教育过程中合理分配和利用这些资源。教育工作者应该根据教学目标和学生需求，选择适当的教材、教具和教学方法，以最大程度地提高教育投入的效益。

（三）正确处理短期经济效益和长期经济效益的关系

在教育管理领域，妥善处理短期经济效益和长期经济效益的关系是至关重要的。短

期经济效益指立即的收益和回报，而长期经济效益则强调对未来的投资和持续发展。首先，短期经济效益在教育管理中具有一定的重要性。教育机构需要通过有效的财务规划和资源配置来确保运作的顺利进行。短期经济效益可以帮助教育机构满足当下的需求，如支付教职工工资，购买教学设备和提供学生福利。这些短期经济效益对于教育机构的正常运营和发展至关重要。然而，过度追求短期经济效益可能会忽视长期经济效益的重要性。我们需要认识到，教育是一项长期的投资，其影响力超出眼前的利益，因此短期经济效益并非教育管理中所追求的终极目标。长期经济效益包括培养学生的终身学习能力、提高人力资源素质以及促进社会经济的可持续发展。这些效益不仅对个人的成长和发展有益，也对整个社会产生积极的影响。因此，教育管理者应该在短期经济效益和长期经济效益之间寻求平衡。只有平衡短期经济效益和长期经济效益，我们才能够显著提升教育的效率。如果过于注重短期经济效益而忽略了长期经济效益的影响，可能会导致一些急功近利的行为出现；反之，若过分关注长期经济效益而不重视短期成果，则可能削弱教师的热情，进而阻碍长期经济效益。所以，我们需要深思熟虑并着眼于未来，既要快速构建内控体系以避免短视行径，也要确保短期及长期的教育成效达到和谐共存的状态。此外，我们还要妥善解决教育效能和社会效益之间的关系，以便更好地提升教育效能。无论是针对整个教育系统，还是针对每一个接受教育的人，我们在追求自身利益最大化的过程中，都应具备长远的视角，考虑到其潜在的社会影响。

## 二、办好人民满意的教育

教，政之本也。政之所兴，在顺民心。作为具有强烈中国特色和时代特色的概念，"办好人民满意的教育"是新时代中国共产党人民至上根本立场和价值观念在教育领域的生动体现，是立足以人为本、推动教育公平与建设高质量教育体系的重要内容。当前在"办好人民满意的教育"的指引下，"让人民群众有更多获得感"成为新时代教育深化改革的目标愿景和思想理念，是以民生为本深化改革、关照人民群众的客观获得与主观感受的具体实践。教育承载着启发民智，为我国新时代强国建设提供人才支撑、给予智力支持，促进各族群众共享发展成果的重任。大力开展教育是提高人力资源质量、切断贫困的代际传递、促进区域经济社会持续发展的根本路径。教育发展从"规模扩张、数量增长"到"质量提升、公平发展"的新需求转向，对建设优质均衡的教育基础公共服务体系提出了更高的要求。

值得注意的是，这里提到的"成果共享"指的是每个人都应享有更高的尊重，每个人的潜力都得以提升，每个人都能满足他们的基本生活需求。这是社会公众对深度改革与发展中提出的基本权益要求及期望，即共享代表着确认所有人都拥有同等的尊严和权利，认可人类具有创新的能力。从价值理念、行动层面以及制度保障等方面体现公平正义要求是共享发展的应然方向。

### （一）发展成果共享理念是社会主义和谐社会发展的价值目标

理念是行动的先导，正确的行动有赖于正确的价值理念的指引，有赖于全体公民在认知、信念上达成的共识。党的十八届五中全会提出了创新、协调、绿色、开放、共享的新发展理念。其中，共享理念作为社会主义的本质体现，是国家长期稳定发展的重要理念，着重强调通过共享发展来实现社会公平正义。《中共中央关于制定国民经济和社会发展第十三个五年规划的建议》明确指出，"共享是中国特色社会主义的本质要求"。<sup>①</sup>公平与和谐是人类的美好追求，而和谐的首要条件便是利益共享。在共享发展理念的指导下，和谐社会的建设需要以优化基本公共服务、提升民生福祉为目标。应该从人民群众最关心、与每个社会成员切身利益紧密相关的问题入手，深化社会体制改革，创新社会领域的各项制度。唯有如此，才能逐步实现基本公共服务的保底、普惠、均等和可持续性，从而促进社会的和谐与稳定。正如习近平总书记所说："我们要随时随刻倾听人民呼声、回应人民期待，保证人民平等参与、平等发展权利，维护社会公平正义。"<sup>②</sup>

### （二）分配正义是共享发展的手段

分配正义确实是实现共享发展的重要手段之一。分配正义强调在分配过程中的公平、公正和合理性，确保社会资源、财富和机会的公平分配，避免贫富差距的过度扩大。通过实现分配正义，可以为共享发展提供坚实的基础和保障。首先，分配正义能够促进社会公平和稳定。当资源、财富和机会能够按照公平、公正的原则进行分配时，人们会感到更加公平和满足，会减少社会矛盾和冲突，维护社会稳定。同时，公平分配也有助于提高人们的积极性和创造力，推动社会经济的持续发展。其次，分配正义有助于缩小贫富差距。贫富差距过大是制约共享发展的重要因素之一。通过实现分配正义，可以确保贫困人群和弱势群体获得必要的资源、财富和机会，缩小贫富差距，实现共同富裕。这有助于激发贫困人群和弱势群体的积极性和创造力，推动他们参与到社会经济发展中来，为共享发展贡献力量。最后，分配正义能够促进可持续发展。可持续发展要求在经济、社会和环境三个方面实现平衡和协调。分配正义作为实现可持续发展的重要手段之一，可以确保资源、财富和机会的公平分配，避免过度消耗和浪费，保护生态环境，实现经济、社会和环境的协调发展。

### （三）共享发展理念下的分配正义需要公正的制度安排

随着国家治理模式朝着效率偏向型转变，以制度认同为核心的国家认同成为发展型

---

① 新华社. 授权发布：《中共中央关于制定国民经济和社会发展第十三个五年规划的建议》[EB/OL]. (2015-11-03)[2024-01-01]. https://www.gov.cn/xinwen/2015-12/11/content_5022855.htm.

② 习近平. 在十二届全国人大一次会议上的讲话[EB/OL]. (2013-03-17)[2024-01-01]. https://www.gov.cn/ldhd/2013-03/17/content_2356344.htm.

国家治理的重要因素。①在当下社会阶层分化加剧、贫富差距持续扩大、不公平问题不断凸显的背景下，坚持共享发展、增强制度认同，已成为构建中国特色社会主义和谐社会的内在要求。2008 年世界银行的《增长报告：可持续增长和包容性发展的战略》中明确指出，变革是为了促进经济发展，但这并非最终目的，而是实现可持续和包容性发展的手段。所产生的财政收益应能显著改善大多数民众的生活状况，并成为国家政策设计的核心方向。真正的公正意味着国家和政权必须关注各个人群的基本情况和生活状态，同时也要注意到他们在获取基础服务方面可能面临的困难，并利用法律和社会机制来改善这些弱势群体的能力，确保每个人都能享有平等的机会。均等、共享、普惠的解决之道在于创新社会管理制度、完善收入分配调节机制和公平保障体系，以及构建共享发展的制度框架。②

现代政府的核心目标是实现公共服务的均衡化。自改革开放以来，我国一直在努力提升政府的公共服务能力，并在实现基本公共服务均等化方面取得了一定的成果。然而，在推进基本公共服务均等化、实现社会公平正义的价值追求方面，仍需进一步加强。在实施基本公共服务均等化的过程中，我们还需要不断探索如何更有效地共享公共服务成果。因此，实现基本公共服务均等化的道路仍然充满挑战，这不仅需要政府的积极作为，更需要全社会的共同努力，即每个社会成员的共同参与。

（四）共享发展的包容性要求共担发展责任、共享发展机会和利益

中国特色社会主义的共享发展是遵循社会规律的包容性发展。从理论层面来看，包容性的共享发展是一种自觉理解、把握和运用社会规律的发展方式。它强调人民群众是历史的创造者，因此必须充分关注包括弱势群体在内的所有人的实际需求、可行能力、发展环境和机会，以及利益分配。从实践层面来看，包容性的共享发展是对中国特色社会主义建设进程中存在的问题的重新审视和思考，旨在寻找一种能够为经济社会发展注入持续、稳定推动力的方式。其目标是使每个人都能成为国家经济社会发展的参与者和推动者，并从发展中受益。这种发展方式充分考虑了包括弱势群体在内的所有人在国家发展过程中所应承担的发展责任、拥有的发展机会和分享的发展红利。它是对新时期我国面临的发展问题的战略性回应，对于增强发展的持续性和内生动力具有重要意义。

从全局上看，新时期我国面临的发展问题的战略回应主要涵盖如下三个具体内容。一是应注重发展主体的多元性。人民群众是社会发展的核心力量，多元共享的发展需要确保所有社会群体都能公平地参与到经济发展中来，特别是要关注弱势群体的基本生活需求、能力提升和发展的机会。二是应注重发展成果的普及性。共享发展应确保每个人都能从发展中获益，而不仅仅是少数人或特定群体。三是要注重发展过程的公正性。在推进发展的过程中，应确保公平、公正的原则得到贯彻，避免任何形式的歧视或排斥。

① 王丹宇. 公正与共享：基本公共服务均等化的价值追求[J]. 淮海工学院学报（人文社会科学版），2017，（9）：108-110.
② 余达淮，刘沛好. 共享发展的思维方式、目标与实践路径[J]. 南京社会科学，2016，（5）：62-68.

## 三、推动教育高质量发展

在全国教育大会上，习近平总书记发表了重要讲话，他系统地总结了党的十八大以来我国教育改革发展的卓越成就和宝贵经验。习近平总书记指出，"教育是民族振兴、社会进步的重要基石，是功在当代、利在千秋的德政工程，对提高人民综合素质、促进人的全面发展、增强中华民族创新创造活力、实现中华民族伟大复兴具有决定性意义"①。他强调，"在党的坚强领导下，全面贯彻党的教育方针，坚持马克思主义指导地位，坚持中国特色社会主义教育发展道路，坚持社会主义办学方向，立足基本国情，遵循教育规律，坚持改革创新，以凝聚人心、完善人格、开发人力、培育人才、造福人民为工作目标，培养德智体美劳全面发展的社会主义建设者和接班人，加快推进教育现代化、建设教育强国、办好人民满意的教育"②。为了深入贯彻落实习近平总书记的重要讲话精神，全面深化教育改革，与新高考对接，实现教育的高质量发展，教育部门肩负着重大责任，并需要做好如下工作。

### （一）强化党建工作

党建是政治文化的方向标，是特色内涵发展的政治保障。习近平总书记系统总结了党的十八大以来教育改革发展的成就和经验，概括为"九个坚持"，并进一步回答了关系教育现代化的重大理论和实践问题，为做好教育工作提供了根本遵循。从教育实践角度来看，坚持党对学校的领导，关键在于将这一原则落实到具体工作中，做到实处。首先，学校应强化党性教育。学校领导班子成员应发挥带头示范作用，自觉学习习近平总书记关于教育的重要讲话精神，以及党章和各项规定。通过深入学习，确保党组织在推进教育改革、教书育人、队伍建设中发挥核心作用。其次，要完善基层党组织建设。学校应当充分激发党支部的活力，调动其积极性、主动性和创造性。党支部书记应发挥领导和管理作用，认真做好教师的思想工作。通过党政工团齐抓共管的方式，使年级组管理形成合力。同时，通过开展"党员标兵""模范党员示范岗"等活动，鼓励党员教师发挥示范作用，提升党建对教学管理的带动效果。最后，要找准党建与教学工作的结合点。为了更好地推进党建与教学管理的融合，学校应注重"五个融合"：一是"聚师心"，促进党建与学习教育活动的深度融合；二是"讲师德"，将党建与学校德育工作相结合；三是"筑师魂"，通过党建提升教师的师德师风建设；四是"讲师道"，以党建引领教师专业发展；五是"讲师能"，通过党建促进教师队伍的整体素质提升，彻底解决党建与教学工作"两张皮"的问题。

① 人民网. 习近平：坚持中国特色社会主义教育发展道路 培养德智体美劳全面发展的社会主义建设者和接班人 [EB/OL]. (2018-09-11)[2024-03-20]. http://jhsjk.people.cn/article/30284771.

② 新华社. 习近平：坚持中国特色社会主义教育发展道路 培养德智体美劳全面发展的社会主义建设者和接班人 [EB/OL]. (2018-09-10)[2024-03-20]. http://jhsjk.people.cn/article/30284598.

（二）坚持立德树人

"培养什么人""怎样培养人""为谁培养人"是教育的首要问题。习近平总书记指出，"弘扬爱国主义精神，必须把爱国主义教育作为永恒主题。要把爱国主义教育贯穿国民教育和精神文明建设全过程。要深化爱国主义教育研究和爱国主义精神阐释，不断丰富教育内容、创新教育载体、增强教育效果"[①]。我们要把习近平总书记的重要讲话精神融入学校教学活动的各个方面，始终坚持把立德树人作为根本任务，努力培养德智体美劳全面发展的社会主义建设者和接班人。要得到老百姓对高中教育教学质量的认同，必须大力实施"三校"工程，构建"四全育人"的格局，即要求做到以下几点。

（1）高度重视文化引领在学校教育中的关键作用。学校应当积极营造浓郁的文化氛围，持续弘扬社会主义核心价值观，将其融入日常教育教学活动。通过开展主题鲜明、形式多样的德育活动，使学生在参与中感受到文化的力量，实现文化育人。同时，学校还要关注活动育人、课程育人和劳动育人，确保各类教育资源都能发挥其独特的育人作用。这样的教育将是有灵魂的、有生命的、有活力的，也是有责任的教育，能够为学生的全面发展提供有力支持。

（2）强化质量提升，致力于提高教育教学的整体水平。学校要将质量作为发展的生命线，不仅要关注学生的学业成绩，还要注重培养学生的综合素质。在新高考改革的大背景下，学校要积极主动适应变化，加强高考备考研究。组建专业的高考备考研究小组，对高考形势和变化趋势进行深入分析，为教师提供有针对性的备考策略。同时，加强高考目标考核，构建符合本校实际情况的高考复习备考科学体系。通过科学有效的备考策略和严谨的目标管理，确保学生在高考中取得优异成绩，为学校赢得良好声誉。

（3）促进特色发展，打造具有鲜明地方特色的教育品牌。学校要结合自身优势和地域特色，持续推进星级学校、绿色学校和法治学校的创建工作。在创建过程中，注重挖掘和提炼学校的独特文化内涵，形成具有地方特色的教育品牌。通过一校一品的格局，展现学校的个性化发展特色。同时，以"办好人民满意的教育"为宗旨，积极推进平安法治校园建设。建立完善的平安法治管理网络，构建学校法治建设责任体系，确保校园的平安稳定与和谐。这样的教育不仅能够满足人民群众对优质教育的需求，还能为地方经济社会发展作出积极贡献。

（三）深化综合改革

党的十八大以来，中国教育改革持续深化，不断向纵深推进。习近平总书记在全国教育大会上发表重要讲话并指出，"坚持深化教育改革创新"[②]。这意味着我们必须紧紧把握教育领域综合改革的正确方向，聚焦教育发展的重大问题和群众关注的热点问题，集中力量

① 习近平. 让爱国主义精神在青少年心中牢牢扎根[J]. 基础教育论坛，2015，（12）：1.
② 人民网. 习近平：坚持中国特色社会主义教育发展道路 培养德智体美劳全面发展的社会主义建设者和接班人[EB/OL]. (2018-09-11)[2024-03-20]. http://jhsjk.people.cn/article/30284771.

破解制约教育发展的体制机制障碍。各级各类学校需要明确自身定位，领导干部要把教育改革发展纳入重要议事日程，积极了解、关心和研究教育问题，以实现教育的高质量发展。具体来说，要推进三个方面的改革。一是深化办学模式改革。学校要积极争取多方支持，用足、用活政策，着力改善学校对接新高考的硬件条件。要学习借鉴优质学校的先进管理经验和特色校园文化，实现联合教研、资源共享、教师干部交流、联考联评、信息资源共享等，补短板，强学校。二是深化教师管理制度改革。主动对接新高考，全面推进"局管校聘"教师管理制度改革，结合实际制定并完善一系列配套制度，盘活教师资源；要根据实际教学需要，重新制定教师绩效工资分配制度，增强教师队伍活力；充分运用信息化手段加强教师师德教育和业余培训，建立教师培养培训模式，提升教师队伍竞争力。三是深化课程改革。借鉴外地先进经验，进一步完善课程结构，健全立德树人落实机制，扭转不科学的教育评价导向，对学生"选课走班"进行试验、预测和分析，认真谋划学生生涯规划、教师配备，使学校教育更加符合教育规律，不断提升学校教育管理水平。

（四）强化教师队伍

教育大计，教师为本。要想培养出优秀的人才，必须有卓越的教师队伍。教师队伍的建设是推动素质教育和新课程改革的必要条件。习近平总书记在主持中共中央政治局建设教育强国第五次集体学习时强调："强教必先强师。要把加强教师队伍建设作为建设教育强国最重要的基础工作来抓，健全中国特色教师教育体系，大力培养造就一支师德高尚、业务精湛、结构合理、充满活力的高素质专业化教师队伍。"[①]因此，我们必须将建设一支具备高水平专业素养的教师队伍视为提升学校教育质量的核心任务之一。首先，我们要关注教师的专业进步。秉持以科学推动教育教学发展的观念，着力于培养科研型教师，积极推进教师教育训练的工作。利用预先准备、在职培训以及"1对1"辅导等各种手段，有效地增加教师对工作的认可度和满足感。其次，我们要优化学校的自我研究系统。实行常规性的集体复习、试讲，指导教师深入理解教材内容，分析学生的需求，以此来提升学校自身的研究能力，创建有效的课堂环境。同时，严格执行课堂建设和自编教材的研究，形成多维度的高中教育评估体系。最后，我们要全面提升教师的品行素养。严格落实师德师风建设的详细规定，严厉打击教师收费补习的行为，改进师德考核和业绩薪酬制度的评分方法，举办主题明确的师德教育活动，鼓励教师向榜样看齐，激发他们主动提高职业目标和道德水准，使他们珍视自己的职业生涯，真正拥有无私奉献的精神和热爱的动力。

① 人民网. 习近平在中共中央政治局第五次集体学习时强调加快建设教育强国　为中华民族伟大复兴提供有力支撑[EB/OL]. (2023-05-30)[2024-03-20]. http://jhsjk.people.cn/article/40001818.

# 第七章

# 教育管理理论研究、实践与知识创新

教育管理理论研究、实践与知识创新三者关系紧密相连。教育管理理论研究是基础，为教育管理提供科学理论和实践指导；实践则是基于理论研究的应用和执行，为理论研究提供反馈并时刻考验其实效性；知识创新则是理论研究与实践互动的产物，三者共同推动教育管理理论的发展。通过教育管理理论的价值与功能、教育管理理论与研究、教育管理理论与教育管理实践、教育管理理论的形式与构建、教育管理理论的知识创新，为教育管理的实际应用提供有力的支持和保障。

## 第一节　教育管理理论的价值与功能

### 一、教育管理理论的重要性

教育管理作为一种活动，早在学校教育产生之前就存在了。它的目的是提高教育效率，确保教育资源的合理利用，促进学生的学习和发展。教育管理者需要运用相关理论和方法，根据具体情况制定管理策略和措施，以实现教育目标和提高教育质量。教育管理理论的重要性在于它提供指导和框架，帮助教育管理者有效地组织、规划和管理教育机构，体现在以下四个方面。

（一）组织和规划

有效的组织和规划是保证教育质量、提高教育效率、促进教育公平、实现教育目标的重要手段。教育管理理论则为管理者提供科学的观念和方法，帮助管理者进行有效的组织和规划，从而更好地推动教育事业的发展。教育管理理论提供组织和规划教育机构的方法和原则，帮助管理者确定目标、制定策略、分配资源，并设计合适的组织结构和管理流程，以确保教育机构的有效运作。

### （二）领导和决策

在教育管理中，教育决策者负责设定目标，制定方针政策，引导整个教育机构向着既定的目标前进。他们需要具有良好的人际交往技巧、决策能力、协调能力，以及对教育者的尊重和理解。决策涉及对教育系统中所有关键事项的决定，包括课程设计、教学方法、教师培训、学生评价体系、资源分配等。大多教育管理理论探讨了领导和决策的重要性，并提供了相关的理论和模型帮助教育决策者了解不同的领导风格和决策方法，并指导他们在教育机构中发挥有效的领导作用和做出明智的决策。

### （三）教育政策和教育改革

教育政策是国家或地方教育行政部门对教育系统的指导和规定，它决定教育活动的目标、内容、方式和标准。教育改革是对现有教育系统或政策的重大调整或革新，目的是解决教育中存在的问题，提高教育质量和效率，满足社会和个人的教育需求。关于教育政策和教育改革的研究帮助教育管理者更好地理解和掌握教育的发展趋势，还可以为他们在实践中解决实际问题提供有用的思路和方法。同时，教育政策和教育改革的实施效果也可以反过来验证和丰富教育管理理论，推动其不断发展和完善。教育管理理论关注教育政策和教育改革的制定和实施。它研究教育政策的影响和效果，并提供指导教育管理者参与政策制定和改革的方法和策略。

### （四）教育创新和发展

教育管理理论为教育创新提供理论框架和操作模式。通过对教育管理理论的运用和实践，可以推动教学方法、教学内容、教育评估等方面的创新。教育是社会发展的基础和关键，而教育管理理论在促进教育发展上起到了至关重要的作用。一方面，教育管理理论为教育决策者提供理论指导，帮助他们高效地管理教育资源，提升教育质量，推动教育的公平性和包容性；另一方面，教育管理理论通过研究教育过程中出现的问题，为教育改革提供策略和建议，推动教育系统的持续发展。

## 二、教育管理理论的主要特征

纵观大多数教育管理理论，具有以下几个特点。

（1）教育管理理论通常以教育管理实践的观察为基础，以系统观察的资料为基础的理论有时被称为"以事实为依据的理论"（grounded theory），它来源于教育管理的现实，产生于教育管理实践，也容易被教育管理者所接受。教育管理理论强调实践应用，它不仅提供理论框架和原则，还关注如何将理论转化为实际行动。教育管理理论鼓励教育管理者在实践中不断尝试和改进，以适应不断变化的教育环境和需求。

（2）教育管理理论趋于规范。教育管理理论反映人们对教育机构性质的看法和对教育师生员工行为准则的认识。例如，在教育管理中，决策的形成过程应该有教职工的民主参与过程，从逻辑上讲，这是"应然"的价值判断，而不是"实然"的事实判断，前者是规范性理论，后者是对教育管理实践的具体分析。

（3）教育管理理论趋于多元性和多维性。教育管理理论通常强调教育管理体制的某些因素，而忽略其他因素。从逻辑意义上讲，就是"即此非彼"。例如，从组织学的角度来分析教育管理，其研究视角就聚焦在教育利益群体的形成以及群体和个体之间的关系上。这说明教育管理活动的复杂性决定教育管理理论研究的多元性和多维性。

（4）教育管理理论本身具有综合性。教育管理理论是一个综合性的理论体系，它涉及各个方面，包括组织管理、领导与决策、教育政策与改革、教育质量与评估等。它综合多个学科领域的理论和方法，以提供全面的指导和支持。

（5）教育管理理论基于实证研究。教育管理理论基于实证研究，通过对实际教育管理情况的观察和分析，提取出一般性的规律和原则。教育管理理论的提出和发展是建立在实证研究的基础上的，以确保理论的科学性和可靠性。

## 三、教育管理理论的主要功能

### （一）推动教育管理学研究的理论建构与创新

教育管理理论是教育管理学研究的重要基础和源泉，它对于教育管理学的理论建构与创新有着深远影响。教育管理理论不断更新，推动着教育管理学的研究领域向更多元化、专业化的方向发展。例如，现代教育管理理论在诸如领导力、决策制定、组织变革等方面的研究引入了许多新的理论视角和方法。教育管理理论也为教育管理学研究提供了一系列有效的研究方法和工具。这些研究方法和工具，如统计学、管理科学方法、经验研究方法等，都极大地丰富了教育管理学的研究手段，也使得研究结果更具有说服力和科学性。离开了教育管理学研究的理论建构与创新，教育管理学就失去了其存在的根基，也就丧失了其存在的价值。教育管理学的学科使命必须首先解决教育管理学自身的理论建构与创新问题，走学科理论自主化和理论创新之路，进而实现学科的自立与自强，并摆脱教育管理学长期寄生在其他学科影响之下的尴尬境地。

### （二）凸显教育管理思想的价值引领作用

教育管理学是一门道德科学，蕴含价值伦理思想。这表现在以下三点。一是提升管理效率。例如，利用科技手段实现教育信息化管理，可以大幅度提高工作效率并减少错误。二是树立教育公平观念。教育管理理论强调所有学生都有平等接受教育的权利，这种观念对于形成公平、公正的教育环境至关重要。三是引领教育变革。教育管理理论能够引领教育变革的方向，使教育制度、模式更好地适应社会变革需求。在理论的启示下，我们可以开展更多创新的教育实践，满足时代发展的需要。在我国教育管理事业大发展的过程中，更应该凸显这一思想，真正起到价值引领作用，促进我国教育事业的发展。教育管理理论是教育管理活动的指路明灯，它凸显教育管理思想的价值引领作用，推动教育事业的发展，特别是义务教育的均衡发展，保证教育的公平、公正与平等，促进社会的公平与正义。

（三）为教育管理制度改革提供智力支持

教育管理理论通过对教育现象和问题进行科学的研究、阐述和解释，为实现教育目标提供理论依据和操作指南。例如管理决策理论、教育领导理论、教育组织理论、教育评估理论等可以为教育管理制度改革提供有力的支持，帮助我们实现教育目标，优化教育环境，提高教育质量。教育管理制度改革是为了适应教育发展的需要，提高教育管理效能和质量，推动教育改革和创新。因此，为教育管理制度改革提供智力支持需要进行研究和分析，提供政策建议，培训和培养人才，提供实践支持，以及监测和评估改革。以上支持可以帮助教育管理制度改革更加科学、有效地进行，推动教育管理的现代化和提升教育质量。

（四）为教育管理组织变革提供学理依据

教育管理理论为教育管理组织变革提供学理依据，包括系统理论、变革管理理论、领导理论、组织学习理论和创新理论等，指导教育管理者在组织变革中制定合理的策略和措施，解决变革中的问题和挑战，推动变革的顺利进行。同时，教育管理理论对教育改革起到推动作用。通过研究和分析教育管理的问题和挑战，提出改革的思路和方向，帮助教育管理者理解和应对教育改革的需求和挑战，推动教育机构的变革和创新。

然而，教育管理理论的应用并没有提供解决所有教育问题的灵丹妙药，还存在着一些不足之处。第一，教育管理涉及众多的参与者、利益相关者和变量，教育环境也是复杂多变的。因此，教育管理理论往往难以覆盖所有情况和问题，无法提供一种适用于所有教育情境的通用解决方案。第二，教育管理理论往往是基于研究和学术思考得出的结论，而实际的教育管理实践可能受到多种因素的制约和影响。因此，理论与实践之间存在一定的脱节，理论的应用可能会受到实际情况的限制和挑战。第三，教育管理涉及人的行为和决策，而人的行为往往受到多种因素的影响，包括个人动机、态度、价值观等。因此，教育管理理论的应用可能无法完全预测和控制人的行为，需要考虑人的主观因素和复杂性。尽管如此，教育管理理论仍然是教育管理实践的重要参考和指导，为教育管理实践提供有益的思路和方法，帮助教育管理者解决问题和改进实践。

## 第二节　教育管理理论与教育管理研究

### 一、教育管理理论与价值和常识

教育管理理论是一组相互关联的概念、假定和通则，它系统地描述和解释教育管理组织行为的活动规律。它包含三层含义：首先，教育管理理论是由概念、假定及通则依其内在逻辑方式构成的；其次，教育管理理论的主要功能是描述、解释及预测行为的规律性；最后，教育管理理论具有启发性，即理论可以刺激并引导知识的进一步发展。

（一）教育管理理论不是教育管理价值论

有的人认为，教育管理的研究着重于应该如何的理论层面上，而不是描述、分析教育管理者的实际行为。教育管理理论是复杂的，原因在于一些教育管理者把理论当作价值论所使然，结果混淆了实然（是什么）的事实判断和应然（应该是什么）的价值判断两者的关系。事实的问题能以科学研究来回答，而价值的问题是不能以科学调查来证明的。教育管理理论是对教育管理过程中的各种问题和现象进行研究和分析的理论体系。它包括对教育管理的目标、原则、方法、技巧等方面的研究，旨在提高教育管理的效能和质量。教育管理价值论涉及对教育管理的目标、价值和理念的思考和判断。它关注的是教育管理的目标和价值取向，以及对教育管理实践的伦理和道德考量。教育管理价值论通常是基于个人、社会和文化的价值观和理念，对于教育管理的目标和方向进行价值判断和选择。因此，教育管理理论和教育管理价值论是相互关联，但又有区别的两个概念。教育管理理论为教育管理提供理论基础和指导，而教育管理价值论则为教育管理的发展和实践提供价值取向和评价标准。

（二）教育管理理论不是教育管理常识

教育管理理论是对教育管理实践进行研究和思考的学术领域。它通过理论构建、实证研究和理论验证等方法，系统地总结和归纳教育管理的原则、模型、方法和策略。教育管理理论通常是基于学术研究和理论思考的成果，具有一定的抽象性和普遍性，可以为教育管理实践提供理论依据和指导。教育管理常识是在教育管理实践中形成的一种经验性的知识和智慧。它是教育管理从业者在实践中积累的经验、观察和思考的结果，具有一定的具体性和局部性。教育管理常识通常是基于具体的教育机构、教育环境和教育问题的情境，对于解决具体问题和应对具体挑战具有指导作用。教育管理理论和教育管理常识之间存在一定的关系。教育管理理论为教育管理常识提供理论支持和指导，帮助教育从业者更好地理解和解决实践中的问题。同时，教育管理常识也可以为教育管理理论提供实践经验和案例，帮助理论更贴近实际，并进行修正和完善。值得强调的是，教育管理理论和教育管理常识并不是对立的，而是相互补充和相互促进的关系。教育管理理论为教育管理常识提供理论基础和拓宽视野，而教育管理常识可以为教育管理理论提供实践验证和具体案例。在教育管理实践中，理论和常识的结合是非常重要的，可以帮助教育从业者更好地应对教育管理中的挑战和问题。

## 二、教育管理行为研究模型设计

教育管理行为研究模型是教育管理行为研究的总体设计，如图 7-1 所示。它的研究程序主要包括信息输入系统、分析与控制系统和信息输出系统三个方面，如图 7-2 所示。

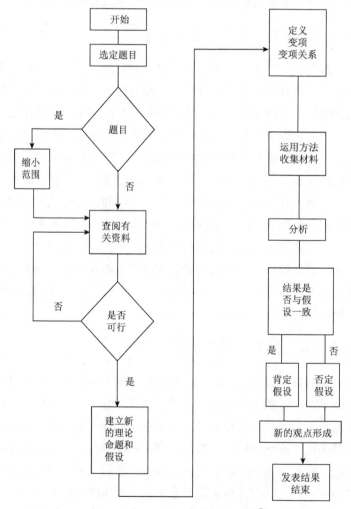

图 7-1　教育管理行为研究模型[①]

---

① 王世忠. 教育管理学[M]. 2 版. 北京：科学出版社，2014：39.

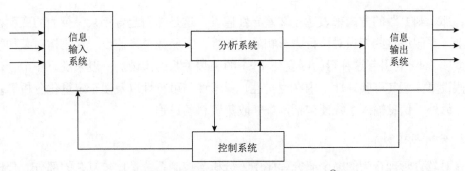

图 7-2　教育管理研究方法的基本程序[①]

### 1. 信息输入系统

信息输入系统包括提出问题，获得有关这个问题的各种概念、变项和定义，初步建立理论假设，收集资料和调查等若干步骤。

研究从问题开始，问题的提出是教育内外部环境对教育管理行为现象所作出的反应。研究正是根据教育内外部环境的需要进行的，从而也确定自己的研究目的。

对于教育管理问题和行为现象的研究，首先要对此作出理论上的概括，即确定相关概念、变项和定义。例如"教育""教育管理""教育管理体制"等都是反映教育管理现象的概念。对于这些概念的确定，也就是对自己研究对象和范围的界定。事实上，可观察到的教育管理现象（包括内隐的和外显的行为）往往都会以量的运动变化方式表现出来。因此，同一概念所反映的教育管理现象时常会有不同的状态和变化程度，这就是概念变项。例如，教育管理这一概念又可以包括普通教育管理、职业教育管理、高等教育管理、中等教育管理、初等教育管理以及小学教育管理等若干变项。同样，动机产生的行为又可以有生理的需要、安全的需要、归属的需要、社会的需要和自我实现的需要等变项，例如，生理的需要包括求食、避寒、求氧等的需要以及个人机体上的其他需要等变项。对教育管理行为的研究主要是对各种变项进行考察。

研究的目的就是要揭示各种概念之间的概念变项之间的各种内在关系。但为了准确表达这些关系，就需要对概念进行定义（操作定义）。如果概念定义不明确，那么表达概念的各种关系就会是模糊的。定义一般分为两类，一类是约定性定义，例如，饥饿强度是指未曾进食的时数，智商（IQ）= 智力年龄（MA）÷ 实足年龄（CA）× 100%，等等。另一类是真实性定义，例如教育管理行为是指教育管理者作为教育特定社会关系中的社会成员对一定的教育责任和义务的执行过程。在这两类定义中，前者无所谓真假问题，后者却有真假之分。

对有关各种教育管理行为的问题作出了相应的概念、变项和定义以后，接着就是提出初步的理论假设。研究的过程也就是证明假设的过程。因此，一个合理的、有意义的假设在整个研究中具有导向的作用。假设通常以三种方式提出：①条件性假设，如以"如

① 王世忠. 教育管理学[M]. 2 版. 北京：科学出版社，2014：39.

果 S，那么则 P"的方式来表达；②差异性假设，这是指引起青年某一行为的变项在两个以上，并假设这些变项对该行为影响的差异性；③函数关系假设，这是指对某种行为的自变项（$x$）与引起这种行为因变项（$y$）的函数关系的假设。一般来说，一个合理的理论假设要注意其可验证性、内在逻辑性、科学性与可行性以及便于定量化分析等基本原则。另外，信息输入系统还包括调查、收集资料的过程。

### 2. 分析与控制系统

在对教育管理行为的整个研究程序中，分析与控制系统是比较复杂的部分。分析包括三个阶段，即描述性分析、相关分析和预测分析，由百分比、标准差、中位数等这些人们常常用于描述行为特征的数量表示。但真正的分析是"解释"和"证明"，即要对描述的种种行为特征从原因、规律方面进行解释。这就是相关分析。其方法有实验、现场研究、事后回溯和测量等，并用计算机进行处理。

分析是一个过程，确定的各种行为变项需要在反馈控制中进行修订。这样才可能较为准确地说明各种变项因素在行为中的不同作用。同时，控制又是一个对决策方案实施的有效性进行检验的过程。只有在反馈控制中才能不断改进实施方案和措施的有效性。

### 3. 信息输出系统

信息输出系统是根据对调查研究进行科学分析以后的结果，拟定研究报告，撰写论文，提出或验证各种理论，以及制定解决各种青年问题的措施、方案的过程。

一般来说，研究过程到此算是完成了，但从教育管理科学的整体观来看，一项研究的初步形成在其应用于教育管理行为系统的整体控制中，必然会与决策者、研究系统以及环境与教育管理行为构成一个更大的整体社会控制系统，如图 7-3。彼此的配合是提高研究水平实际意义的关键。

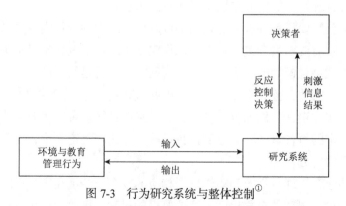

图 7-3    行为研究系统与整体控制[1]

另外，教育管理科学研究方法与教育管理研究的理论和实际的关系也是十分密切

---

[1] 王世忠. 教育管理学[M]. 2 版. 北京：科学出版社，2014：41.

的。教育管理研究中的各种观点和理论都需要运用科学的方法在实践中去检验、证明。方法本身又必须是与理论相统一的。它们都需要在实践的运用中得到验证、补充和发展。这个关系如图 7-4 所示。

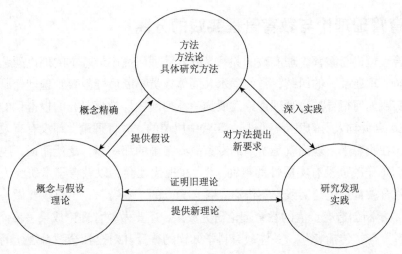

图 7-4　教育管理学研究的方法与理论、实践的关系[①]

# 第三节　教育管理理论与教育管理实践

## 一、管理实践在社会实践中的地位

人类社会的三大实践并非同时产生的，人类最早的实践活动是生产斗争，阶级社会产生以后才有阶级斗争，近现代才有科学实践。管理实践与社会实践的共性在于管理实践具有客观性、能动性和历史性等，具有一般社会实践的共性。管理实践的个性在于其具有特殊社会实践的个性。

第一，管理实践是一种具有广泛制约性的社会实践，这是由管理的本质决定的，管理实践改造世界的作用不是直接的，而是间接的，是通过对其他实践要素的科学管理，发挥其组织、运筹的功能。管理实践的广泛制约性表明，管理实践的性质和水平从一个方面决定着社会实践的发展水平。科学管理不是限制社会实践活动，而是一种积极能动的力量，促使社会实践科学化、有序化。

第二，管理实践是一种没有固定对象的实践活动，不是说它没有对象，而是它以一切实践为对象。但从另一种意义上来说，针对人类各种具体活动，它是有固定对象的。管理实践无时不有、无处不在地依附在其他社会实践之上。

① 王世忠. 教育管理学[M]. 2 版. 北京：科学出版社，2014：41.

第三，管理实践的成效不能通过自身来检验，只能通过其他社会实践的结果检验。这是因为管理实践不是一种直接创造社会财富来改造世界的实践形式，而是间接的；管理作用机制的成效不能用管理自身来说明，必须通过管理作用对象的变化来说明。

## 二、教育管理理论与教育管理实践的分离

教育管理理论与教育管理实践的关系是教育管理研究中最基本的理论问题。两者之间"剪不断、理还乱"的纠结，常使学术共同体成员不断质疑教育管理理论研究的价值以及教育实践如何指导教育管理理论发展的一系列问题。教育研究的根本目的是要达到"自利利他，自觉觉人"的境界。但是，实践中所谓的"教育理论"却没有有效地指导教育实践。"在我看来，理论就是所谓的专家故弄玄虚的那一套，泛泛而谈，脱离教育实际，对我们工作改进没有实质性的帮助。"[1]在现代社会，以教育学术研究为业的教育学人必须弥合教育理论与实践互不沟通、各自为政的"断裂"，不仅仅要做一个勤勉的"研究者"，不断创造有价值的教育理论研究成果，还要做教育理论成果、教育科学知识的"解释者"与"传播者"，关注教育科学知识的普及和对全社会教育观念的引领，提升全社会的教育智识，引导广大一线的教育实践工作者创造性地开展教育工作。[2]

尽管教育管理理论与教育管理实践有密切的联系，但在现实中它们之间存在一定的分离。一方面，教育管理理论往往是由学术界和研究机构进行研究和提出的，而教育管理实践则是在实际的教育管理工作中进行的；另一方面，在实际操作中，教育管理者可能会根据自身的经验、实际情况和具体需求进行决策和实施，而不一定完全按照理论的要求进行。

然而，教育管理理论和教育管理实践之间的分离并不意味着它们是相互独立的。教育管理理论为教育管理实践提供理论基础和指导，而教育管理实践则是对教育管理理论的应用和验证。教育管理理论与教育管理实践相互促进，通过教育管理实践的反馈和总结，可以不断完善和发展教育管理理论，提高教育管理的效能和质量。因此，教育管理理论与教育管理实践应该相互关联和相互支持，以实现教育管理的最佳效果。

## 三、教育管理理论与教育管理实践的互动

教育管理理论与教育管理实践之间存在着密切的互动关系。它们相互影响、相互促进，共同推动教育管理的发展和进步。教育管理实践需要教育管理理论的指导与润泽，教育管理理论需要教育管理实践的滋养与检验，二者之间需要建立和保持良好关系，在持续健康的互动过程中互惠互利，共同发展和进步。但二者之间的关系究竟如何？教育

---

① 汪明帅，赵婵. 教师研究中的"理论"想象[J]. 全球教育展望，2019，（12）：57-68.

② 彭泽平，姚琳. 教育学术研究的时代使命[N]. 光明日报，2013-09-08（7）.

管理实践需要什么样的教育管理理论？教育管理理论自身如何更好、更快地发展？二者之间如何建立互动互惠的良好关系？

第一，教育管理理论为教育管理实践提供理论基础和指导。教育管理理论通过对教育管理过程中的问题和现象进行研究和分析，提出一系列的理论观点和原则。这些理论观点和原则可以指导教育管理者在实践中进行决策和行动，帮助他们更好地理解和应对教育管理中的挑战。

第二，教育管理实践对教育管理理论进行验证和实践。在实际的教育管理工作中，教育管理者会根据自身的经验、实际情况和具体需求进行决策和实施。这些实践经验可以为教育管理理论提供反馈和验证，帮助理论的进一步完善和发展。同时，教育管理实践也可以激发教育管理理论的创新和发展。在实践中，教育管理者可能会面临新的问题和挑战，需要寻找新的解决方案和方法。这种实践需求促使学者和研究者对教育管理理论进行创新和研究，以提供更好的理论支持和指导。

第三，教育管理理论和教育管理实践之间的互动还可以促进知识的传播和共享。通过学术研究、学术交流和实践经验的分享，教育管理理论和教育管理实践可以相互借鉴和学习，形成良性的互动循环。

教育管理理论与教育管理实践要相互尊重。理论与实践是一个大家庭，二者是互动互惠的良性关系。

## （一）理论要敬畏实践

理论是对实践的总结、归纳和抽象，是对实践经验和现象的理性思考和解释。理论的目的是指导和改进实践，提供有效的思考框架和行动指南。敬畏实践意味着理论应该与实践相结合，贴近实际情况，关注实践的需求和问题。因此，理论应该从实践中汲取经验和教训，不断进行修正和完善。只有与实践相结合，理论才能具有实际意义和指导作用。理论的作用不是外在于实践的，更不是强加于实践的。离开对于实践的研究，理论不可能形成；离开实践的滋养和需求，理论不可能发展；离开实践的应用，理论没有价值，也不可能得到检验。这也进一步表明，敬畏实践还意味着理论应该尊重实践的复杂性和多样性。实践是多变的，每个具体的实践场景都有其独特的特点和挑战。理论不能一概而论，而应该根据实践的具体情况进行灵活运用和调整。此外，敬畏实践还意味着理论应该与实践相互借鉴和学习。实践是理论的验证和理论的源泉，通过实践的反馈和总结，可以不断完善和发展理论。同时，理论也可以为实践提供思考和指导，帮助实践者更好地理解和应对实践中的问题。

质言之，理论要敬畏实践，理论与实践应该相互关联、相互促进。只有将理论与实践结合起来，才能更好地指导实践，提高实践的效果和质量。

## （二）实际工作者要尊重理论

理论是对实践的总结、归纳和抽象，是经过深入研究和验证的知识体系。尊重理论意味着实际工作者应该认识到理论的重要性，并将其作为指导实践的参考和依据。这种尊重是真诚的，贯彻对理论价值的深度认同、探索学习和实践应用，并致力于理论创新。教育管理者在实践中累积了许多的管理经验，但对教育管理的理性认识却显得片面和不够深入。教育管理理论为他们提供一套系统的视角来观察和理解管理现象。这将赋予他们一双理性的眼睛，让他们从理论角度审视教育管理问题，掌握解决问题的技巧和方法，使他们从依赖经验的管理方式转向科学的理性管理，提升管理实践的科学性。其意义就在于以下几点。

（1）提供思考框架：理论为实际工作者提供一种思考问题和解决问题的框架。通过理论的指导，实际工作者可以更好地理解问题的本质，分析问题的原因，并找到解决问题的途径和方法。

（2）提供经验总结：理论是对实践经验的总结和归纳。通过学习和理解理论，实际工作者可以借鉴他人的经验和教训，避免重复犯错，提高工作效率和质量。

（3）提供创新思路：理论可以激发实际工作者的创新思维。通过学习和理解理论，实际工作者可以拓宽思维的边界，发现新的问题和解决方案，推动实践的创新和发展。

（4）提高专业素养：理论是专业知识的基础。实际工作者通过学习和掌握理论，可以提升自己的专业素养，增强自己在实践中的能力和竞争力。

尊重理论并不意味着盲目奉行理论，而是要将理论与实践相结合，根据实际情况进行灵活运用。实际工作者可以在实践中不断验证和修正理论，使其更贴近实际需求和问题。

（三）教育管理理论与教育管理实践应该有共同的价值追求

教育管理理论与教育管理实践应该追求共同的价值，这就是现代精神，其本质包括人道精神、科学精神和法治精神。两者都致力于服务教育发展、人类发展及社会进步。时代需要以现代精神为引领、注重社会责任的教育管理理论。当下所需的是现代教育，要培养的是适应现代社会的人才，我们所要建设的是一个现代国家。因此，我们需要的是现代化的教育管理实践，并提供有助于推动现代教育、培养现代人、构建现代国家的教育管理理论。最终的目标是将传统的教育管理转变为现代的教育管理，即更加人本化、科学化、法治化的教育管理，从而提升我国教育管理的实践水平。通过共同的价值追求，共同推动教育管理的发展和进步。二者的共同努力将有助于建立更加公平、高效、创新和有意义的教育体系。

## 第四节　教育管理理论的形式与构建

教育管理理论是教育理论中的重要组成部分，深入挖掘、探索和建构教育管理理论对于推进教育事业的发展至关重要。随着时代的进步和社会的发展，教育管理工作越来越复杂，其理论体系也需要随之更新和完善。这不仅是对实践经验和成功模式的总结，也是对教育思想、教育制度、教育资源配置等多方面因素进行科学分析的过程。需要我们深入理解教育的本质，包括教育的目标、内容、方法、评价等方面，并以此为基础探讨如何更有效地管理和服务教育活动，致力于构建反映当代教育目标和任务、符合现代教育管理规律的理论体系，以期推动教育事业的繁荣和进步。同时，我们也应深刻地认识到，教育管理理论的构建是一个长期、细致且富有挑战性的工作，要求我们在理论研究和实践探索中不断更新观念，优化理论模型，以期为教育行业提供有效的理论指导，推动教育管理工作的科学化、现代化，使教育更好地服务于社会和发展。

## 一、教育管理理论的形式

教育管理理论包括四个要素：概念、变量、陈述和形式。教育管理学理论以抽象的概念或变量指称教育管理事实。概念或变量之间的联结构成理论陈述，说明事件之间相互联系的方式或因果顺序。依据理论陈述的不同方式，可将理论区分为四种基本形式。

（1）思辨理论。侧重探讨抽象的哲学问题，例如，教育管理的本质是什么？人类教育管理活动的基本性质是什么？教育管理理论的对象和目标是什么？它常常对教育管理思想家的哲学思想和理论框架进行分析和综合，构造出新的理论体系或框架。

（2）分类理论。目的是建立教育管理活动的类型学，如教育管理活动类型、教育校园文化类型、教育领导权威类型等，利用这些基本概念将教育管理分解，以便把所有现象和事物都归入一定的分类中，从而试图通过一个个紧密相连的类别体系对教育管理做出系统的解释。

（3）命题形式理论。特点是建立有内在逻辑联系的命题等级系统。公理理论试图像数学理论那样通过严密的逻辑演绎，从公理中推演出一层层的理论陈述（定理），最下层的命题可对经验事实作出直接解释。公理理论要求对概念和变量加以精确定义，并严格控制理论体系之外的所有可能产生的变量，这在教育管理学中是很难做到的，因此在理论的构建中很少采用。运用较广的命题形式理论是形式理论，它的目的是先建立高度抽象的理论命题，然后通过不太严格的逻辑演绎和经验演绎推导出某些经验命题。形式理论常常要附加一些假定和条件语句，以便有效地解释某一层面的教育管理现象，所以又被称为中层理论。经验概括是从现实教育管理的大量具体事件中概括出的一系列经验命题，它们的抽象程度较低，与经验对象的联系较紧密，严格来说还不是理论。

（4）理论模型。模型以图表的方式陈述教育管理现象之间的联系和相互作用。它是一个不完善的理论，是用来构造和评价理论的工具。它的种类有很多，例如，美国社会学家 J. H. 特纳把模型分为抽象的分析模型和通过经验命题发展的因果模型两大类。分析模型通常说明人类社会较抽象、较普遍的性质和过程，因果模型则能较清晰地描述具体事件的因果关系。

　　理论的四种基本形式在构建教育管理学理论体系中都有一定的作用，但只有命题形式理论称得上是科学意义上可检验的、具有较高的逻辑性和抽象性的理论，如图 7-5 所示。

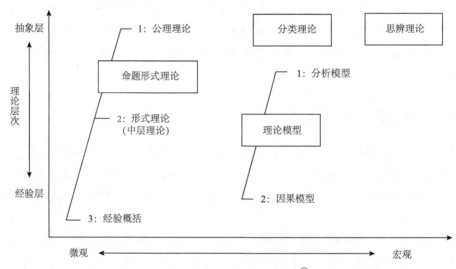

图 7-5　教育管理理论层次图[①]

## 二、教育管理理论构建的方式

　　科学教育管理理论的构建依赖于逻辑理性和经验研究。科学所使用的逻辑体系分为演绎逻辑和归纳逻辑。这两种方式都可以被用来构建教育管理理论。

　　建立演绎理论的步骤一般是：①确定理论的基本主题内容和范围，明确理论要解释什么现象。例如，建立一种教育管理体制理论，首先要对教育管理体制作出明确定义，并说明它是解释普遍的宏观体制结构还是微观体制结构，是各种社会形态的体制结构还是特定社会制度中的体制结构。②了解与主题有关的经验知识。通过探索性研究或对以往经验研究的考察，掌握现有的种种经验概括。③提出新的中心概念来组织理论命题。这一中心概念被称为理论构建的"运算符"。中心概念的提出要运用创造性的洞察力和思辨方法。④对中心概念和其他基本概念作出明晰、具体的操作定义，即用变量和指标来表述概念的内涵。⑤建立命题演绎系统。明确阐述一些作为公理的假定，并推导出一系列定理，最后结合各种经验命题，发展一套抽象层次不同的命题等级系统。⑥用经验资料检验理论。主要方法是从理论命题严格推演出假设，然后根据假设来搜集新的经验资料，检验理论。美国社会学家 H. M. 布莱洛克在《理论构建》一书中提出了一种构建

---

　　① 王世忠. 教育管理学[M]. 2 版. 北京：科学出版社，2014：36.

复杂的演绎理论的方法，主张将文字陈述的因果命题与线性方程组结合起来，建立数学形式的抽象理论。主要步骤如下：首先将文字命题转化为变量图式的因果模型，列出多因一果的图式（称为辐合式结构）和一因多果的图式（称为辐射式结构），并将这两种图式联结起来；其次是建立各种变量的线性方程组和块组递归系统或非递归系统；最后运用统计分析技术鉴定各种变量的作用，以检验模型的效度。通过对变量的合并、删减，从抽象层次较低的经验概括和因果模型发展为抽象理论。

建立归纳理论则是从经验观察开始，而不是从抽象的理论出发，一般经由下述步骤：①不做理论假设而直接进入实地研究阶段；②描述实际发生的现象和事实，用一系列经验命题的方式加以陈述；③在大量观察的基础上找出最有概括性的命题，由此提出具有普遍意义的模式。演绎理论与归纳理论没有严格的界限，它们都需要在经验概括的基础上通过思辨、洞察或直觉创造出新的抽象理论。在教育管理学基础理论研究中，运用演绎逻辑的主要目的是检验现有的理论，运用归纳逻辑则旨在发现各种经验规律，用以构建新的理论。前者被称为理论检验研究，后者被称为理论构建研究。

教育管理理论检验指在教育管理研究中将已有的理论解释应用于特定的教育管理现象，并以经验事实对其进行验证的过程，它是教育管理学经验研究的主要类型之一。教育管理研究的主要目的是对教育管理现象及其规律作出科学的解释。一种好的解释的形成，通常包括理论构建和理论检验这两个相互联系的过程。理论构建从一系列经验观察开始，然后发展出概括这些经验观察的概念和理论；理论检验则与此不同，它从已有的理论开始，然后用这种理论去预测现实世界中的事物是否支持这种理论。如果是支持的，那么这一理论就得到证实；如果是不支持的，要么理论是错误的，要么从理论到预测的推导是错误的。从逻辑上看，理论构建是一种归纳推理的过程，即从特殊到一般；理论检验则是一种演绎推理的过程，即从一般到特殊。理论检验的过程可分为下列6个步骤。

（1）明确待检验的理论。这个待检验的理论是整个理论检验过程的出发点。

（2）从理论中导出一组概念化命题。所谓命题是关于一个或多个概念（变量）的陈述。陈述中的概念是抽象的，不能直接观察。这些命题虽然提供了进行观察的思路，但并没有提供如何检验的线索。

（3）用可检验的命题形式重述概念化命题。即将命题转化为假设，把抽象的概念翻译成具体的、可直接观察的事物。这是操作化的过程。通过对命题的操作化处理，可以明确知道要观察什么。

（4）搜集有关资料。即根据操作化命题，通过实地调查、实验等方式搜集所需资料。

（5）分析资料。即看有多少证据支持可检验的命题；然后，再看有多少证据支持概念化命题；最后，再看有多少证据支持原来的理论。

（6）评价理论。研究完全支持原来的理论的情况很少。一项理论检验研究的结果通常是含糊的和冲突的。理论可能在某些方面得到支持，而在另一些方面得不到支持。正是研究结果中所包含的这些含糊和冲突，促使人们去思考、修正和发展原来的理论，从而取得进步。当我们企图理解它们的意义时,实际上又一次开始了理论构建的过程,即修正理论以便作出对我们已取得的观察的说明。这种被修正过的理论还需要接受同样严格的检验。

　　教育管理理论发展的过程是其理论与观察、理论构建与理论检验之间的不断互动、不断循环的过程,可用循环过程图来表示(图 7-6)。

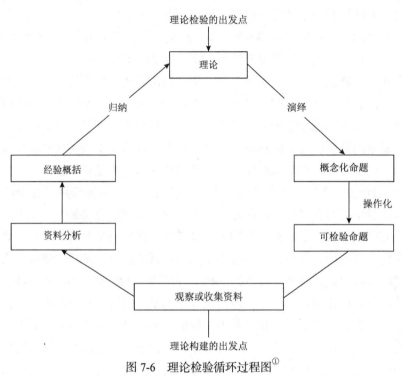

图 7-6　理论检验循环过程图①

# 第五节　教育管理理论的知识创新

　　知识创新源于实践,是人类文明发展、社会进步、经济繁荣的不竭动力与源泉。可以说,知识的积累与创新推动人类的发展与演进。随着 19 世纪 60 年代后期第二次工业革命,企业呈规模化发展,学界逐渐认识到知识的重要性,自此关于知识的研究也由此进入了研究元年。当前,随着我国教育改革进入深水区,知识在教育管理中发挥着全新的作用,知识管理的价值已然被越来越多的教育行政部门与学校管理者所认识,知识创新已成为现代学校管理价值的源泉和制胜法宝。

---

　　① 王世忠. 教育管理学[M]. 2 版. 北京:科学出版社,2014:38.

## 一、知识创新理论

知识究竟是如何与组织中的个体甚至与一个行业、顾客和外部的合作者产生联系的呢？这就必须与那些不曾分享具体实在的经验和直觉的人进行沟通交流和解释，以说明外显的概念。这种必然性要求在组织层面上把新的概念转化为合理的真实信念。具体来说，我们对于知识创新合理性的理解和认识面临着内在固有的矛盾：一方面，为了更易于被接受和被理解，以及为了获得更可靠的支持，新知识必须与现存的组织知识相联系；另一方面，新知识因其天生俱来的新颖性，而具有对现存的组织规范标准提出挑战的天然属性，使得与之相关的问题、任务和争论的领域公开化。因此，证明合理性的过程在构建知识创新中是最根本的，而知识创新合理性的理解和认识正好能够在现存的相关知识与被认可的知识基础之间平衡这一矛盾。

证明合理性的过程决定新知识是否会由于它没有关系或者对它没有兴趣，而最终被拒绝，因为它不能为现存知识基础提供任何实际方法上的贡献；证明合理性的过程决定是否为了更详尽的结果，使新知识被暂时返回，以便在以后的某些状况中重新进行评估；证明合理性的过程还决定新知识是否最终作为合理的真实信念而成为适宜的知识，与组织的知识基础相融合。总之，证明合理性的过程在本质上是理解知识创新的过程，因为它在实质上决定着新知识是否被拒绝、被返回，或被确定。忽视证明合理性的意义，就意味着把知识创新从它的认知、文化、制度和讨论的背景中分离开来，而一般来说，这些要素对理解知识问题是至关重要的。

为了理解合理性在调节知识创新中的作用，科鲁夫和格兰德提出了主导推理的概念。主导推理由通过经验而发展起来的认识结构和通过以前的合理性过程而确定的认识结构所组成，其证明合理性的过程本质上受到占主导地位的、普遍的管理理论的影响，而占主导地位的管理理论形成一个组织的理想价值观、知识映像和知识的本体。因此，详细地阐述组织的理想价值观、知识映像，以及知识的本体，是理解和证明知识创新合理性的一个先决条件。知识的本体决定组织的内在固有的认识。知识映像能够详细说明知识创新和证明合理性的适当过程，而观念形态的价值观则对处在社会文化背景中的这种状态做出定义，特别是文化、制度和政治方面（图7-7）。

图 7-7　主导推理与知识创新[①]

---

① 乔治·旺·科鲁夫，Ikujiro Nonaka，Toshihiro Nishiguchi. 知识创新——价值的源泉[M]. 北乔译. 北京：经济管理出版社，2003：12.

知识创新是教育管理理论发展的关键，需要我们不断追求新的认知、挑战旧的认知，并以开放和包容的态度对待新的观念和实践。随着信息技术的发展，大数据、云计算、人工智能等技术在教育管理中的应用越来越广泛。这些技术的应用不仅帮助我们更好地理解和解决教育问题，也推动我们在理论和实践层面对教育管理进行再思考。同时，教育管理理论的知识创新不能脱离其他学科的支持，如社会学、心理学、经济学等。通过跨学科的融合，可以在理论研究和实践应用中开展更深入、更全面的探索。

## 二、知识的分类

知识是哲学认知论领域中一个非常重要的概念，然而，"什么是知识"仍然是困扰着全球思想家的一个问题，至今也没有一个令人信服的答案。从知识创新理论的角度出发，有两种知识的分类：一种是将知识分为显性知识和隐性知识，另一种是将知识分为个体知识和共有知识。

（1）显性知识和隐性知识：显性知识是那些可以形式化、结构化，并且能通过语言、符号等方式进行传递的知识，如手册、公式、程序等。隐性知识又称默会知识或缄默知识，是由个人经验、直觉、价值观等难以形式化的因素所构成的，难以明确表达、编码、传递和存储的知识。这类知识通常嵌入在个人的经验、技能、直觉、情感等方面，具有主观性和个体性。

（2）个体知识和共有知识：知识既可以是个体知识，也可以是共有知识。共有知识的规模可能大于或小于个体知识，这主要取决于个体知识转换为共有知识的机制。可以通过隐含性（tacitness）、情境依赖性（context specificity）和分散性（dispersion）三个特性指标来分析知识。隐含性：这一项度量知识被编码化的程度，即能否将知识形式化，以及形式化的程度。隐含性高的知识更易于传递和复制，如一些明确的规则、公式等显性知识；隐含性低的知识，如经验、技能等隐性知识，则更难以进行编码和传递。情境依赖性：这一项关注知识对所处环境的依赖程度。一些知识往往依赖于特定的情境或情景才能被理解和应用，如在特定组织环境下形成的业务流程、独特的决策机制等。分散性：这是一个关于知识分布的度量。它可以指示知识在人员中的分布程度。一些知识可能仅在个别的专家或者某一特定群体中存在，而另一些知识则可能在整个组织乃至整个社会里广泛存在。

虽然上述两种分类将知识从不同的角度分为不同的类别，但是，从知识的特性指标上来看，两种分类在本质上是一样的。个体知识和隐性知识在隐含性和情景依赖性方面比较突出，在分散性方面都比较弱；共有知识和显性知识则反之。从某种意义上来说，个体知识可以被认为是一种隐性知识，而共有知识则可以被认为是一种显性知识。

教育管理理论的知识分类可依据不同的标准和角度进行划分，例如：按照理论来源来划分，可分为经典管理理论和现代管理理论；按照管理内容来划分，可分为教师管理、学生管理、教育资源管理等；按照管理层级来划分，可分为学校管理理论、教育系统管理理论等。

### 三、知识创新的特征

美国学者艾米顿 1913 年提出，知识创新是创造、演化、交换和应用新思想，为组织、国民经济以及社会提供市场化的产品和服务。该定义被栗沛沛、钟昊沁称为广义知识创新[①]，而狭义的观点则认为，知识创新是指通过科学研究获得和创造新知识的过程。野中郁次郎从知识的哲学角度出发，将哲学家的知识分类方法引入组织的知识创造理论中，认为知识创新是一个"从隐性知识到显性知识无限螺旋循环的过程"[②]。显然，野中郁次郎关于知识创新的认识处在一个相对狭义的范畴，并且偏重对隐性知识的认可和推崇。

在教育管理理论中，我们认为其知识创新特征应体现在如下四点。第一，人本性。现代教育管理理论已经从注重系统和流程的管理转向更加注重人的管理，即开始重视教师、学生等主体的需求和发展，注重提升其内在潜能和创造力。第二，实证性。通过收集数据、进行分析来验证其有效性和适用性。这也反映了教育管理理论从抽象和理论化向实践和经验化的转变。第三，与时俱进。随着科技的发展和社会的进步，教育管理理论创新也需要紧跟时代的步伐，例如应用互联网科技、人工智能等新技术到教育管理中，从而提高教育管理的效率和质量。第四，可操作性。新的理论和方法需要能够指导实际的教育管理活动，解决具体的问题。这就要求我们在理论创新的过程中，注意理论与实践的结合，注意理论的实用性和操作性。

### 四、知识的模式

知识经济时代的复杂性需要有与之相适应的复杂性管理形式。野中郁次郎和竹内广隆在他们的《创造知识的公司》一书中创造性地提出了复杂性科学应用于创新过程的管理模式，从而提出了管理学的一个前沿问题：组织学习并创造具有竞争性价值的知识的动态过程。他们将知识作为解释组织行为的基本分析单元，强调组织知识管理需要有一个根本性变革，即组织不仅加工知识，更要创造知识，并总结提出了"知识创造动态过程"的理论，即"螺旋式"创新模型。[③]该模型基于如下假设，即人类知识是通过隐性知识和显性知识之间的社会作用来进行创造和传播的。这两种知识之间的相互作用往往首先起源于个体，然后才在数量和质量方面不断扩大。组织中的知识创新包含社会化（socialization）、表象化（externalization）、结合化（combination）、内在化（internalization）四种模式。将上述四种模式的英文单词首字母组合起来，就形成了知识转化的 SECI 模型（图 7-8）。

---

① 栗沛沛，钟昊沁. 知识创新的涵义和运作过程[J]. 科学管理研究，2002，（6）：10-12，38.

② Nonaka I. The knowledge-creating company[J]. Harvard Business Review, 1991, 69(6): 96-104.

③ 野中郁次郎，竹内广隆.《创造知识的公司》[J]. 中外企业文化，2001, Z1: 128.

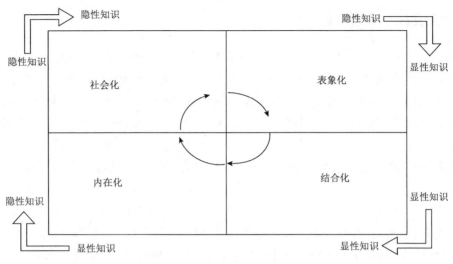

图 7-8　SECI 模型

SECI 模型是由日本学者野中郁次郎等人于 1995 年提出的，它将知识创新过程视为隐性知识与显性知识之间的动态转换过程。这四种模式相互循环，形成一个连续不断的螺旋状发展。社会化阶段：指通过共享和模仿，将个体的隐性知识转化为其他个体的隐性知识。这一阶段的交流和学习主要依赖直接的面对面交流，包括观察、模仿和实践等活动。表象化阶段：是指通过对话和反思，将个体的隐性知识转化为显性知识。在这个阶段中，个体将其内心深处的想法、经验和直觉等形式化，变为清晰、可理解的观念和理论。结合化阶段：主要是将不同的显性知识整合为更复杂的显性知识。在这个阶段中，知识的整合和重构使得知识体系变得更加丰富多元。内在化阶段：是指通过学习和实践，将显性知识转化为隐性知识。这个阶段使得个体能够吸收和掌握新的知识，并融入自己的认知体系中。总的来说，SECI 模型有助于理解知识创新过程，它提供一种从非结构化的、混沌的知识创新过程中寻找规律的方法，有助于提升组织的知识管理水平。同时，这也预示着组织管理正在从传统的集中控制式管理向知识化、创新型的新管理模式转变。

教育管理理论的知识也可以通过不同的模式进行组织和呈现，例如：理论框架模式将教育管理理论按照不同的维度和要素进行分类和组织，形成一个理论框架，帮助人们理清教育管理理论的逻辑结构和内在关系，更好地理解和应用这些理论；案例分析模式通过具体的案例分析，将教育管理理论与实际情境相结合，探讨理论在实践中的应用和效果，帮助人们理解教育管理理论的实际应用价值，培养解决实际问题的能力；实践导向模式将教育管理理论与实践相结合，强调理论的实用性和可操作性，帮助人们将教育管理理论转化为实际行动，推动教育管理实践的改进和创新。

# 参考文献

[1]安文铸. 现代教育管理学引论[M]. 北京：北京师范大学出版社，1995.

[2]陈孝彬，高洪源. 教育管理学[M]. 3 版. 北京：北京师范大学出版社，2008.

[3]哈罗德·孔茨，海因茨·韦里克. 管理学（第十版）[M]. 张晓君，陶新权，马继华，等译. 北京：
经济科学出版社，1998.

[4]教育大辞典编纂委员会. 教育大辞典（第 7 卷）[M]. 上海：上海教育出版社，1990.

[5]盖浙生. 教育经济学[M]. 台北：三民书局，1982.

[6]黄崴. 教育管理学：概念与原理[M]. 广州：广东高等教育出版社，2002.

[7]鞠强. 和谐管理：本质、原理、方法[M]. 2 版. 上海：复旦大学出版社，2007.

[8]靳希斌. 教育经济学[M]. 北京：人民教育出版社，1997.

[9]刘兴倍. 管理学原理[M]. 北京：清华大学出版社，2004.

[10]刘文修. 教育管理学[M]. 石家庄：河北教育出版社，1996.

[11]威廉·G. 坎宁安，保拉·A. 科尔代罗. 教育管理：基于问题的方法[M]. 赵中建主译. 南京：江苏
教育出版社，2002.

[12]罗伯特·G. 欧文斯. 教育组织行为学（第 7 版）[M]. 窦卫霖，温建平，王越译. 上海：华东师范
大学出版社，2001.

[13]孙绵涛. 教育管理学[M]. 北京：人民教育出版社，2006.

[14]孙绵涛. 教育管理原理[M]. 广州：广东高等教育出版社，1999.

[15]许崇正. 人的发展经济学教程：后现代主义经济学[M]. 北京：科学出版社，2016.

[16]徐继生，陈文林，苑金龙. 系统科学概论[M]. 北京：科学技术文献出版社，1990.

[17]王世忠. 多元与和谐：民族院校人才培养模式的战略选择[M]. 武汉：华中师范大学出版社，2017.

[18]王世忠. 教育管理学[M]. 2 版. 北京：科学出版社，2014.

[19]王世忠. 现代学校管理学[M]. 北京：科学出版社，2016.

[20]王世忠. 现代学校管理观引论[M]. 西宁：青海人民出版社，2003.

[21]魏文斌. 现代西方管理学理论[M]. 上海：上海人民出版社，2004.

[22]吴志宏，冯大鸣，魏志春. 新编教育管理学[M]. 2 版. 上海：华东师范大学出版社，2008.

[23]王善迈. 教育投入与产出研究[M]. 石家庄：河北教育出版社，1996.

[24]杨明宏. 教育管理的人性逻辑：教育管理人学论纲[M]. 北京：中国社会科学出版社，2013.

[25]易超. 和谐哲学原理[M]. 重庆：重庆大学出版社，2007.

[26]杨杜，等. 管理学研究方法[M]. 大连：东北财经大学出版社，2009.

[27]曾天山，褚宏启. 现代教育管理学[M]. 北京：教育科学出版社，2014.

[28]张维明，刘忠，阳东升，等. 体系工程理论与方法[M]. 北京：科学出版社，2010.

[29]张新平. 教育管理学导论[M]. 上海：上海教育出版社，2006.